Il Museo del Novecento

Comune di Milano
Direzione Civiche Raccolte d'Arte

MUSEO
Società per le Belle Arti
ed Esposizione Permanente
Milano, via Turati 34

Il Museo del Novecento

del Comune di Milano al Palazzo della Permanente

a cura di
Maria Teresa Fiorio

testi di
Pietro Esposito
Maria Fratelli

SKIRA

In copertina e in quarta di copertina
Umberto Boccioni, *Linea unica della continuità* (*Forme uniche di continuità nello spazio*), 1913

Progetto grafico
Marcello Francone

Coordinamento editoriale
Franco Ambrosio

Redazione
Cristina Apa

Impaginazione
Angela Di Padova

Fotografie
Foto Saporetti, Milano

Finito di stampare
nel gennaio del 2000
a cura di Skira, Ginevra-Milano
Printed in Italy

Avvertenza

Realizzato come agevole guida per il visitatore, il volume ripercorre sinteticamente, nell'introduzione, le vicende connesse alla storia delle Raccolte.

Come sussidio per la visita documenta i capolavori, selezionati dalle collezioni civiche, presentandoli nell'itinerario storico con cui sono esposti in mostra.

Negli apparati critici sono elencate in ordine alfabetico per autore le schede delle opere, a loro volta disposte cronologicamente per ogni singolo artista.

*Ogni scheda è corredata da un elenco di esposizioni e dalla bibliografia contratta. Le esposizioni sono aggiornate fino al 2000, mentre la bibliografia contempla l'ultimo catalogo generale del Museo (*Civico Museo d'Arte…, *1994) e la guida (Matino 1996).*

Per ulteriori aggiornamenti bibliografici si rimanda ai cataloghi delle mostre nella voce "Esposizioni" di ciascuna scheda.

Sommario

9 Storia e progetti per il Museo del Novecento
Maria Fratelli

17 **Le opere**

Apparati

124 Schede delle opere
a cura di Pietro Esposito e Maria Fratelli

159 Esposizioni

174 Bibliografia

Storia e progetti per il Museo del Novecento

Maria Fratelli

Il legato Marchesi Fogliani del 1861, con cui veniva donato alla città un primo nucleo di opere per la costituzione di una collezione pubblica, poneva a Milano la necessità di istituire un museo civico "così ad istruzione dei cittadini come a lustro della città", secondo quanto scriveva Giuseppe Mongeri nel redigere la prima guida del museo nel 1879. Le raccolte civiche erano il frutto di importanti lasciti di collezionisti milanesi o di sottoscrizioni pubbliche finalizzate a salvaguardare un repertorio di opere d'arte che avrebbero costituito un Museo da affiancare alle prestigiose gallerie esistenti: la Pinacoteca di Brera inaugurata nel 1809 sotto la direzione di Bossi e di Appiani (dal 1805 commissario per le Belle Arti e dal 1807 conservatore della Pinacoteca), e la Pinacoteca Ambrosiana, istituita nel 1618 dal cardinale Federico Borromeo come integrazione della Biblioteca fondata nel 1609.
Il 2 giugno 1878, anniversario dell'Unità d'Italia, veniva inaugurato il Museo Artistico Municipale per esporre i vari nuclei sia di arte antica sia di arte moderna appartenenti alle raccolte cittadine. La sede prescelta era l'ex convento seicentesco delle Carcanine, già da tempo utilizzato come sede espositiva e conosciuto in città come "Salone dei Giardini Pubblici". Ma per la creazione di una vera e propria Galleria d'Arte Moderna bisognerà attendere il 1903, quando le opere d'arte dell'Ottocento vennero separate dalle collezioni d'arte antica: l'incremento delle raccolte, con i depositi da Brera del 1902, rese necessario il trasferimento dei musei dentro il Castello Sforzesco restaurato, dopo secoli di incuria, da Luca Beltrami; la sezione dedicata al Moderno veniva allestita in alcune sale della Rocchetta. La Galleria, trasferita nel 1921 nella Villa Belgioioso o Reale, nel frat-

tempo ceduta dallo Stato al Comune, si andava ampliando con importanti lasciti come quello di Vittore Grubicy de Dragon che donava la sua collezione di opere di artisti divisionisti, con il dono di Attilio Verali dell'*Uomo antico* del 1913 di Adolfo Wildt, la prima opera d'arte che possa considerarsi propriamente contemporanea entrata in Museo, fino alla pubblica sottoscrizione per l'acquisto del *Quarto Stato* di Pellizza da Volpedo nel 1920.
Già alla data della sua inaugurazione la Galleria risultava inadeguata ad accogliere il grande numero di opere d'arte moderna che erano entrate a far parte delle collezioni con le acquisizioni fatte in occasione delle varie edizioni della Biennale di Venezia (inaugurata nel 1895), delle mostre del Novecento Italiano, delle varie mostre del Sindacato Lombardo Belle Arti e dei premi acquisto Guido Ricci e Sallustio Fornara. Le raccolte delineavano in questi anni la loro fisionomia accogliendo soprattutto opere di ambito milanese, scelte in linea con l'organizzazione artistica fascista che sosteneva l'istituzione del sindacato lombardo degli artisti. Nel 1934 entrava in collezione il primo nucleo di opere futuriste grazie al lascito, del cospicuo gruppo di dipinti di Boccioni, di Ausonio Canavese a cui si aggiungevano *La signora Virginia* del 1905 e un disegno del 1909, acquistati dal Comune presso la madre dell'artista.
Diveniva così indispensabile l'istituzione di una sezione specificamente dedicata all'arte contemporanea per la quale si iniziò la progettazione di un edificio apposito sul terreno delle ex scuderie e dei magazzini andati distrutti nei bombardamenti del 1943. I disegni di Ignazio Gardella per un nuovo museo risalgono al 1948: i lavori furono conclusi nel 1954 quando il Padiglione venne inaugurato con una mostra di Georges Rouault.
Il Padiglione d'Arte Contemporanea, realizzato secondo le precise esigenze museografiche indicate da Costantino Baroni, allora direttore delle Raccolte Civiche, permise al pubblico la conoscenza di opere che da decenni erano stipate nei depositi, molte delle quali non erano mai state esposte. Il Padiglione riescì a essere sede del museo per un brevissimo tempo, rivelandosi comunque troppo esiguo per un patrimonio di dipinti e sculture tanto consistente, per cui ben presto la sua funzione di spazio espositivo per mostre temporanee prese il sopravvento.
Nel 1956 la Galleria d'Arte Moderna riceveva la preziosa donazione Grassi collocata da Ignazio Gardella nell'attico di Villa Reale e inaugurata due anni dopo, la collezione Vismara donata nel 1975 ed esposta nelle sale al piano terra utilizzate, ancora oggi, dal Comune

per la celebrazione dei matrimoni; il Museo Marino Marini legato dall'artista nel 1973 e allestito in un'ala della villa. La donazione Boschi-di Stefano nel 1974 incrementa di altre milleottocentocinquantacinque opere, realizzate nell'ultimo cinquantennio del XX secolo, il patrimonio civico già composto da circa tremila opere dell'Ottocento, in gran parte mai esposte e conservate nei depositi o negli uffici dell'amministrazione civica, è di circa milletrecento opere del Novecento anch'esse in deposito. Nel 1984 una selezione del patrimonio, qualitativamente rappresentativa, trovava una sede provvisoria all'ultimo piano di Palazzo Reale nel CIMAC (Civico Museo di Arte Contemporanea), in attesa della ristrutturazione dell'edificio a sede museale per opera dello Studio Belgioioso. In trentasette sale erano esposte circa quattrocento opere di artisti, da Boccioni a Kounellis, che riassumevano per nuclei tematici un itinerario del XX secolo integrato dai quaranta preziosi dipinti della collezione Jucker, acquistata dal Comune nel 1992 e composta da un raffinato gruppo di opere futuriste e di maestri dell'avanguardia internazionale, da Picasso a Klee.
I luoghi del Museo sono da sempre stati inadeguati al patrimonio civico che per ampiezza e completezza ridisegna, con un'ottica milanese ma non certo campanilistica, un panorama del Novecento esaustivo e unico in Italia.
L'esigenza di rendere visibili le migliaia di opere donate e acquistate in quasi un secolo di storia del Museo, ha portato alla stesura di un progetto globale di ristrutturazione e nuova destinazione di sedi museali.
Villa Reale confermerà la sua vocazione Museo per le opere dell'Ottocento, mentre quelle del Novecento ritroveranno spazi ampliati a Palazzo Reale; il "Museo del presente" recupererà invece nuovi spazi nell'area industriale dismessa della Bovisa.
La rassegna allestita alla Permanente è quindi una tappa di un percorso che ha caratterizzato la storia delle collezioni, sempre mostrate parzialmente e ancora oggi in attesa che venga completato il Museo del XX secolo a Palazzo Reale.
Il nuovo CIMAC godrà di un'area espositiva ben più vasta che in passato in quanto comprenderà l'Arengario, il braccio nuovo di Palazzo Reale costruito nel Ventennio. Esso è un edificio in sintonia formale e cronologica con la consistente sezione di opere del Novecento, per cui l'integrazione tra contenuto e contenitore renderà particolarmente interessante questo settore del Museo. Al CIMAC tornerà la collezione Jucker che attualmente è allestita in Villa Rea-

le affiancando le prestigiose collezioni Grassi, Vismara, Marini.
Al progetto del nuovo CIMAC come sede delle raccolte storiche, si accompagna l'apertura – questa ormai imminente – della Casa-museo di via Jan dove, per volontà degli stessi donatori, verrà esposta la parte più importante del patrimonio Boschi-di Stefano. Solo una decina di dipinti, selezionati tra i nuclei più consistenti della donazione Boschi sono stati inseriti tra quelli esposti in via Turati.
Tra i tanti capolavori invisibili in attesa del compimento dei progetti descritti, i cento pezzi esposti alla Permanente rappresentano il segnale dato alla città di una ricchezza culturale che è solo in attesa della giusta valorizzazione.
Le opere sono presentate nel palazzo della Permanente che ha anch'esso per Milano un valore simbolico essendo stato la prima sede della Società di Belle Arti degli artisti milanesi. Costruito in forme neo-rinascimentali da Luca Beltrami nel 1884, veniva ricostruito nel 1953 da Achille Castiglioni dopo che i bombardamenti della seconda guerra mondiale ne avevano lasciato eretta la sola facciata.
La rassegna presentata in questo allestimento, progettato con grande rigore dallo stesso Castiglioni, si apre con i dipinti futuristi, nucleo che per consistenza non conosce paralleli in alcun museo del mondo.
Il futurismo aveva trovato nella Milano di inizio secolo l'ambiente intellettuale, artistico e culturale in cui innescare un rinnovamento poetico e figurativo che sarebbe stato determinante nello sviluppo delle avanguardie europee. La città era la "Capitale morale" d'Italia, dopo Napoli la seconda per numero di abitanti, e al primo posto per la rapidità di uno sviluppo urbano, industriale e scientifico che ne stava cambiando il volto; Milano era stata scelta dal giovane Umberto Boccioni come luogo di partenza da cui lanciarsi alla conquista del futuro.
Idealmente il secolo di acquisizioni delle Civiche Raccolte d'Arte inizia e si chiude con l'acquisto di due opere di Boccioni: *La signora Virginia,* comperata dalla madre dell'artista nel 1918 poco dopo la morte del maestro, e il *Ritratto di Innocenzo Massimino* che entra nella raccolte nel 1999; in questo nuovo ordinamento della Permanente le due opere, entrambe appartenenti al periodo divisionista, sono per la prima volta presentate insieme dimostrando, così, la consapevolezza nell'incremento delle raccolte del rapporto prezioso intercorso tra Boccioni e Milano e del ruolo della città come luogo imprescindibile per la nascita del movimento futurista.
Nelle tre sale iniziali dell'attuale percorso sono esposti numerosi ca-

polavori di Boccioni quali il *Trittico degli stati d'animo* del 1911, *Dinamismo di un corpo umano* del 1913, la scultura *Forme uniche nella continuità dello spazio* del 1913, *Dinamismo plastico+cavallo+caseggiato* del 1913-1914; di Ardengo Soffici *Linee e volumi di una persona* del 1912-1913, *Bottiglia e bicchiere* del 1915; di Balla *Composizione futurista* del 1918; di Depero *Figura seduta a un tavolino di caffè* del 1918; dell'aeropittura futurista di Dottori *Trittico* (*Aurora umbra*) del 1931; di Achille Funi *Uomo che scende dal tram* del 1914 e *Composizione futurista* del 1926. Il movimento è presentato nelle sue tappe fondamentali, illustrandone sia le diverse poetiche sia i più svariati risultati formali e figurativi: il "complementarismo congenito", definizione con cui Boccioni riassume l'idea della vibrazione che concorre all'intensità della luce generale del quadro, il "collage" con cui brani di realtà raccontano se stessi o diventano elementi compositivi, e la "nuova plastica" che rappresenta il soggetto, uomo o bottiglia, integrato nello spazio che lo circonda e nella durata dell'azione.

Con Sironi (alle cui opere classiche e novecentiste è dedicato lo spazio del ballatoio) si compie il passaggio dal cubo-futurismo con *Autoritratto* (*Testa futurista*) del 1913 al Novecento *Donna seduta e paesaggio* (*Malinconia*) del 1925, e altri pezzi importanti come la *Cariatide* del 1940 che esemplifica in scultura il rapporto nuovo che Sironi intende stabilire tra arte e architettura, affidando all'affresco e alla scultura monumentale una nuova funzione pubblica come nella grande tradizione italiana.

Il tema del ruolo sociale delle arti figurative trova ampi spazi di dibattito negli anni Trenta. In questo decennio è avvenuto il più consistente incremento delle collezioni incentivato dalla politica delle acquisizioni voluta dal regime.

Un ruolo peculiare ha Novecento, movimento ideato da Margherita Sarfatti che si costituisce a Milano nel 1922 con sette pittori (Bucci, Dudreville, Funi, Malerba, Marussig, Oppi, Sironi, tutti ampiamente documentati nelle raccolte civiche) e che negli anni successivi si allarga fino a comprendere quasi tutti gli artisti italiani più significativi. Le sorti di Novecento vengono condivise da autori molto diversi tra loro: da Mario Sironi, a Virgilio Guidi di *La visita* del 1925, a Piero Marussig con *Donne al caffè* del 1924. Ulteriori declinazioni della poetica novecentista sono rappresentate dalle opere di Campigli (*La famiglia* e *La scala* entrambe del 1929), dello scultore Arturo Martini (*Busto di ragazzo* del 1921 e *Torso di giovanetto* del 1928) e di Carrà, presente con *Estate* del 1930 e *Pescatori* del

1929-1935 e con opere di taglio più lirico quali *Il leccio* del 1925 e *La foce del Cinquale* del 1928.
Sempre negli anni Trenta entravano in collezione le opere dei pittori della scuola metafisica, qui rappresentata da un *Autoritratto* del 1930 di Alberto Savinio e da alcuni dipinti di Giorgio De Chirico, tra cui il *Combattimento* del 1928 e il celebre *Figliol prodigo* del 1922, diventato quasi l'emblema del vecchio CIMAC e proposto in questo allestimento come momento di chiusura del percorso espositivo.
Nel 1929 il trasferimento da Torino a Milano di un intellettuale e critico come Edoardo Persico poneva le premesse per la reazione a Novecento, influenzando i Chiaristi di cui è esposto il dipinto *Casetta bianca* di Del Bon del 1932. Persico simpatizzava con il primitivismo, qui esemplificato dal *San Zeno pescatore* di Birolli del 1931, e avrebbe fondato in seguito la Galleria del Milione che diventerà il centro della corrente astrattista.
Il percorso espositivo documenta con capolavori emblematici queste trasformazioni: due sale sono infatti riservate all'astrattismo con la selezione di lavori di Magnelli (*Opération magique* del 1947), Licini (*Angelo ribelle su fondo giallo* del 1950-1952), Soldati (*Pittura n. 4* del 1933 e *Composizione* del 1946-1947), Rho (*Composizione n. 9* e *Composizione n. 8,* entrambe del 1934), mentre alcune pareti accolgono le opere di Melotti dalla cui importante donazione del 1979 sono stati scelti tre altorilievi in gesso bianco (*Scultura 24*, *Scultura 16*, *Scultura 23)* e la composizione in acciaio inox *Scultura 14*.
Integrano questa ricostruzione del panorama artistico tra le due guerre alcune opere di altri artisti autorevoli: dalla raffinata poetica nell'ambito della figurazione del torinese Casorati rappresentata da *Nudo seduto* (*La poltrona verde*) del 1919 e *Manichini* del 1922-1924, alla pittura di Strapaese di Rosai con tre opere tra cui *Il mulino* del 1938, dalle magistrali nature morte di Giorgio Morandi, agli artisti di Corrente.
Nei primi anni Cinquanta, sotto la direzione di Costantino Baroni, si cerca di colmare le lacune del passato e si corregge l'eccessivo regionalismo delle raccolte – entrano opere di Modigliani, Scipione, Usellini, Campigli – conferendo così alle collezioni una omogeneità unica in Italia per compiutezza e qualità.
Negli anni Settanta, dopo più di un decennio di stallo delle acquisizioni, arrivano nuovi incrementi alle raccolte che si aprono ai movimenti d'avanguardia: Spazialismo, Nuclearismo e Neo-dada.
Un piccolo spazio monografico è qui dedicato a Lucio Fontana, di cui nel 1999 Milano ha celebrato il centenario della nascita. Fon-

tana pur non essendo nato a Milano, come Boccioni, ne è diventato cittadino illustre eleggendo la città a teatro della sua attività artistica: dagli anni Trenta tra figurazioni e astrattismi, fino alle opere materiche degli anni Cinquanta, per approdare agli esiti concettuali del decennio successivo; dall'ambiente spaziale del 1949 alla Galleria del Naviglio sino ai tagli degli anni Sessanta, di cui è qui esposto un esemplare raffinatissimo in tela grezza che proviene dalla collezione Boschi-di Stefano. Fontana ha vissuto nella metropoli lombarda alcune delle fasi più significative del suo percorso artistico facendone la sede ideale del secondo momento emblematico del rinnovamento dell'arte contemporanea italiana: qui vengono firmati i due manifesti ideologici dell'arte spaziale (Fontana, Kaisserlian, Joppolo, Milani nel 1947, con Dova e Tuillier nel 1948) e il Regolamento del 1950, in cui si auspicava la "non rappresentazione a favore di sensazioni spaziali", il Manifesto dell'arte spaziale del 1951, fino al V manifesto del 1958. Le opere esposte vanno dal *Ritratto di fanciulla* del 1929 e dalla *Signorina seduta* del 1934, al *Concetto spaziale* (*Il Golgotha*) del 1956, al *Concetto spaziale, Attesa* del 1960.
L'ingresso in collezione delle opere più recenti, qui documentate da Kounellis con *Senza titolo* (*Rosa nera*) del 1964, Capogrossi con *Superficie 479* del 1963, Schifano con *Particolare di esterno* del 1962, Dorazio con *Styx* del 1958, Turcato con *La bava* del 1958, Vedova con *Sopraffazione n. IV* del 1960, Rotella con *Decisioni al tramonto* del 1961, Angeli con *Half dollar blu* del 1966, Milani con *Composizione n. 3* del 1964, avviene grazie alla politica degli acquisti che dal 1979 si intreccia con l'attività espositiva del Padiglione d'Arte Contemporanea.
Come si evince dalle scelte operate, la selezione non ha voluto trascurare i recenti esiti dell'Informale, che in Lombardia ha avuto una diffusione notevole, così come si sono voluti inserire artisti come Gastone Novelli con *Il viaggio di Grog* del 1966, Tancredi Parmeggiani con *Ricordo di Raoul* del 1953 e *Fiori dipinti da me e da altri al 101% N. 8* del 1962, i grandi isolati della pittura italiana a cavallo degli anni Sessanta, insieme a esponenti dell'Arte Povera e della Transavanguardia, da Manzoni con *Achrome* (*Ipotesi prima rettangolo interrotto*) del 1958 a Scanavino con *Evoluzione* dello stesso anno. Scendendo lo scalone sulla sinistra ci si lascia alle spalle il *Ritratto di Paul Guillaume* di Modigliani del 1916: un invito a proseguire la visita in Villa Reale dove la collezione Jucker comprende, insieme ad altri capolavori, altre due opere del maestro.

Le opere

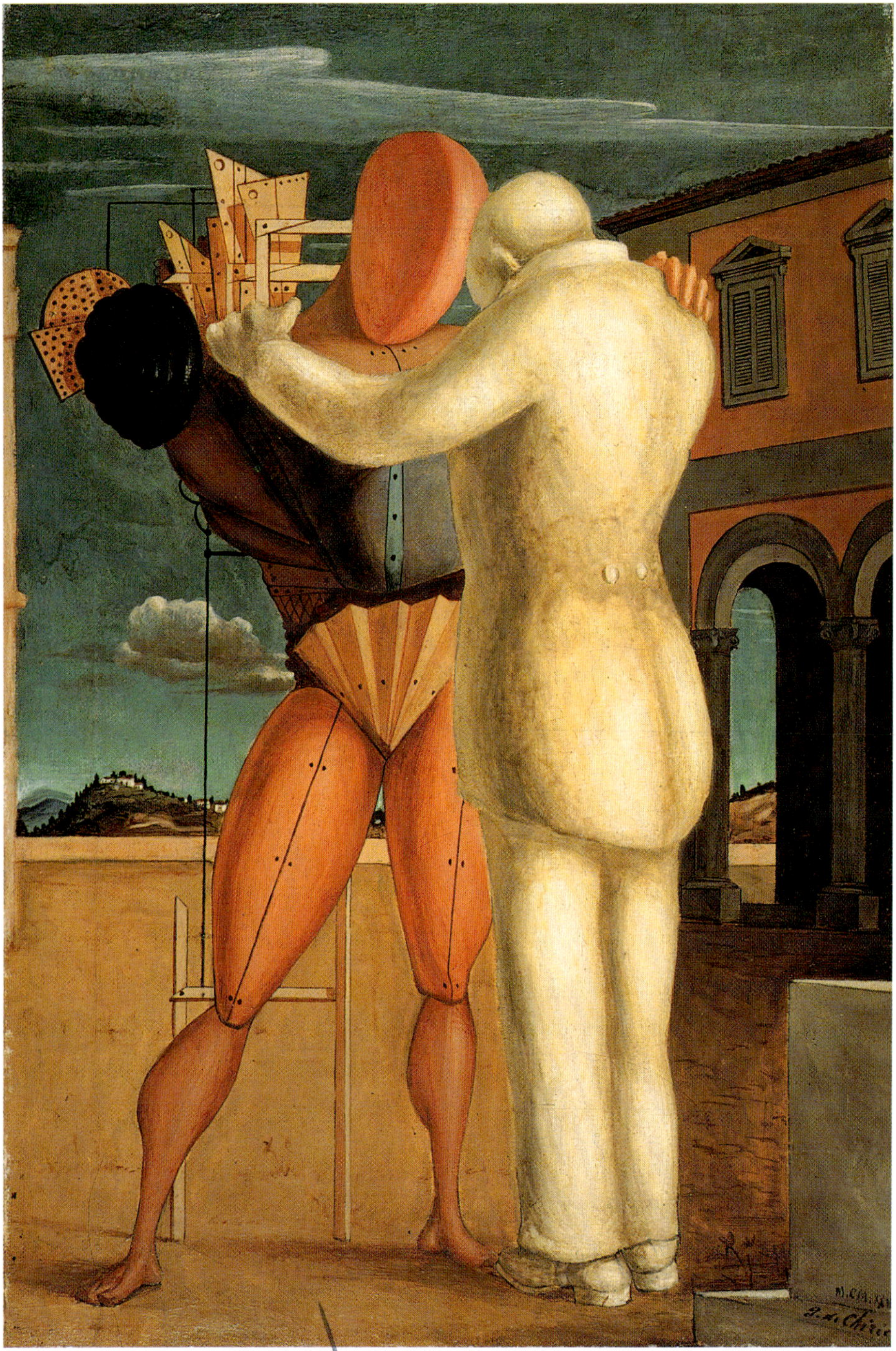

1
Giorgio De Chirico
Il figliol prodigo, 1922
olio su tela,
87 × 59 cm
(cat. n. 32)

2
Amedeo Modigliani
Ritratto di Paul Guillaume, 1916
olio su tela,
81 × 54 cm
(cat. n. 70)

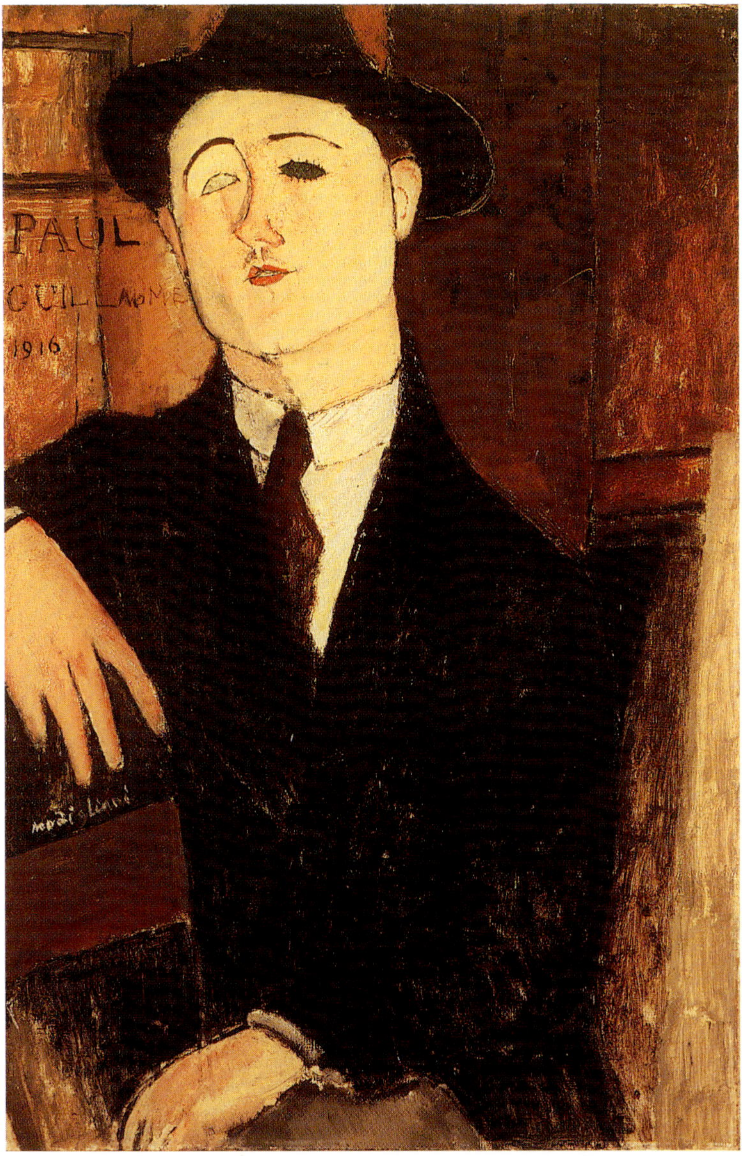

3
Umberto Boccioni
Ritratto di Innocenzo Massimino, 1908
pastello su carta,
100 × 70 cm
(cat. n. 6)

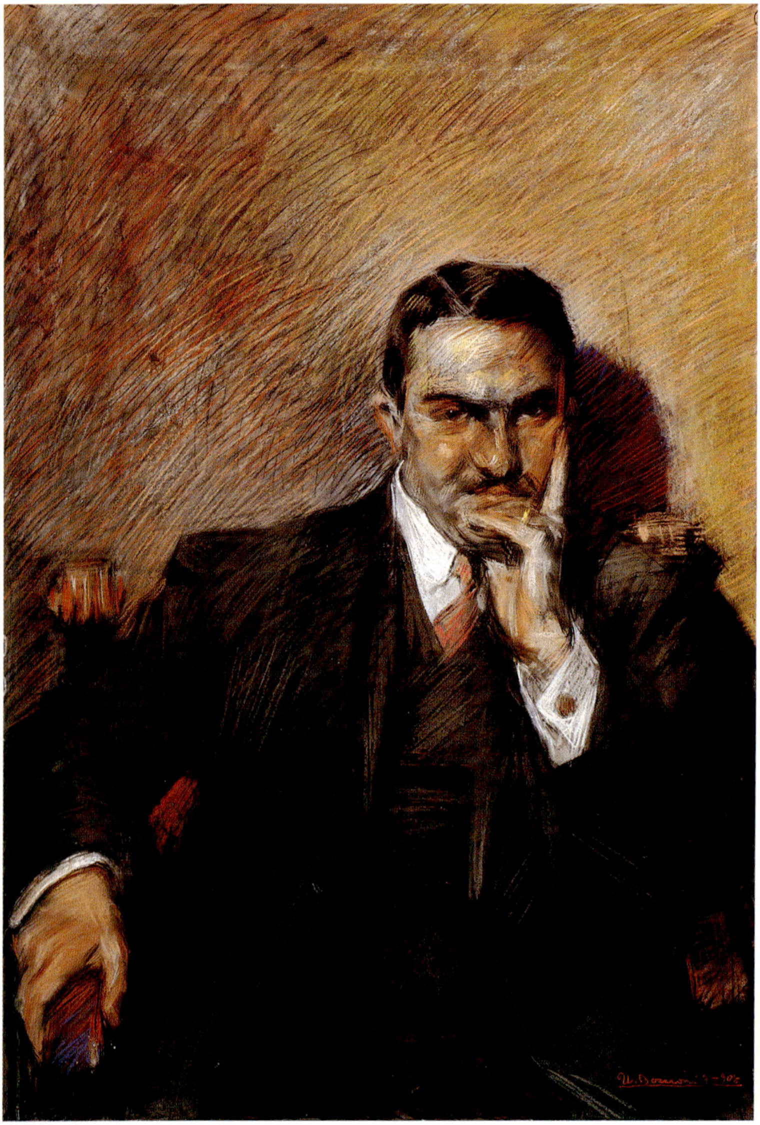

4
Umberto Boccioni
La signora Virginia,
1905
olio su tela,
140 × 115,5 cm
(cat. n. 5)

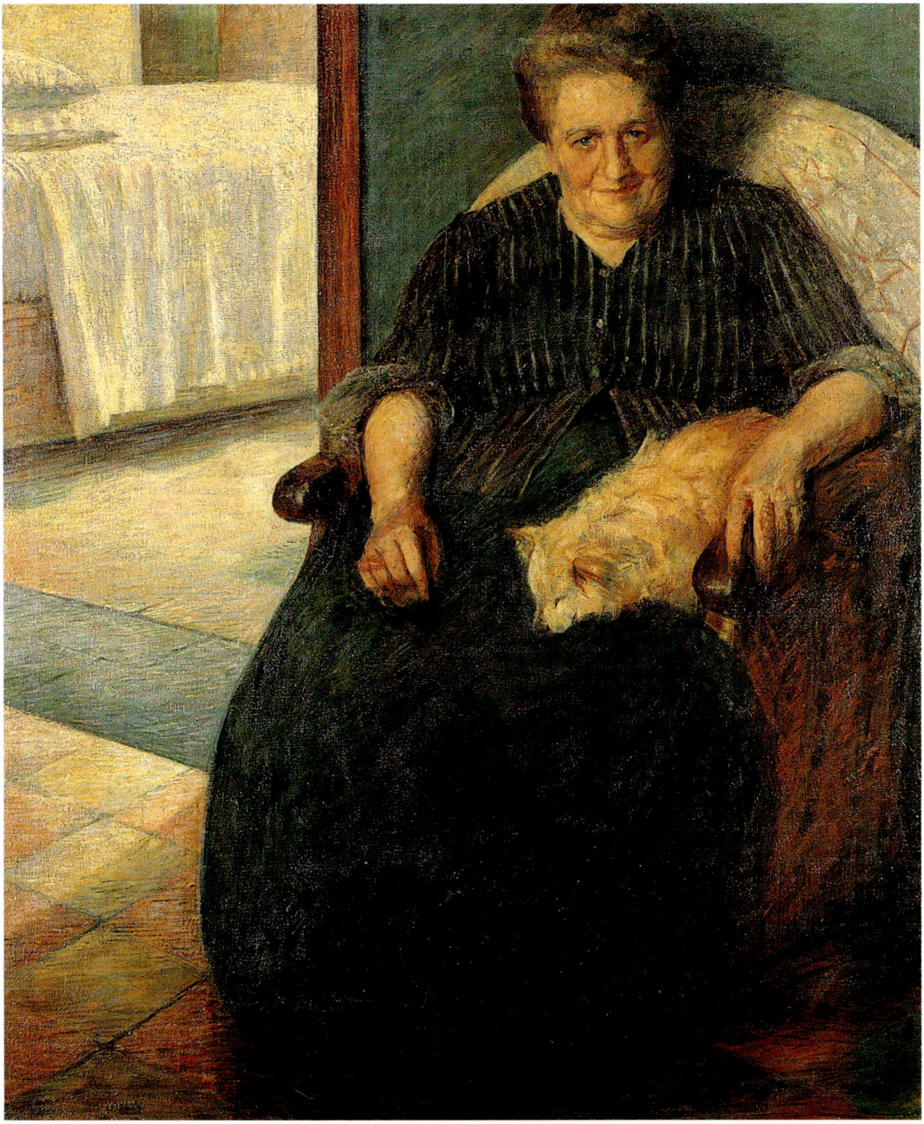

5
Umberto Boccioni
Scomposizione di figura di donna a tavola (*Donna al caffè; Compenetrazioni di luci e piani*) (1912)
olio su tela, 86 × 86 cm
(cat. n. 11)

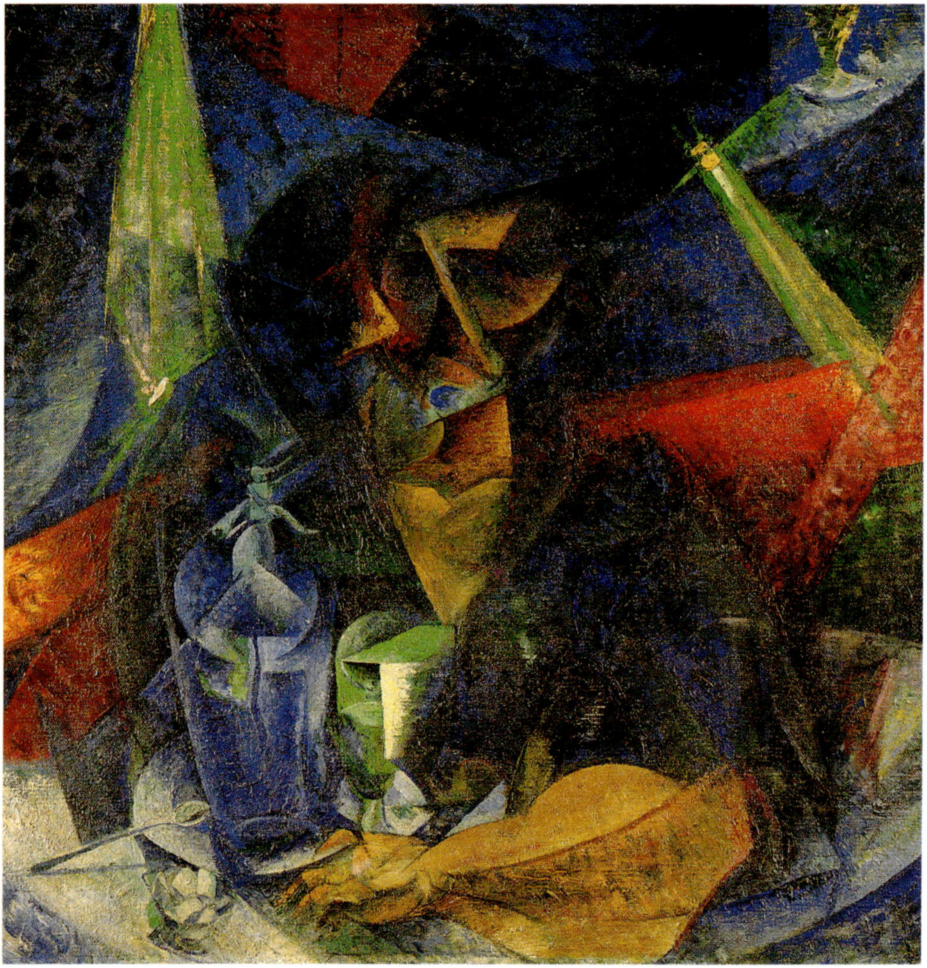

6
Umberto Boccioni
*Sotto il pergolato
a Napoli* (1914)
olio e collage su tela,
83 × 83 cm
(cat. n. 20)

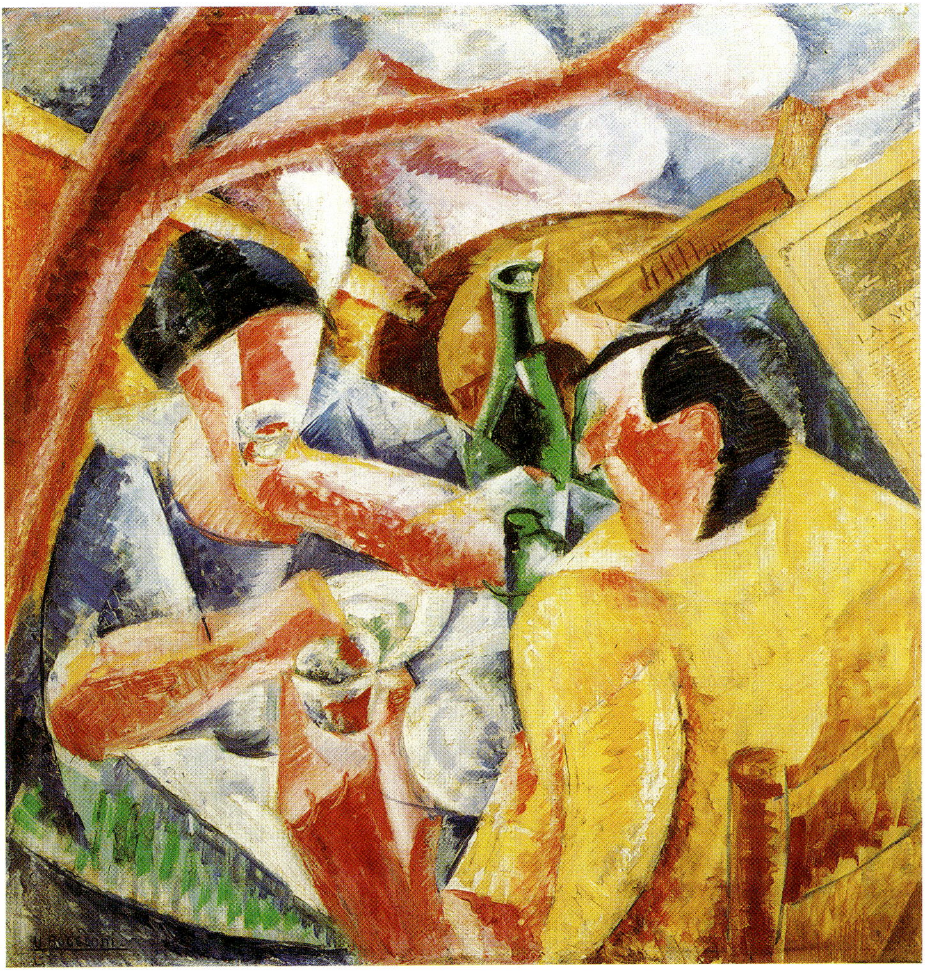

7
Umberto Boccioni
Corpo umano
(*Dinamismo*) (1913)
olio su tela,
80 × 65 cm
(cat. n. 15)

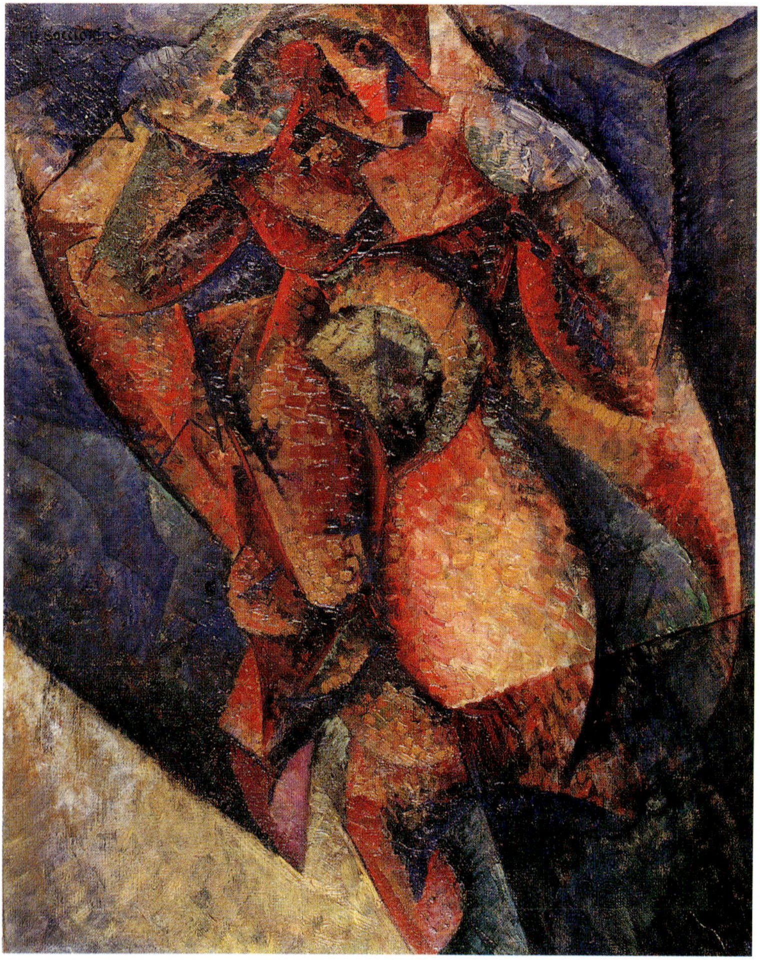

8
Umberto Boccioni
Dinamismo di un corpo umano (1913)
olio su tela,
100 × 100 cm
(cat. n. 14)

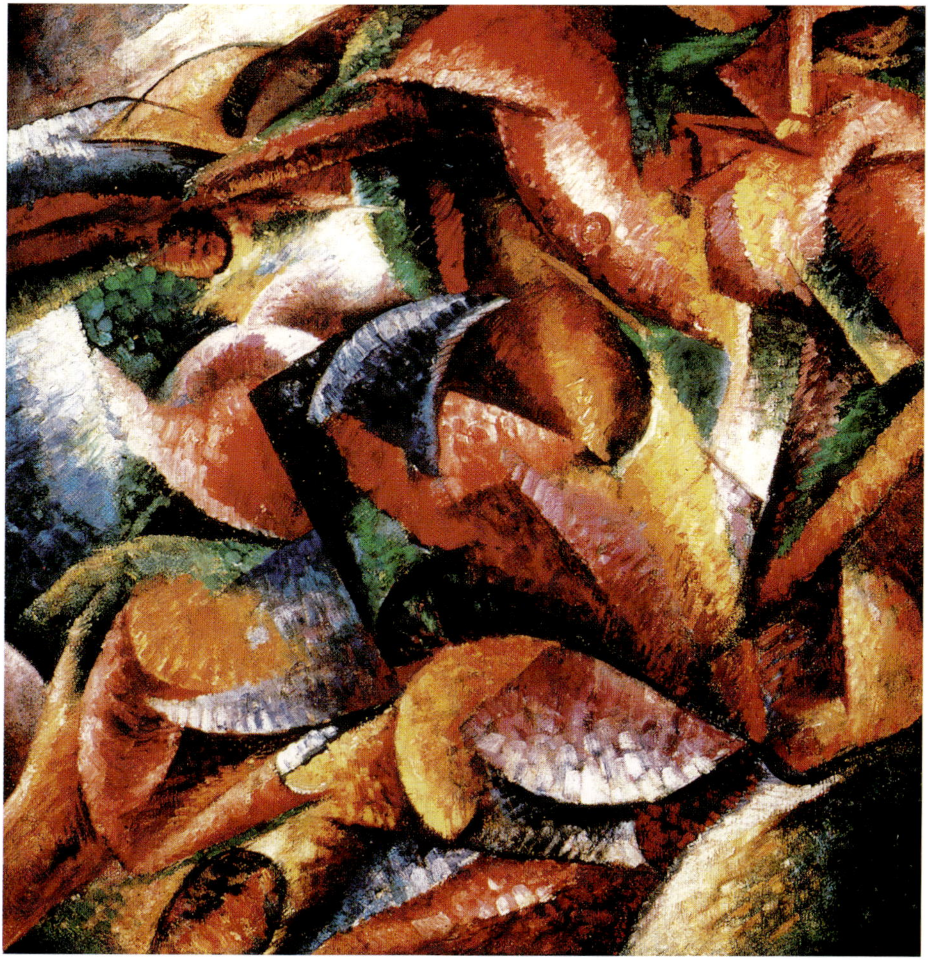

9
Umberto Boccioni
Costruzione spiralica
(*Costruzione spiralica perpendicolare*; *Donna seduta*) (1913-1914)
olio su tela, 95 × 95 cm
(cat. n. 16)

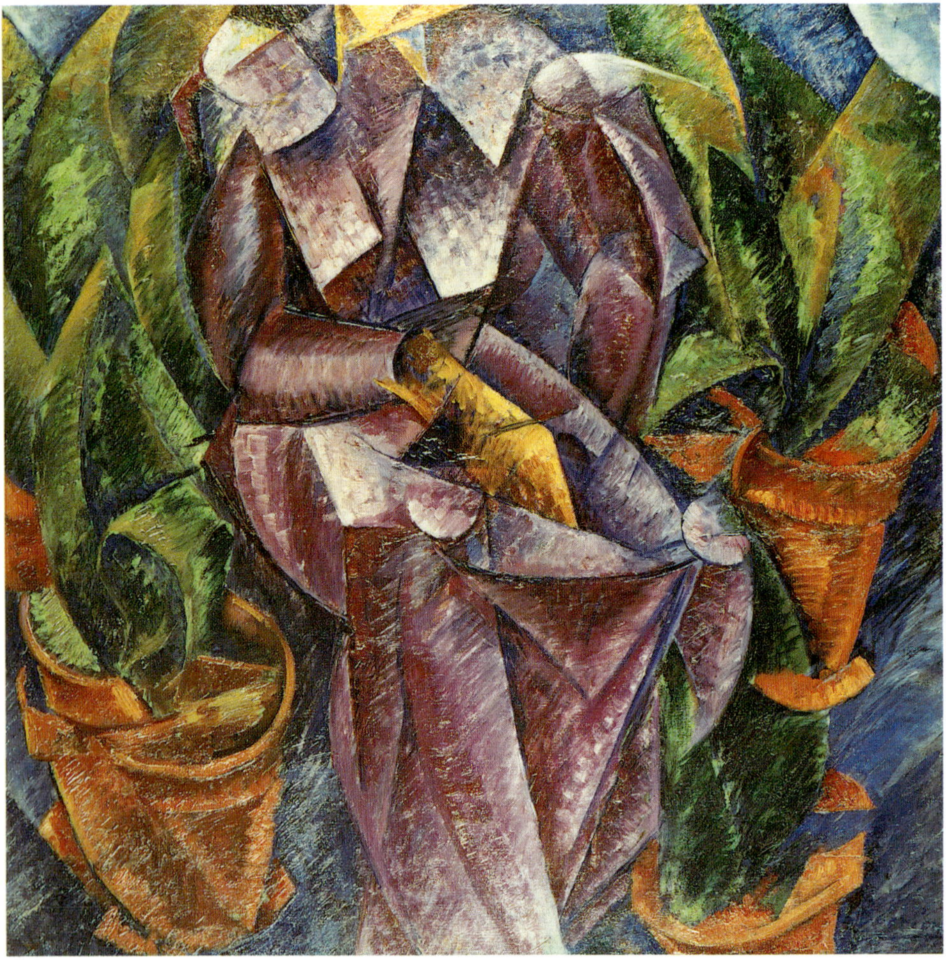

10
Umberto Boccioni
Studio di testa
(*Dimensioni astratte*;
Ritratto della madre)
(1912)
olio e tempera
su tela, 60 × 60 cm
(cat. n. 10)

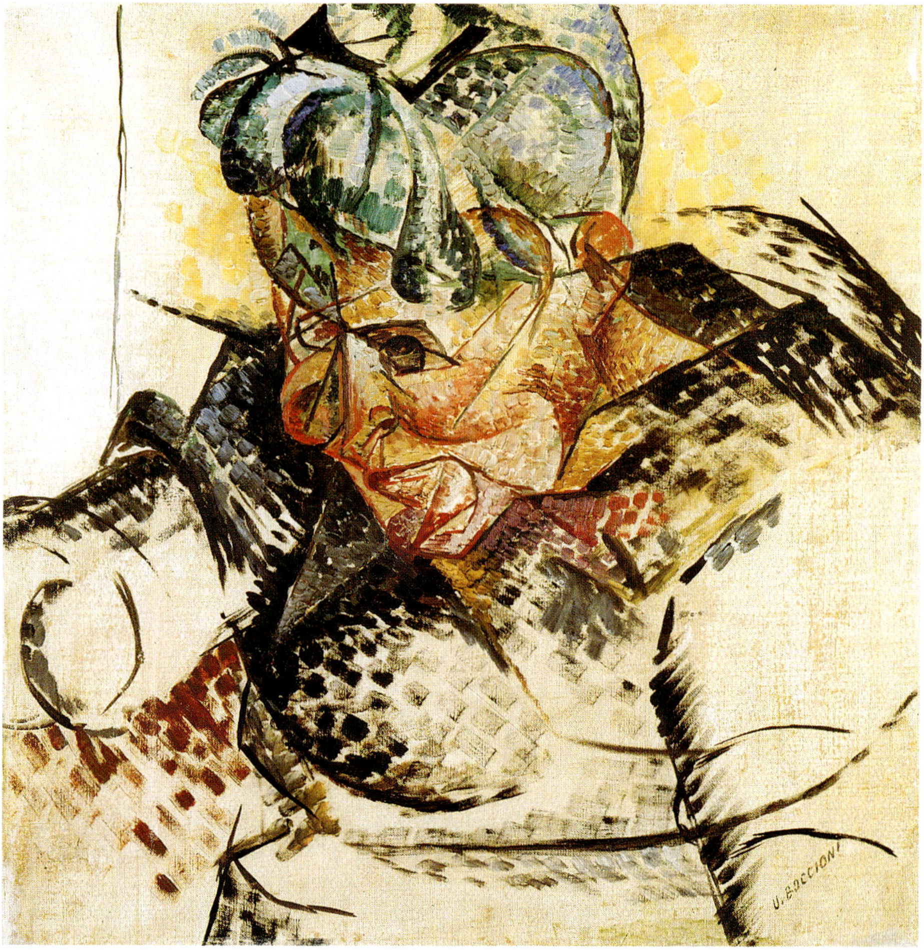

11
Umberto Boccioni
Composizione
di una testa di uomo
(*Dinamismo di una*
testa di uomo) (1914)
collage e tempera
su tela, 30 × 30 cm
(cat. n. 19)

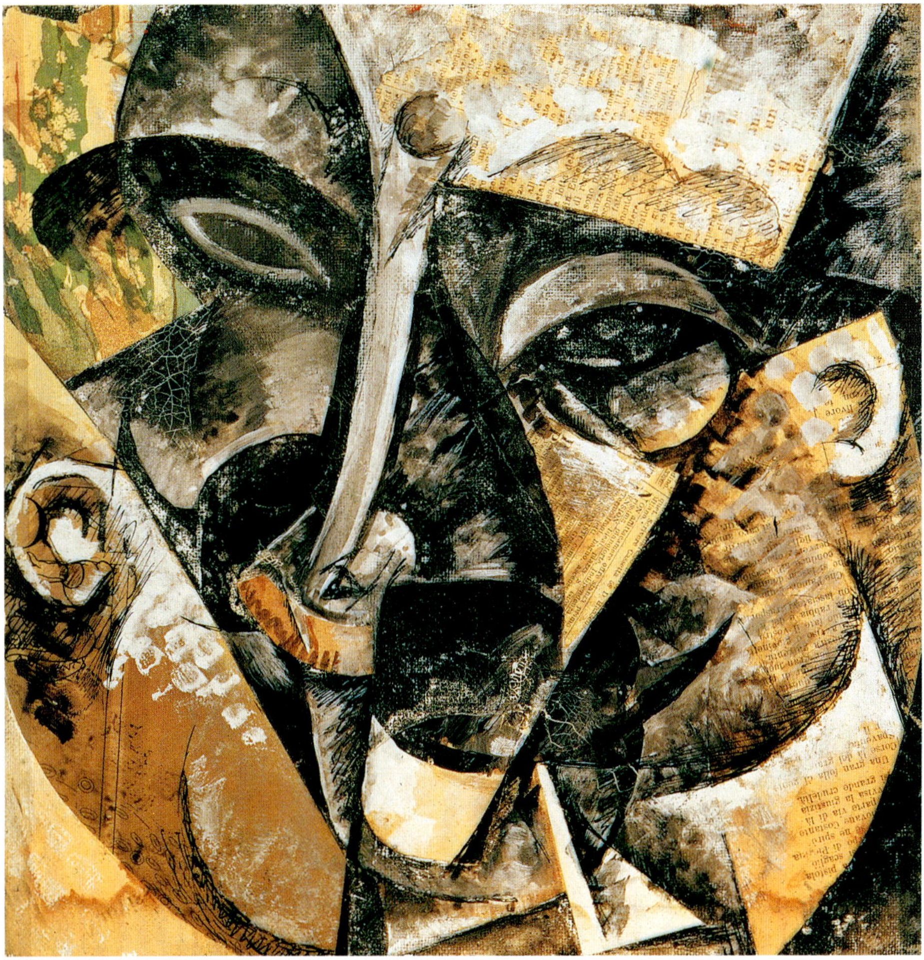

12
Umberto Boccioni
Composizione dinamica di una testa di donna (1914)
collage e tempera
su tela, 35 × 35 cm
(cat. n. 18)

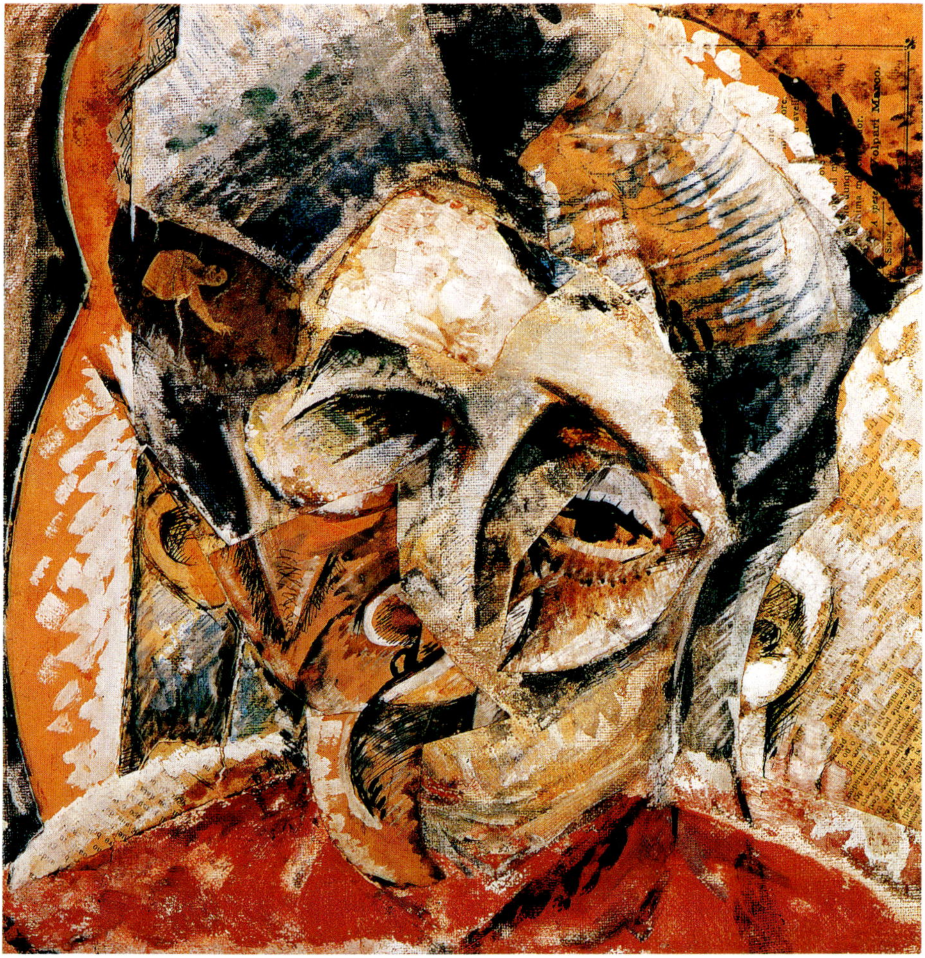

13
Umberto Boccioni
Linea e forza di una bottiglia (*Sviluppo di una bottiglia nello spazio*), 1912
bronzo,
39,5 × 59,5 × 33 cm
(cat. n. 12)

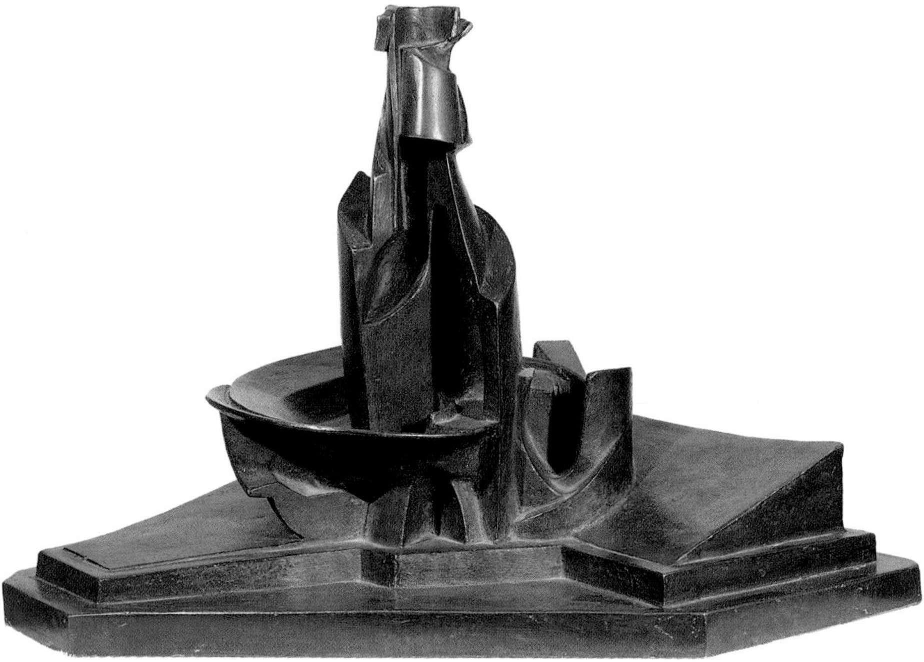

14
Umberto Boccioni
Quelli che vanno
(1911)
olio su tela,
95,5 × 121 cm
(cat. n. 7)

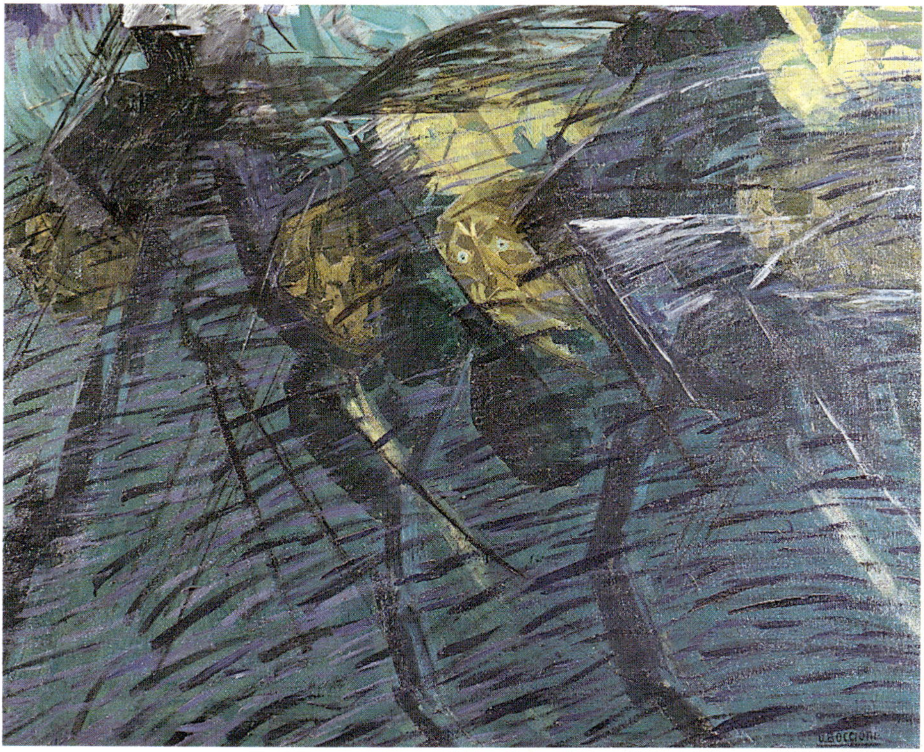

15a
Umberto Boccioni
Trittico degli stati d'animo: Gli addii (1911)
olio su tela,
71 × 96 cm
(cat. n. 8a)

15b
Umberto Boccioni
Trittico degli stati d'animo: Quelli che vanno (1911)
olio su tela,
71 × 96 cm
(cat. n. 8b)

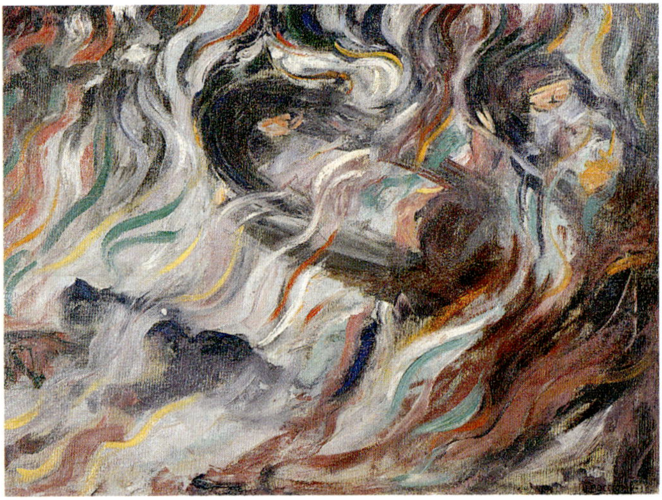

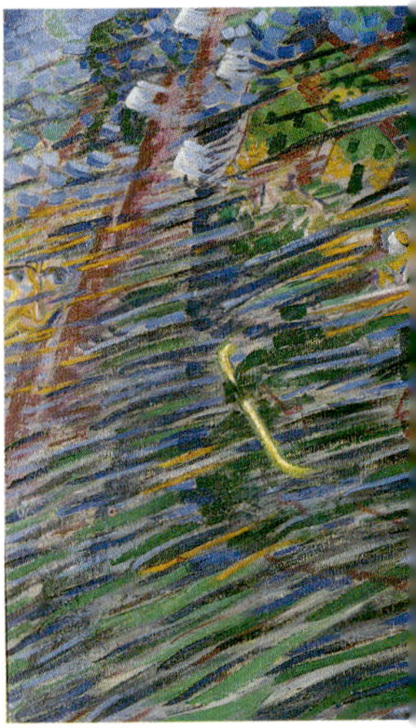

15c
Umberto Boccioni
Trittico degli stati d'animo: Quelli che restano (1911)
olio su tela,
71 × 96 cm
(cat. n. 8c)

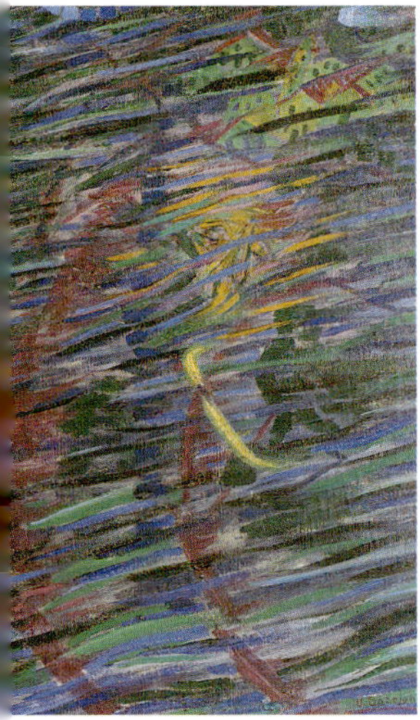

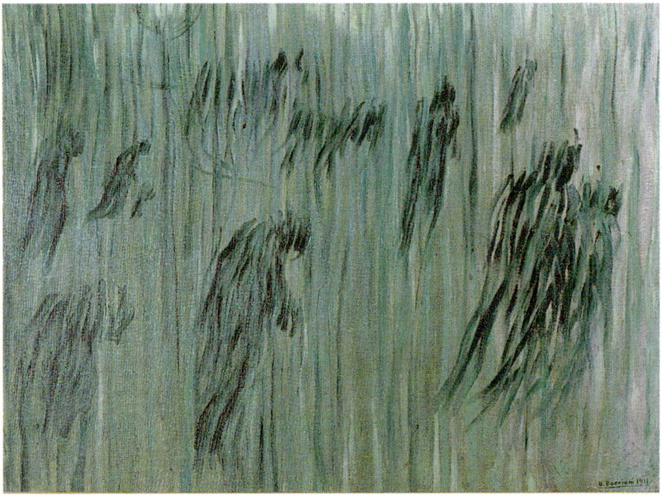

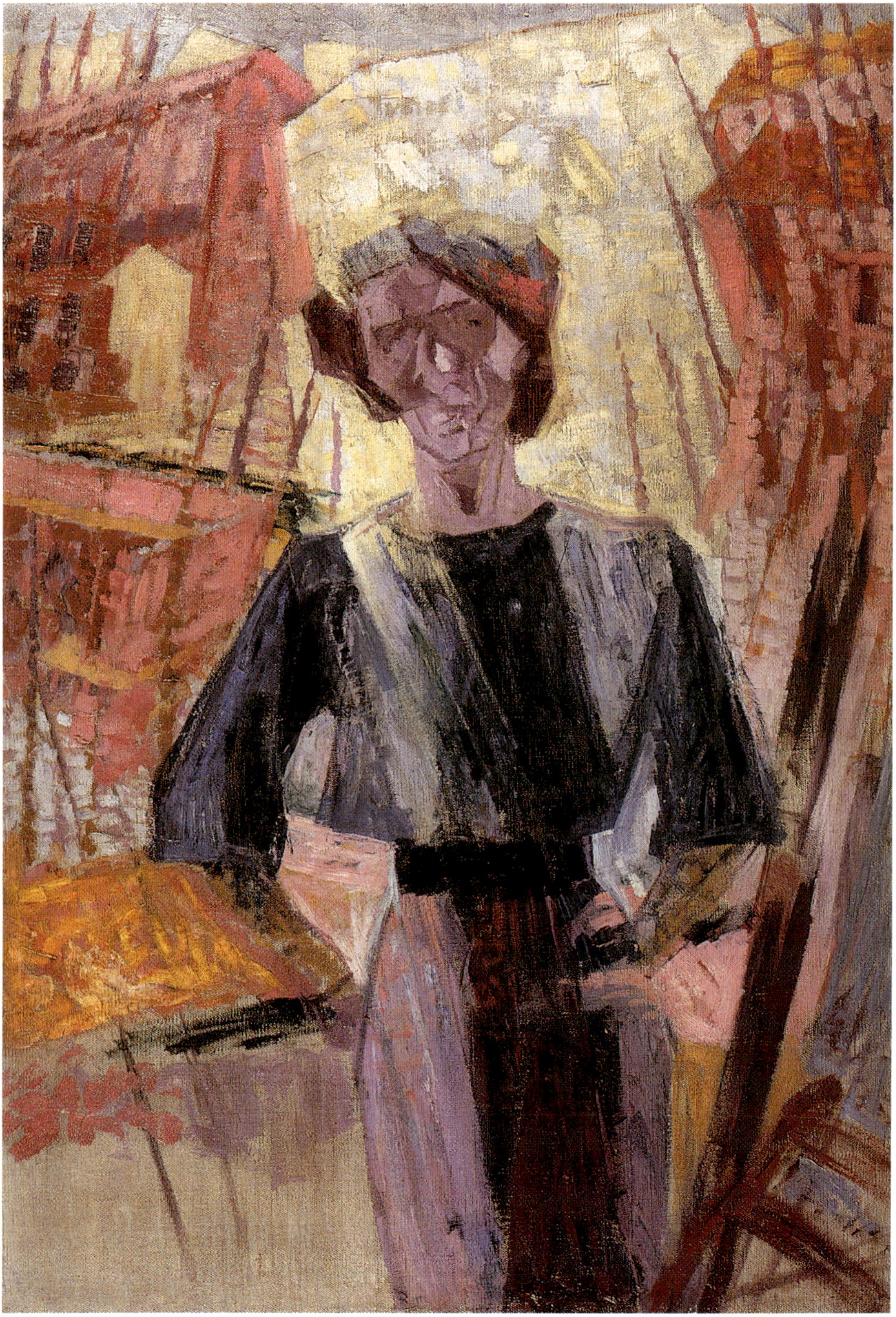

16
Umberto Boccioni
Studio di donna fra case (*La signora Ines; Studio di figura femminile*) (1911)
olio su tela,
135 × 95 cm
(cat. n. 9)

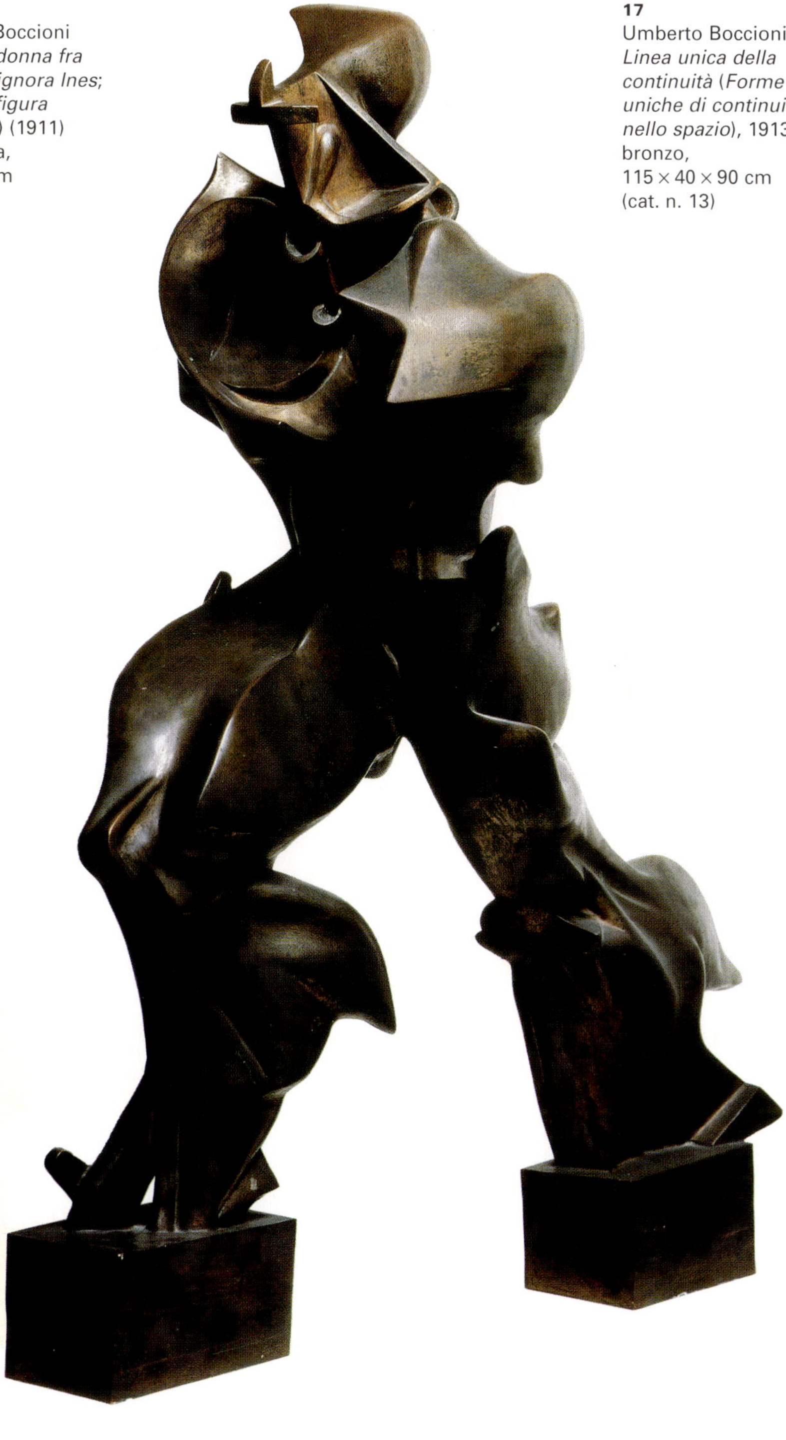

17
Umberto Boccioni
Linea unica della continuità (*Forme uniche di continuità nello spazio*), 1913
bronzo,
115 × 40 × 90 cm
(cat. n. 13)

18
Umberto Boccioni
Testa di donna (*Ritratto della signora Busoni; Studio n. 2 di testa della signora Busoni*)
(1916)
olio su tela, 38 × 46,5 cm
(cat. n. 22)

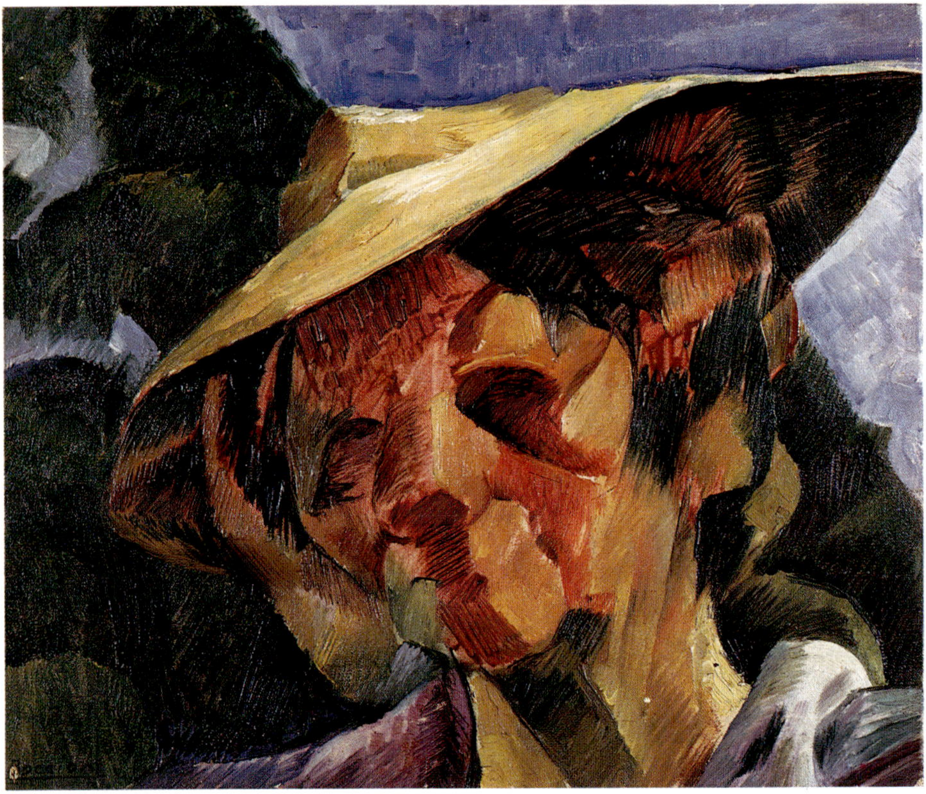

19
Umberto Boccioni
Natura morta
di terraglie, posate
e frutti (*Natura morta*
con brocca e scodella)
(1915-1916)
olio su tela, 30 × 35 cm
(cat. n. 21)

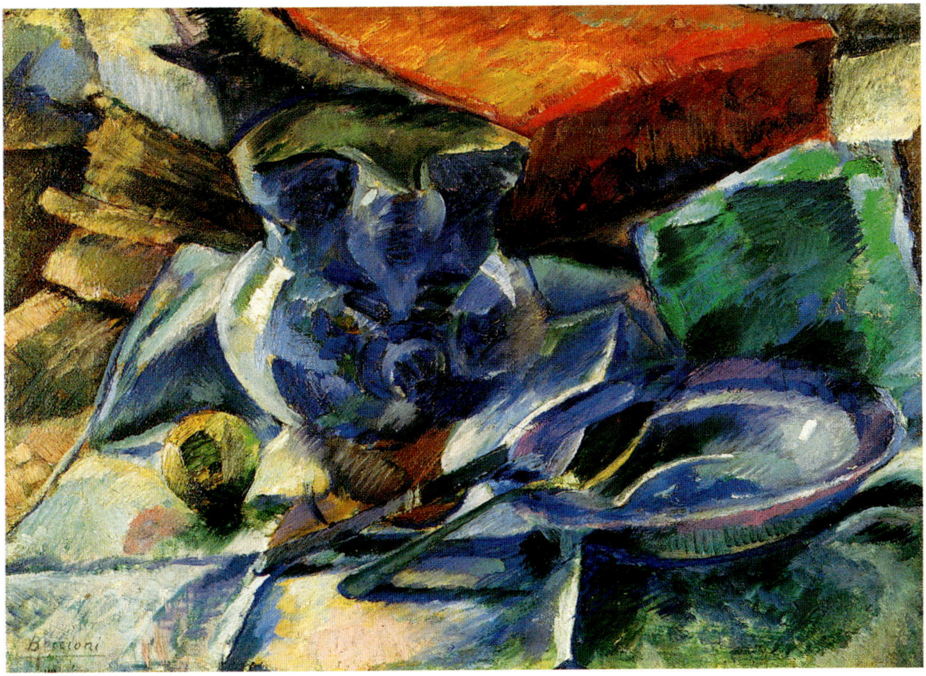

20
Umberto Boccioni
Dinamismo plastico +cavallo+caseggiato
(1913-1914)
olio su tela,
37 × 100 cm
(cat. n. 17)

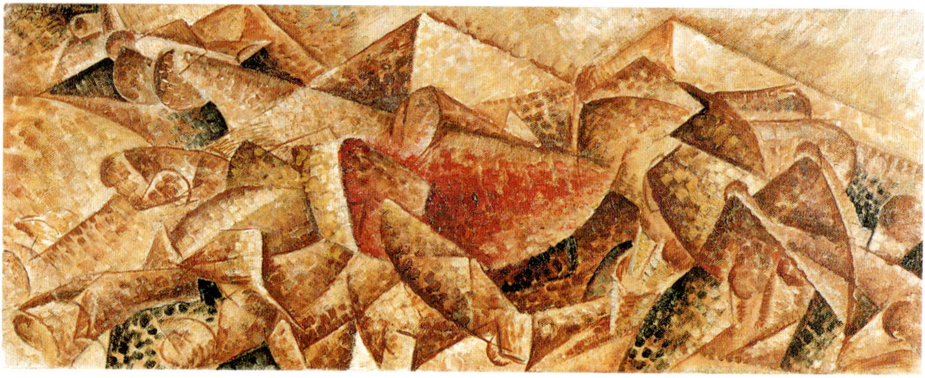

21
Giacomo Balla
Composizione futurista (1918)
olio su tavola,
61 × 67 cm
(cat. n. 2)

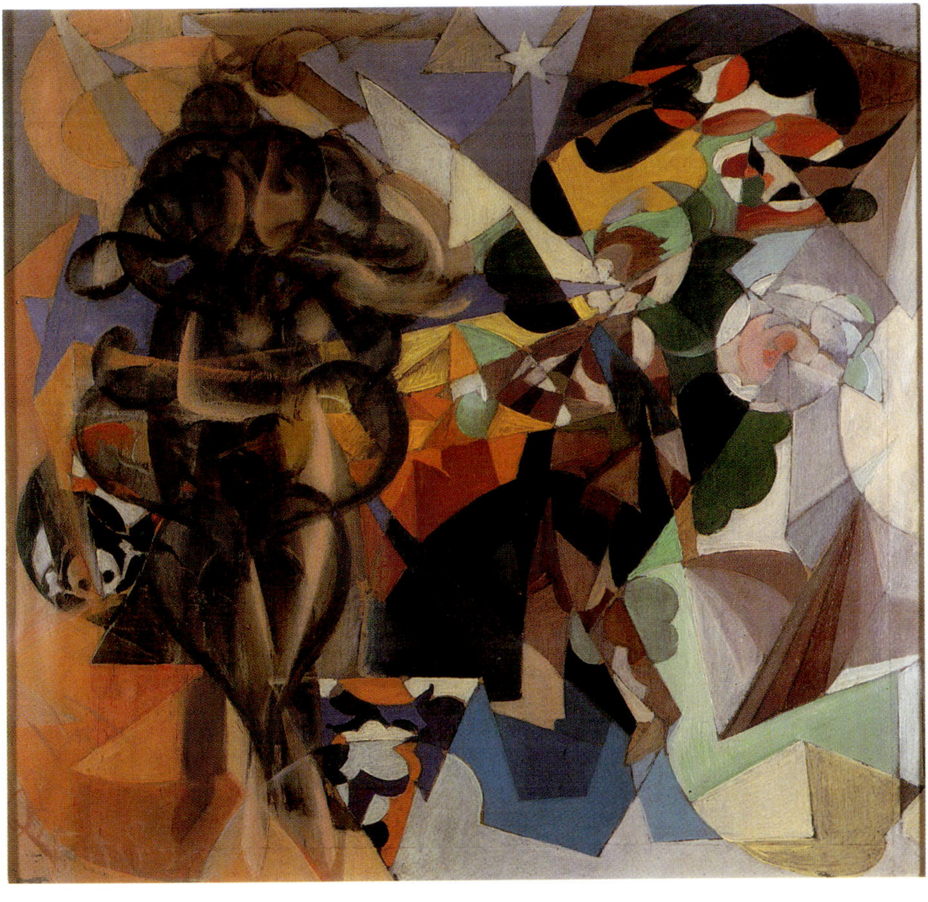

22
Fortunato Depero
Figura seduta a un tavolino di caffè (*Ritrato di Gilbert Clavel*), 1918
olio su tela,
59 × 59 cm
(cat. n. 38)

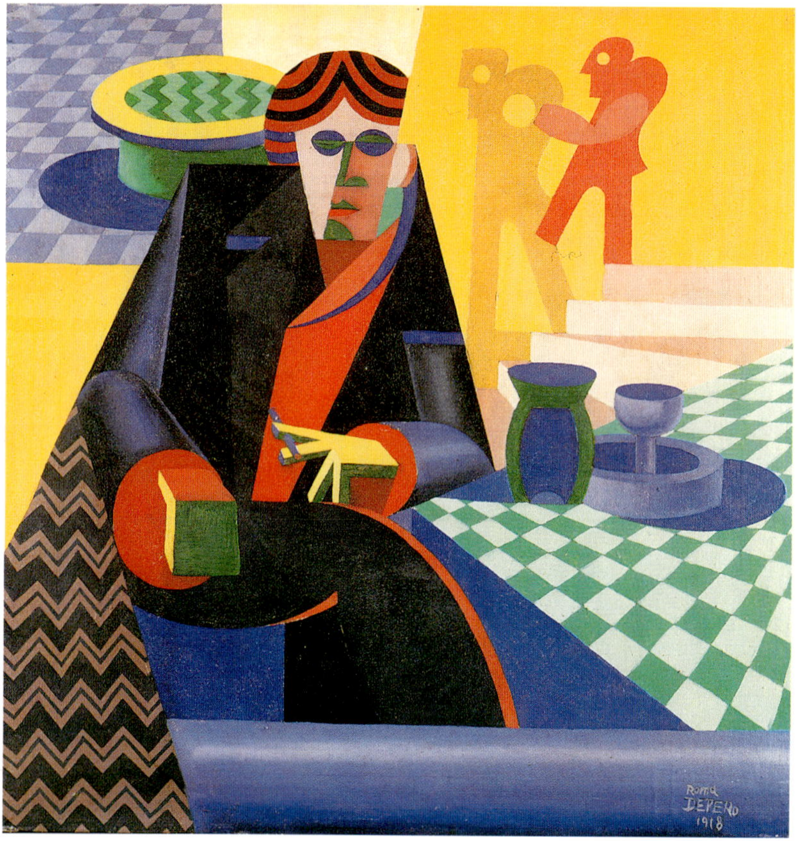

23
Achille Funi
Uomo che scende dal tram, 1914
olio su tela,
117,5 × 132 cm
(cat. n. 50)

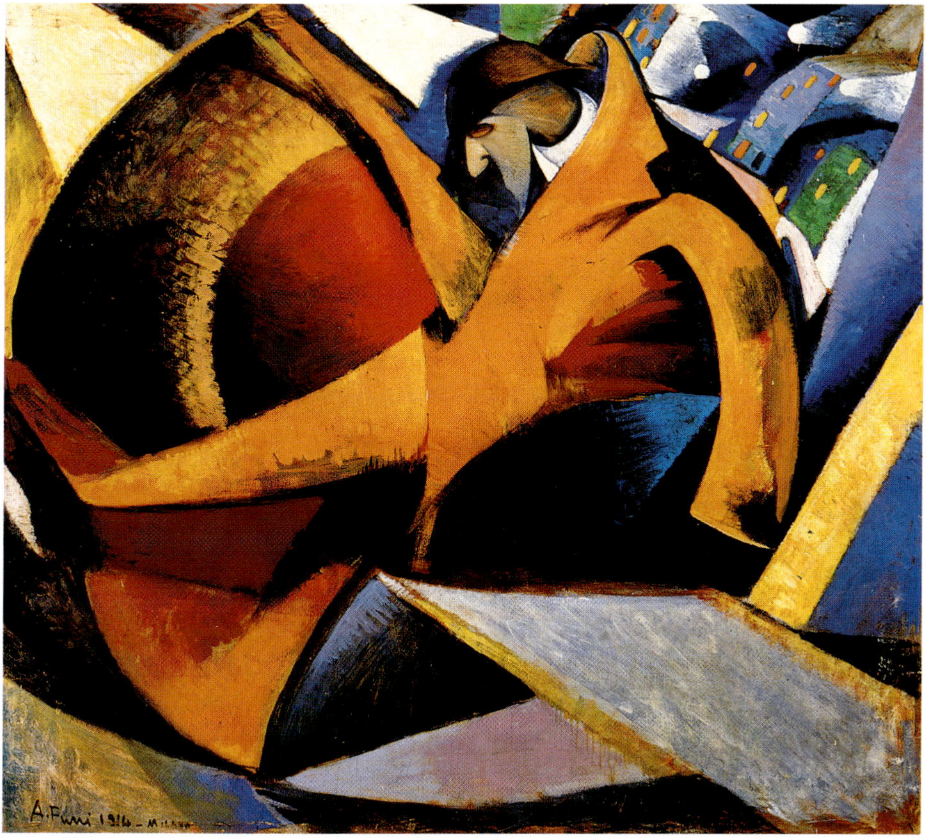

24
Ardengo Soffici
Bottiglia e bicchiere
(*Bottiglia e giornale*),
1915
collage e tempera
su cartone, 45 × 37 cm
(cat. n. 94)

25
Ardengo Soffici
Linee e volumi
di una persona
(1912-1913)
olio su tela,
65 × 48 cm
(cat. n. 93)

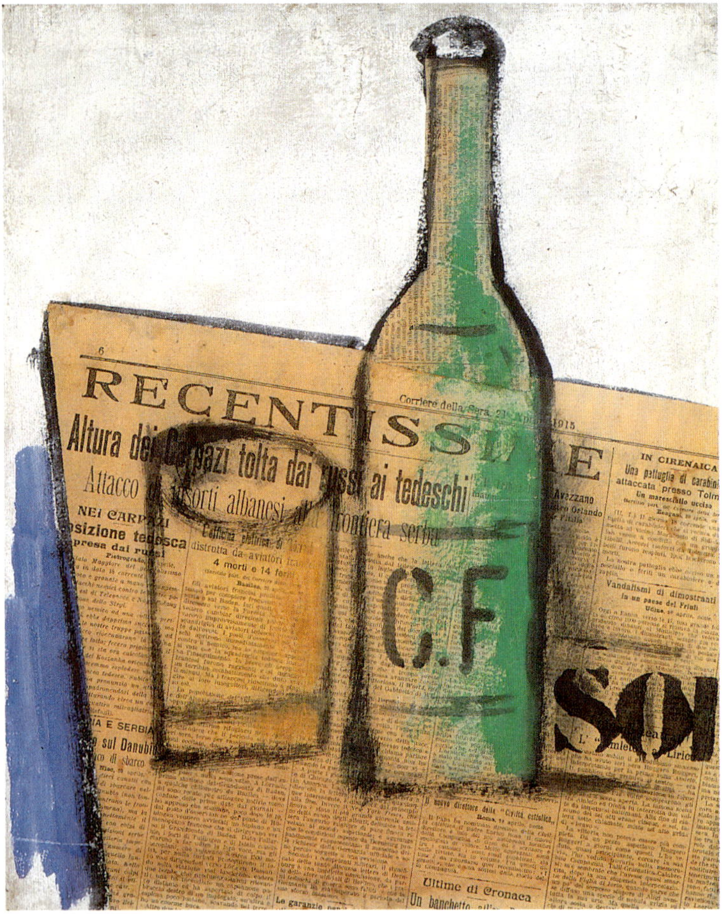

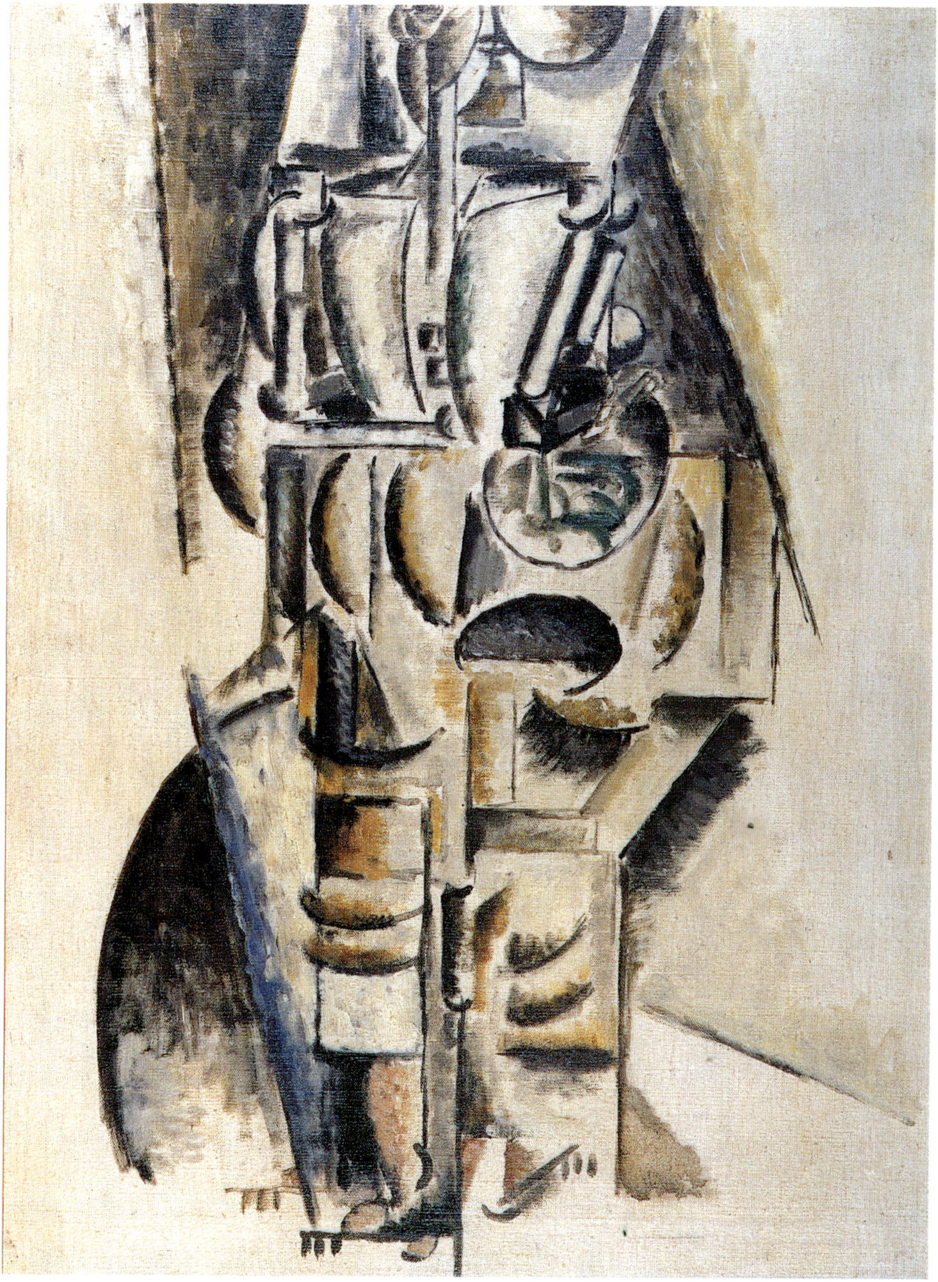

26
Gerardo Dottori
Trittico (*Aurora umbra*) (1931 circa)
olio su tela, tre pannelli, rispettivamente: 90 × 80; 75,5 × 80 e 90 × 80 cm
(cat. n. 42)

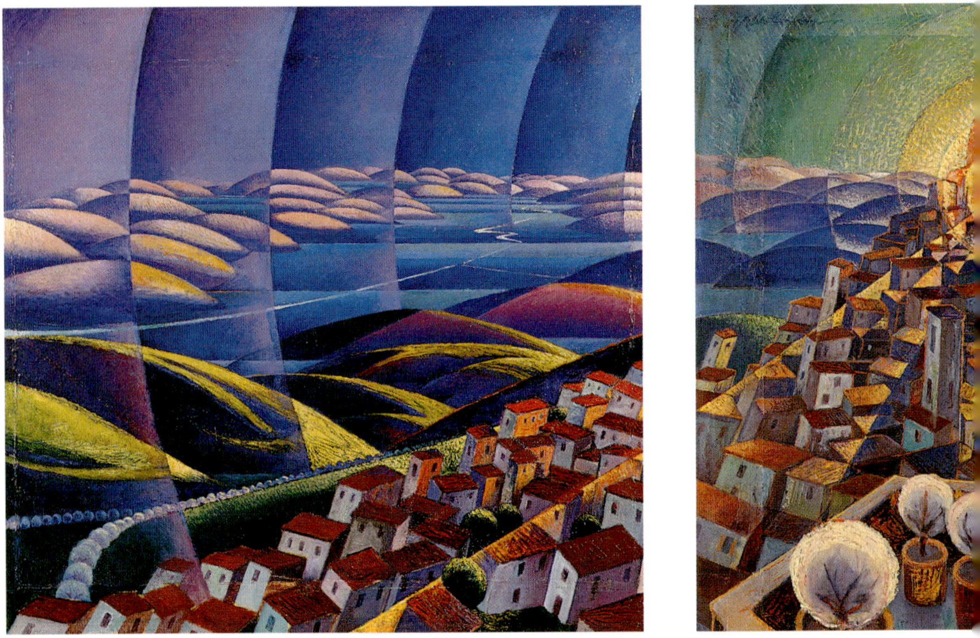

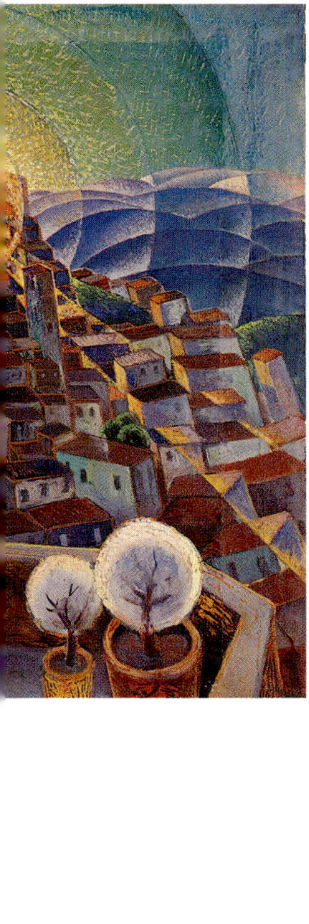

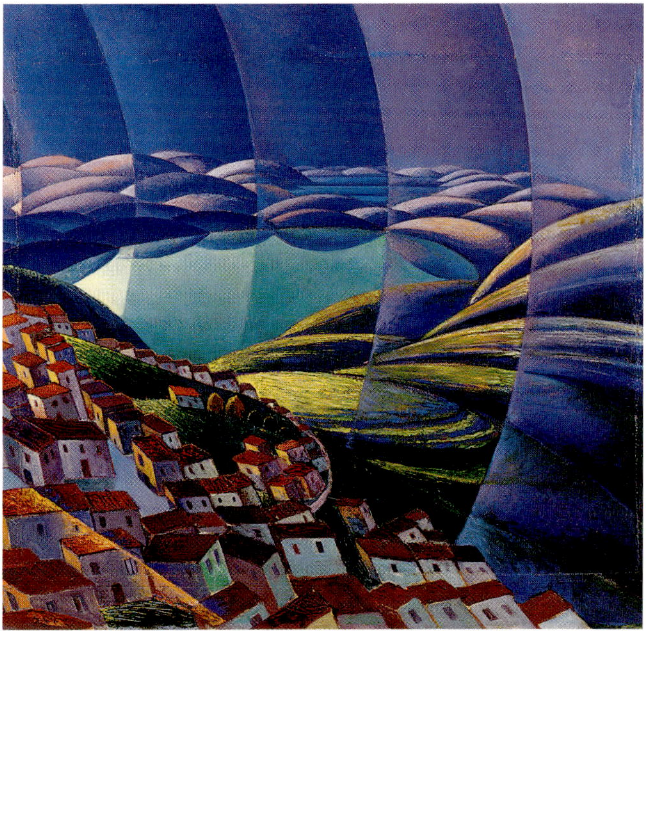

27
Mario Sironi
Autoritratto (*Testa futurista*), 1913
olio su tela,
52,5 × 49 cm
(cat. n. 87)

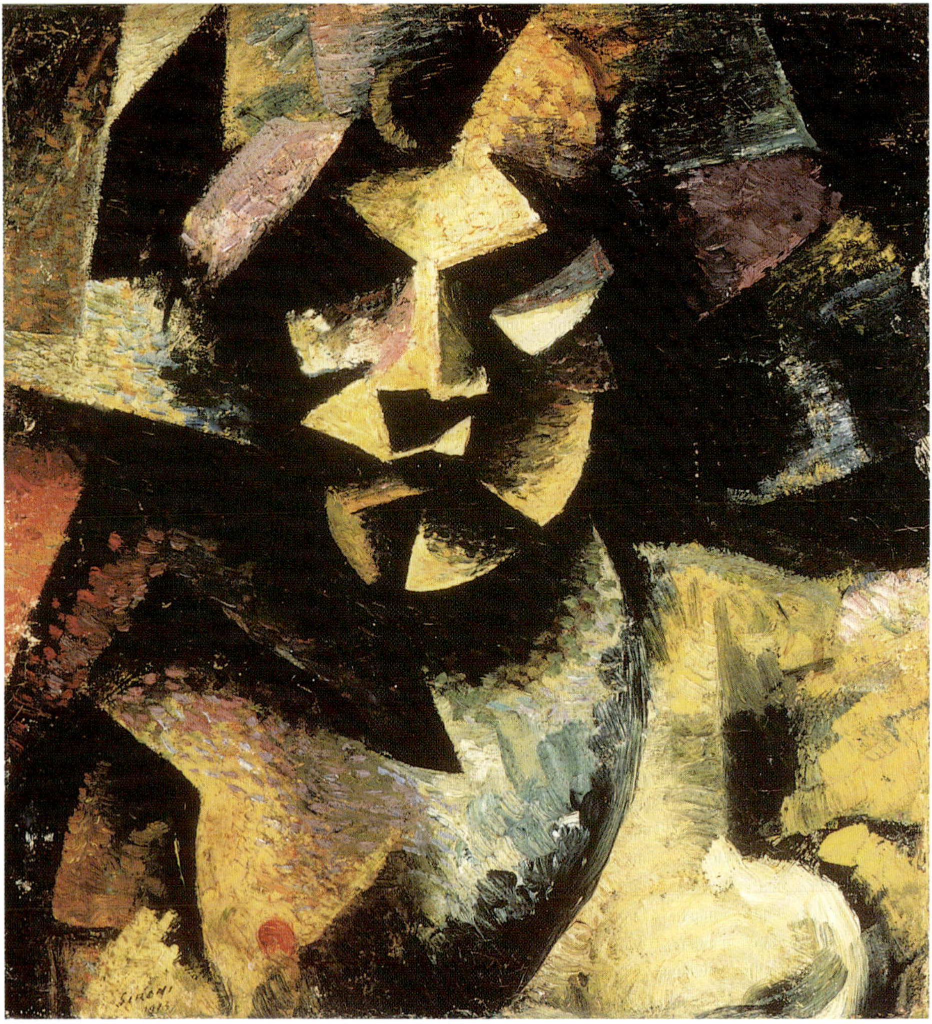

28
Mario Sironi
Paesaggio urbano
(1924)
olio su tela,
80,5 × 71,5 cm
(cat. n. 88)

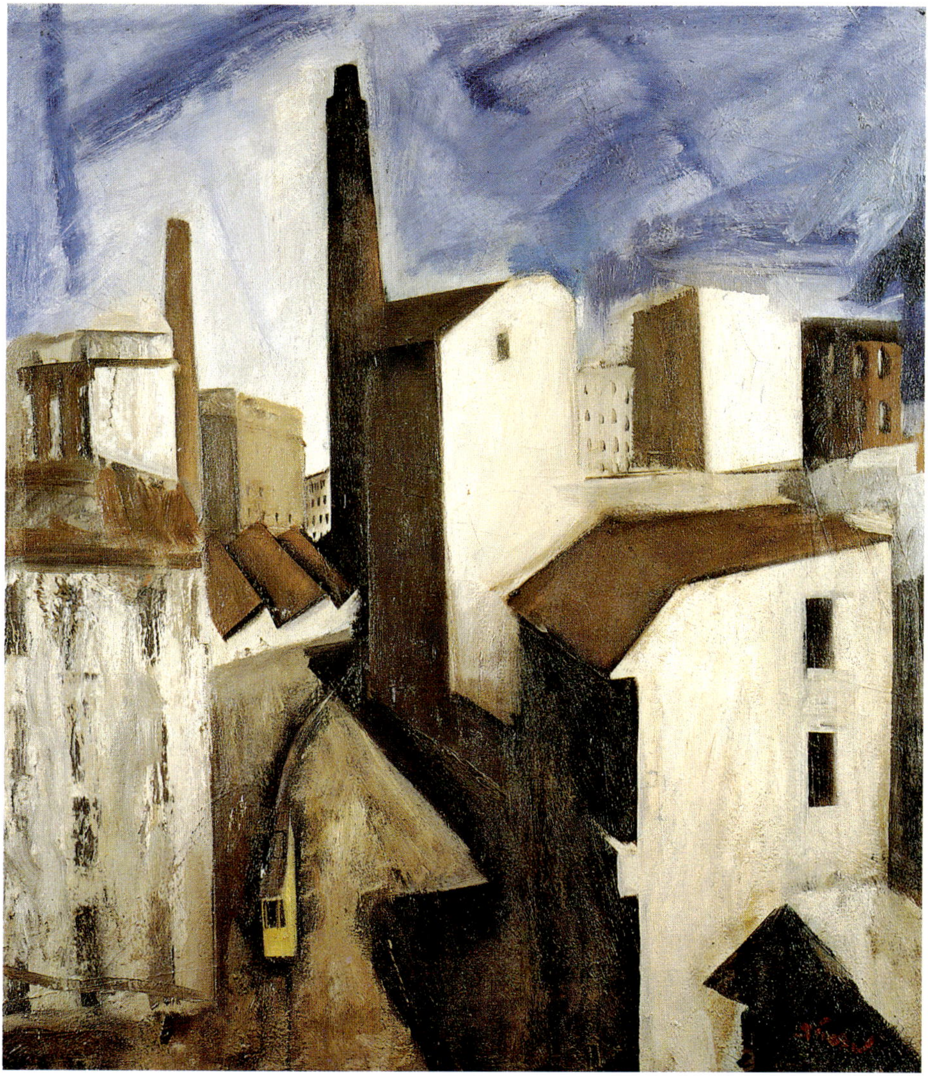

29
Mario Sironi
Figura (*Donna seduta e paesaggio; Malinconia*)
(1925 circa)
olio su carta,
81 × 60 cm
(cat. n. 89)

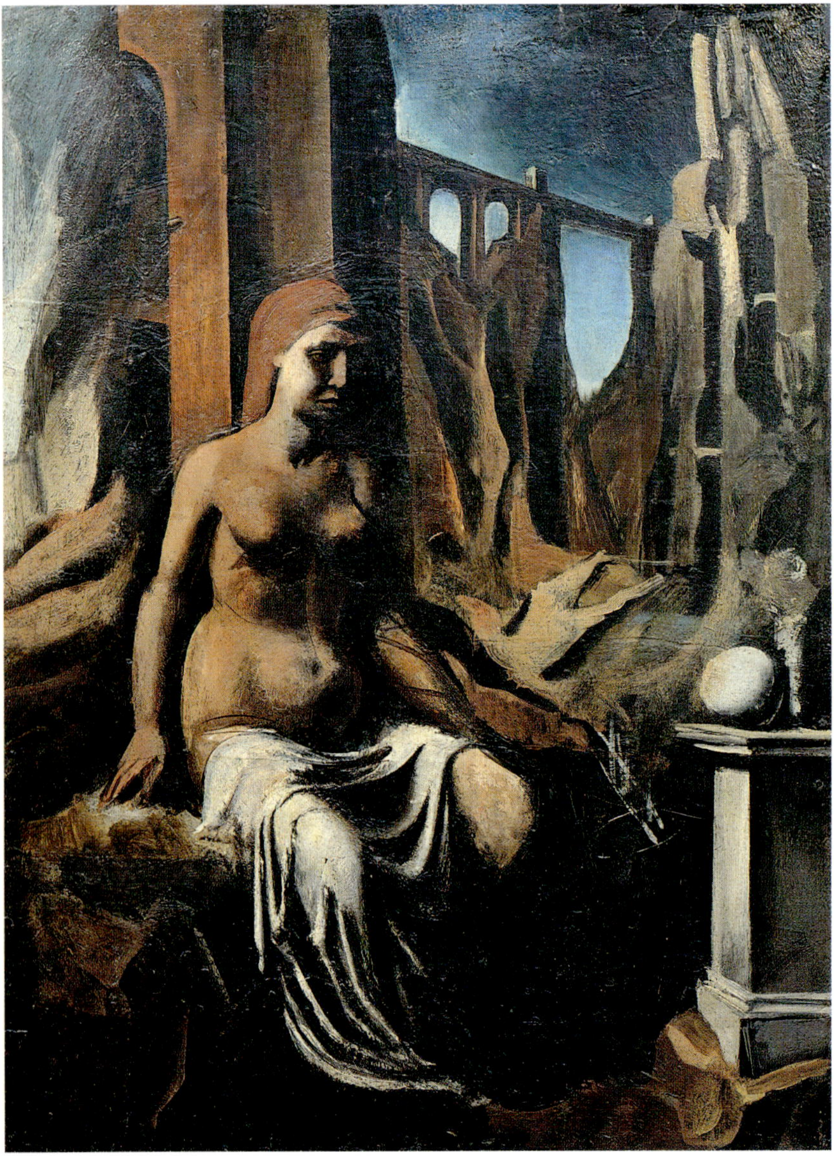

30
Mario Sironi
Cavallo in fuga e caduto (1934)
olio su tela,
144 × 178 cm
(cat. n. 91)

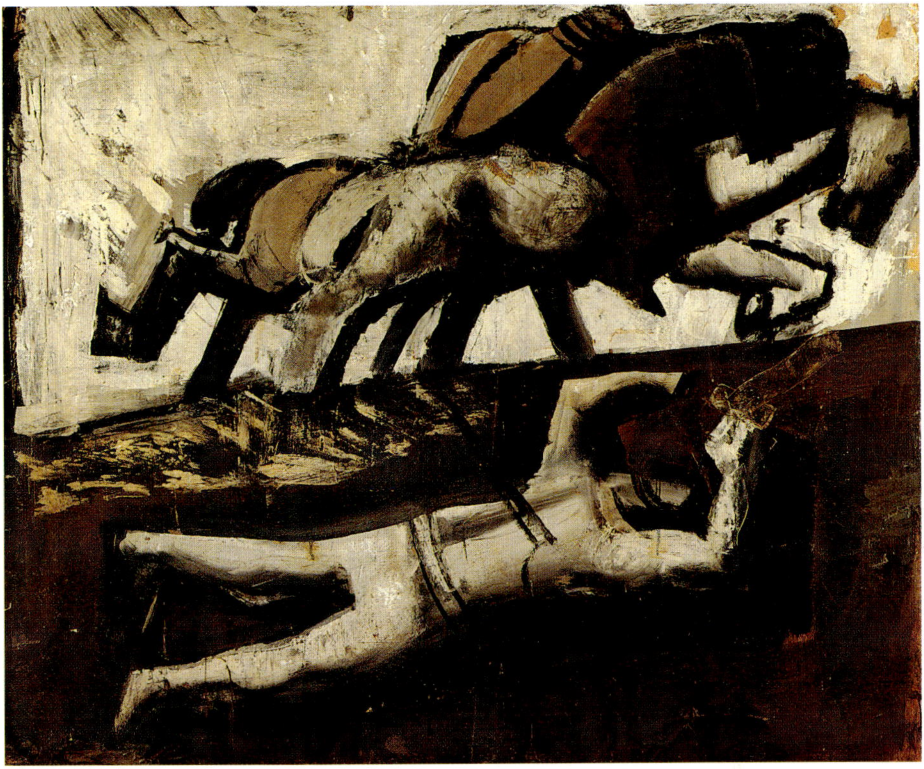

31
Mario Sironi
Bevitore con tazza
(1930?)
olio su tela,
70 × 55 cm
(cat. n. 90)

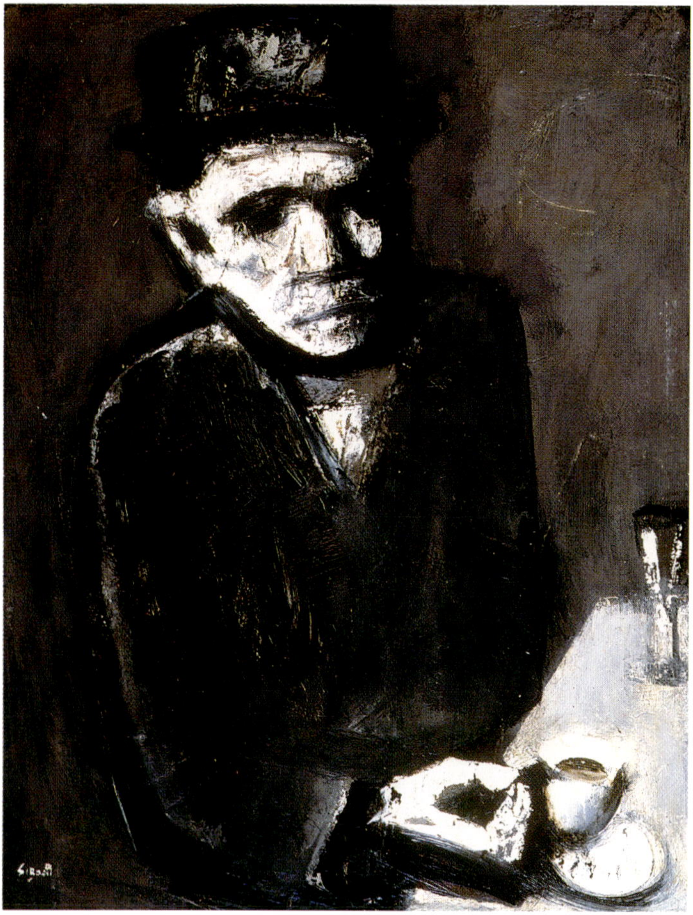

32
Mario Sironi
Cariatide (1940)
gesso patinato,
188 × 28 × 50 cm
(cat. n. 92)

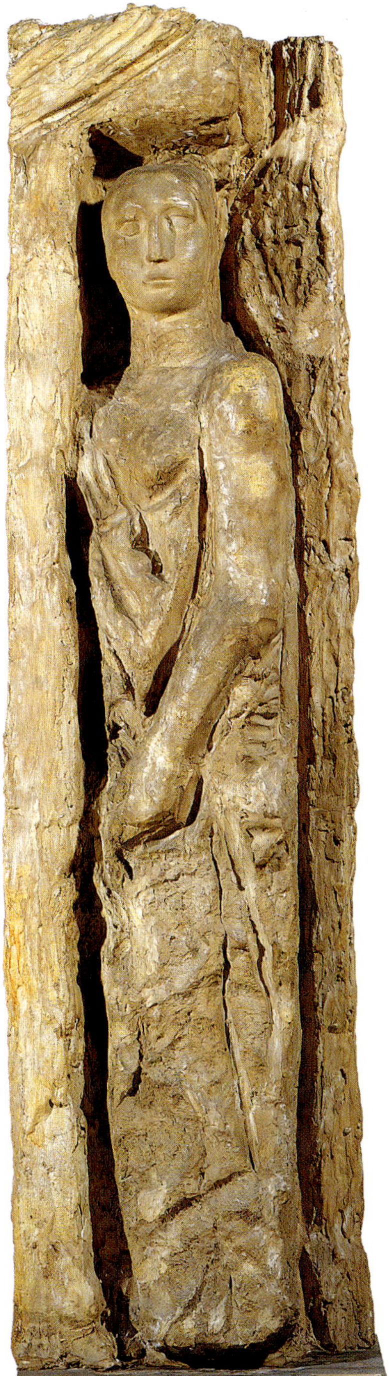

33
Achille Funi
Composizione futurista, 1926
olio su tavola,
64,5 × 58 cm
(cat. n. 51)

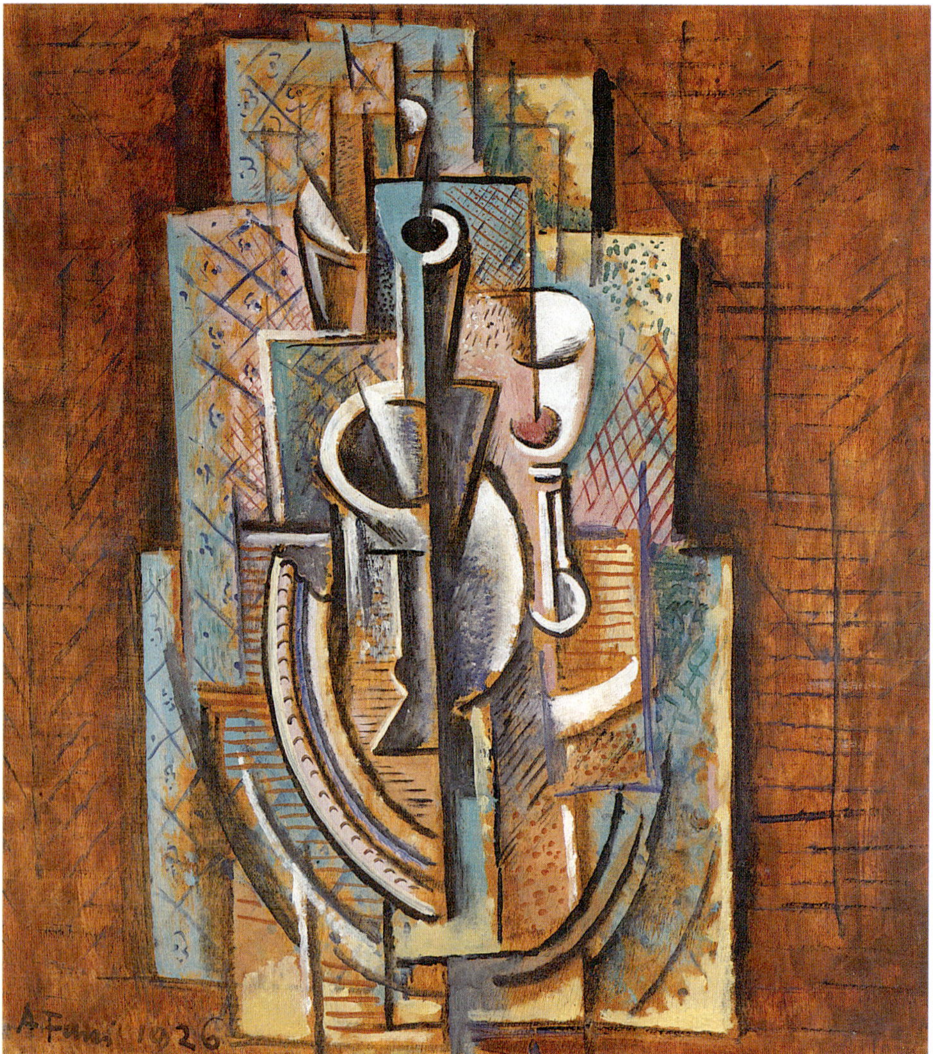

34
Arturo Martini
Torso di giovanetto
(1928)
bronzo,
77 × 20 × 28 cm
(cat. n. 63)

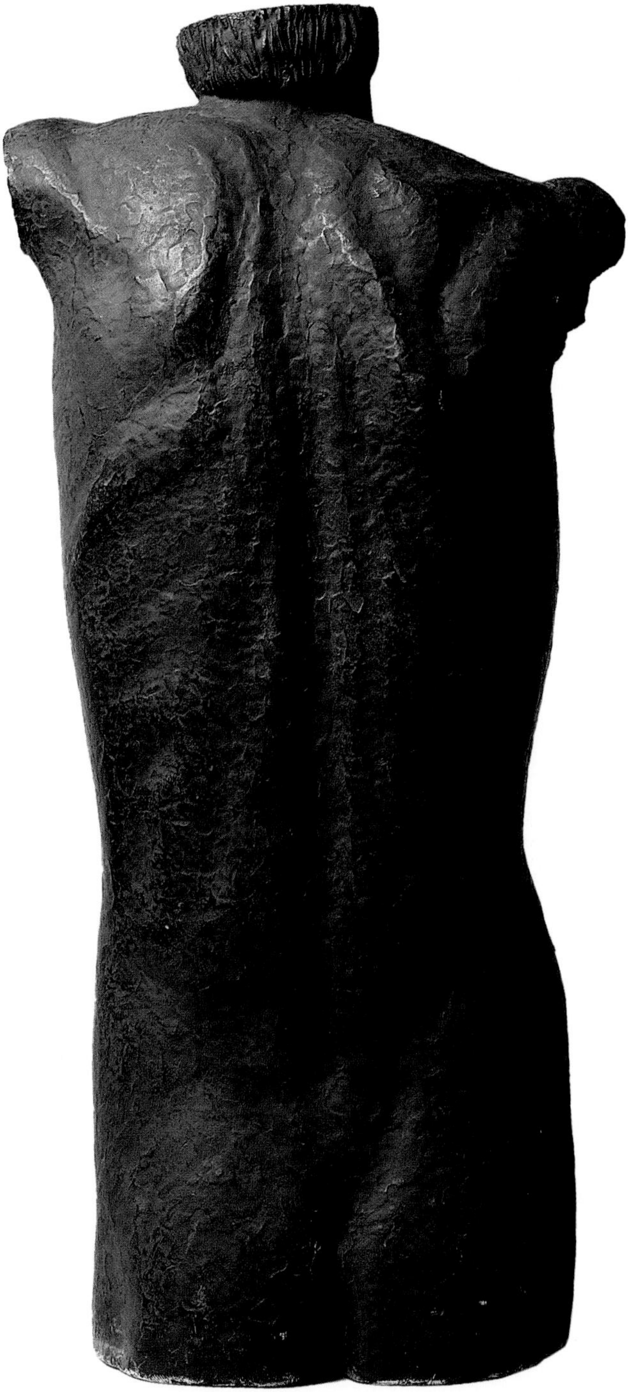

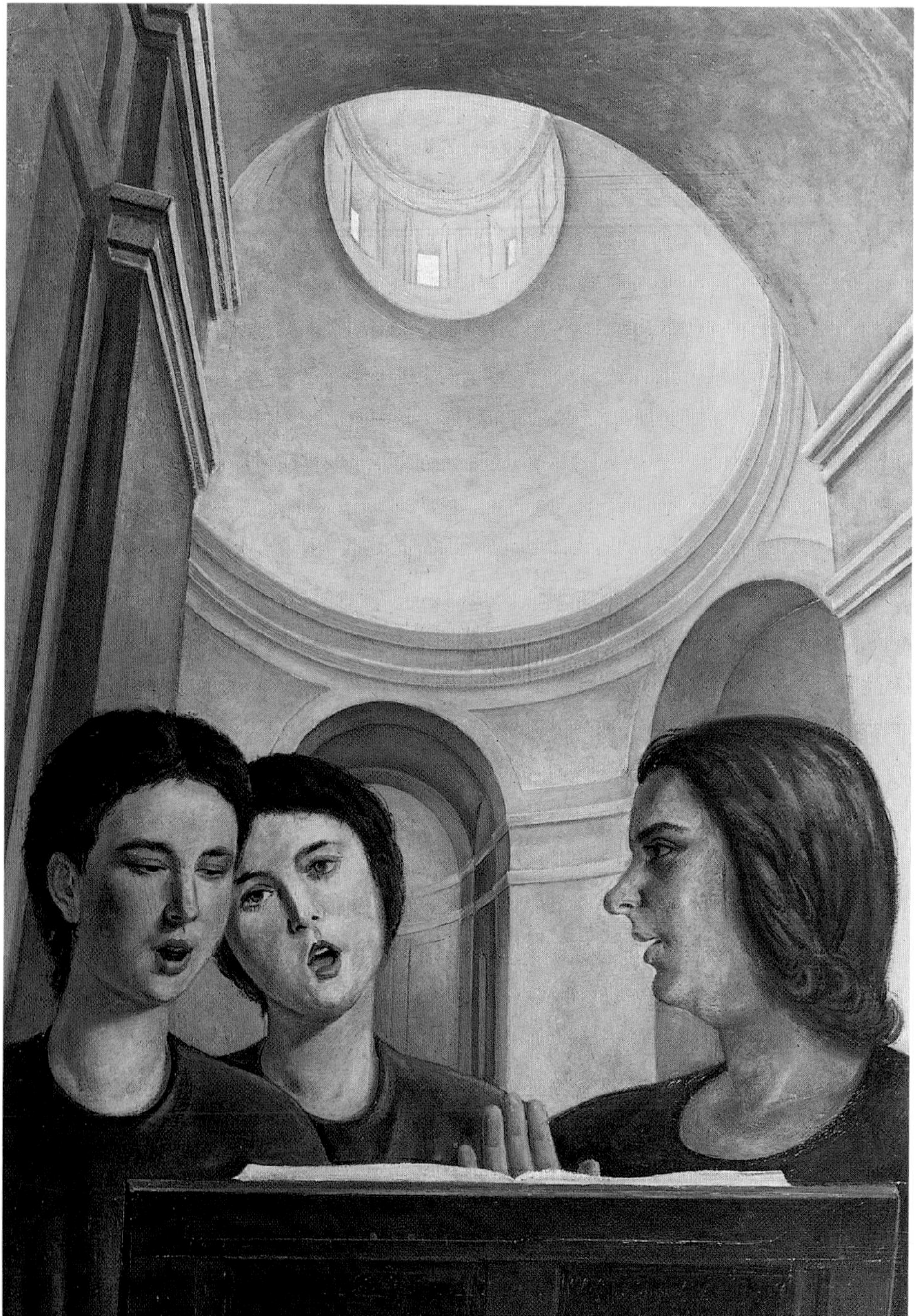

35
Gianfilippo Usellini
Il coro a tre voci, 1931
tempera grassa
su tavola,
122 × 82 cm
(cat. n. 101)

36
Felice Casorati
Manichini (*Natura morta con manichini*)
(1922-1924)
olio su tavola,
87 × 68 cm
(cat. n. 31)

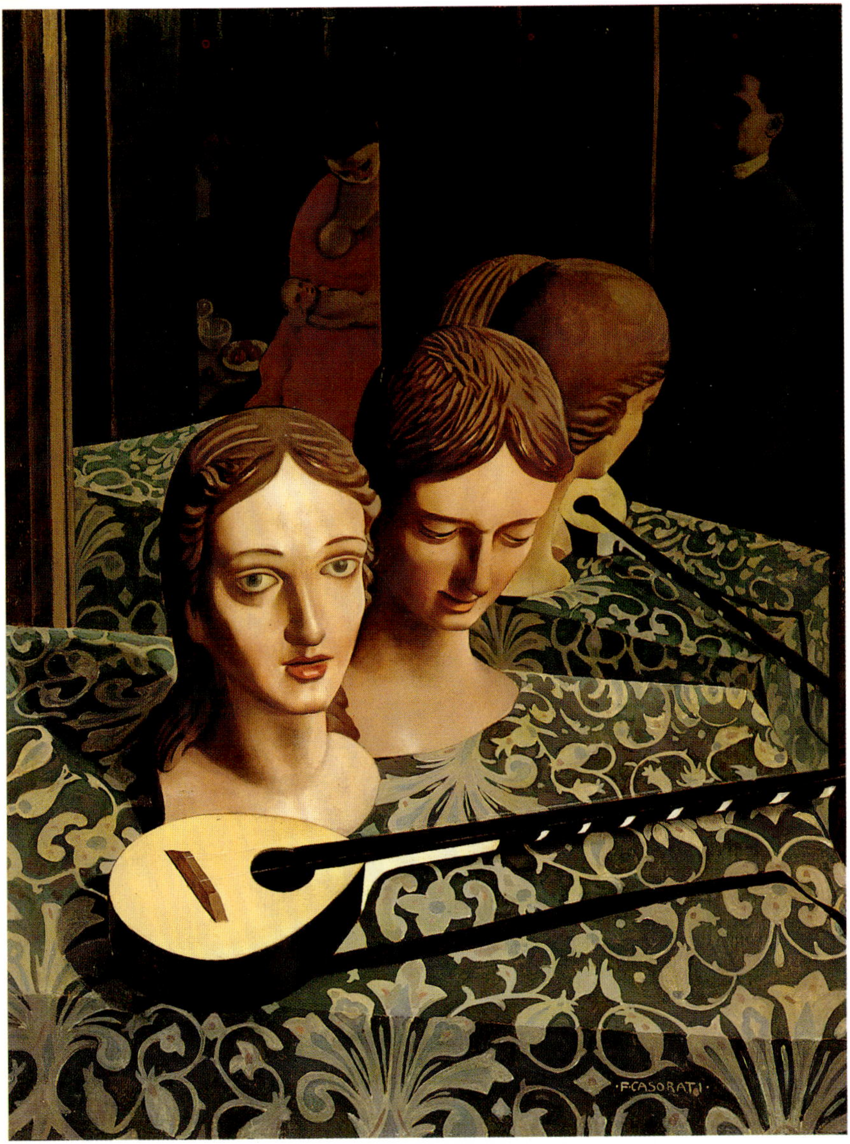

37
Felice Casorati
Nudo seduto
(*La poltrona verde*)
(1919 circa)
olio su cartone,
56,5 × 55,5 cm
(cat. n. 30)

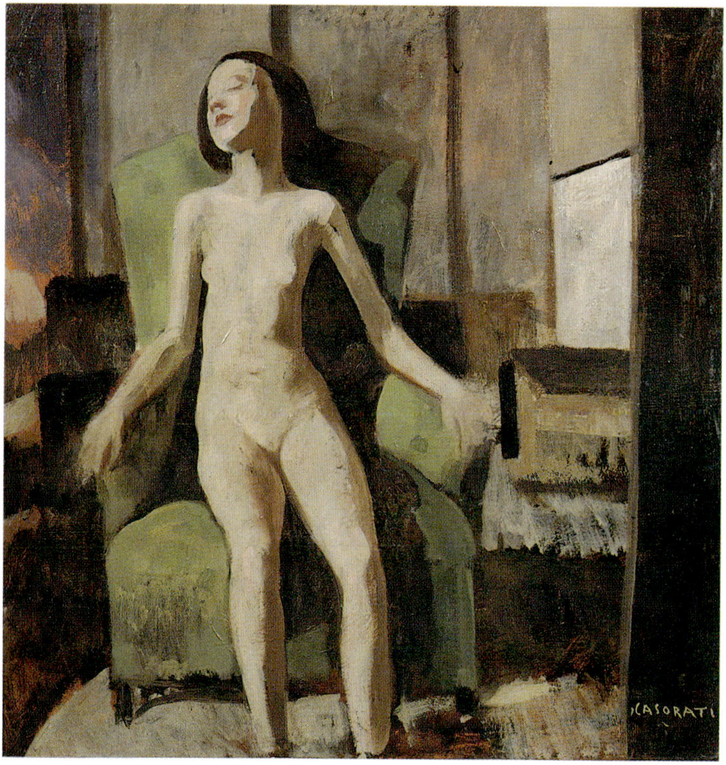

38
Giorgio De Chirico
Combattimento
(1928)
olio su tela,
90 × 117 cm
(cat. n. 35)

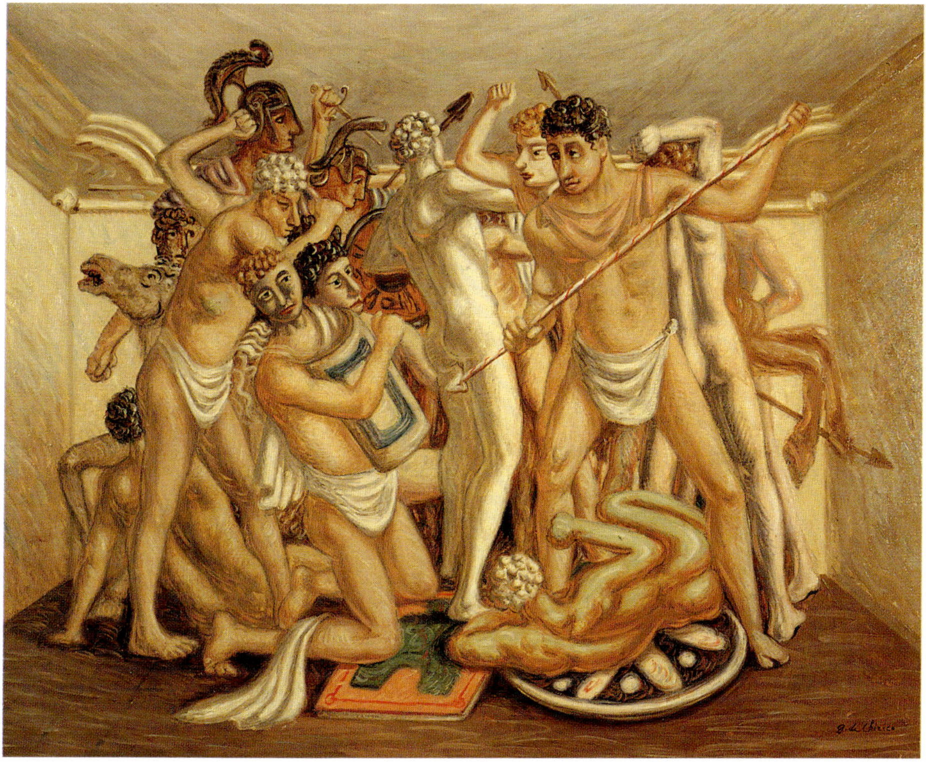

39
Giorgio De Chirico
Le trouble du philosophe (*Manichini in riva al mare; Le repos du philosophe*), 1926
olio su tela,
92 × 72,5 cm
(cat. n. 34)

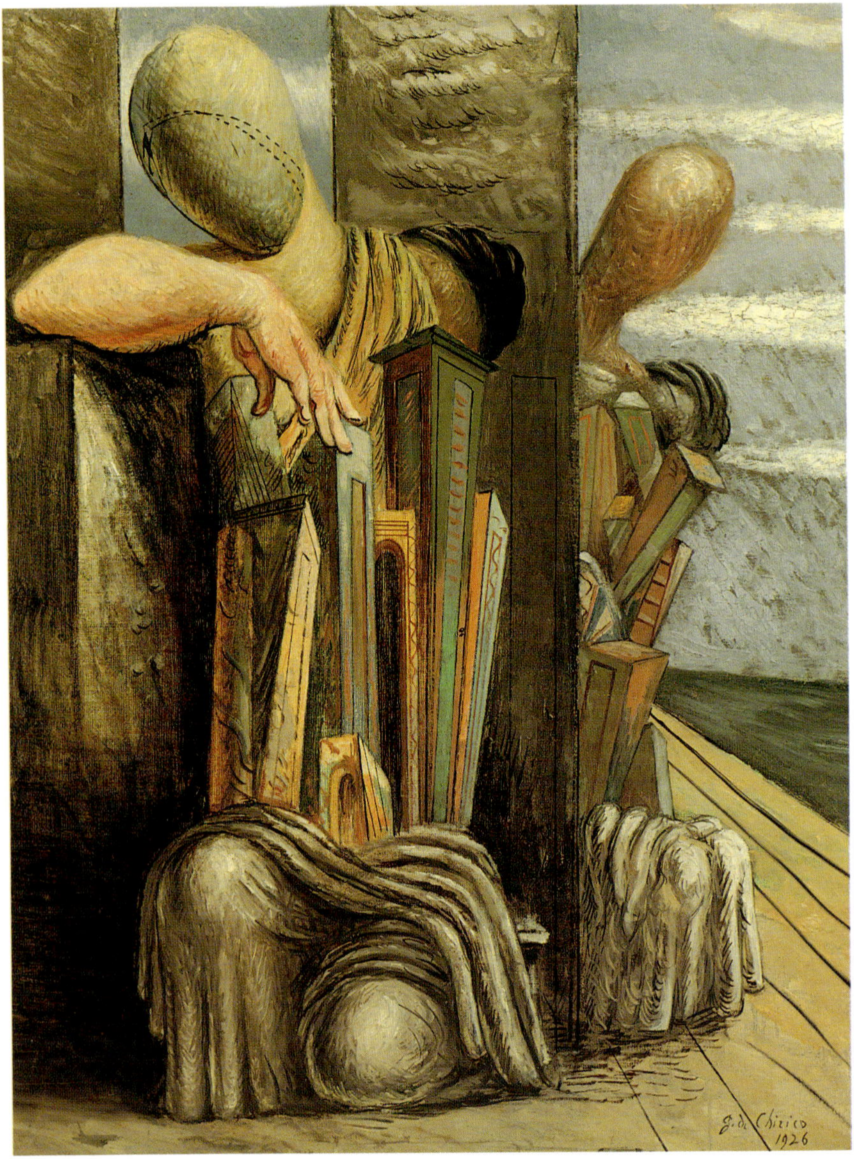

40
Giorgio De Chirico
Les fils d'Ebdomerus
(1926 circa)
olio su tela,
92 × 65 cm
(cat. n. 33)

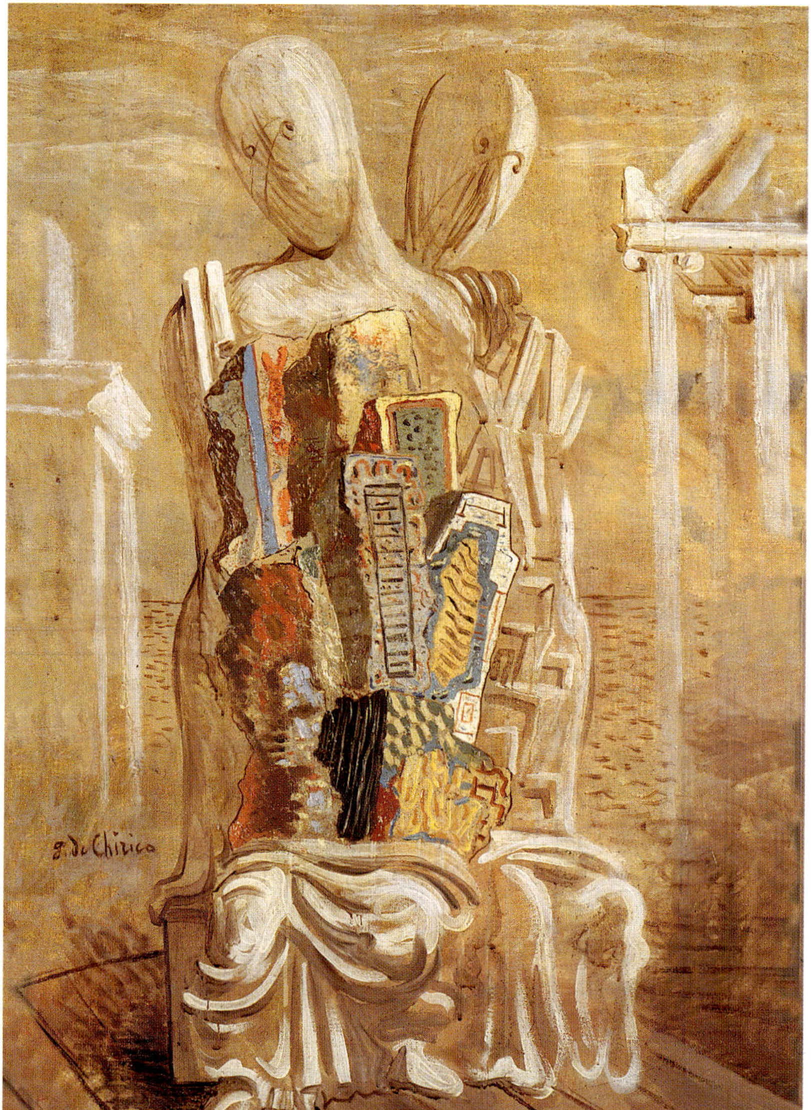

41
Giorgio De Chirico
L'autunno, 1935
olio su cartone
applicato su tela,
73 × 60 cm
(cat. n. 36)

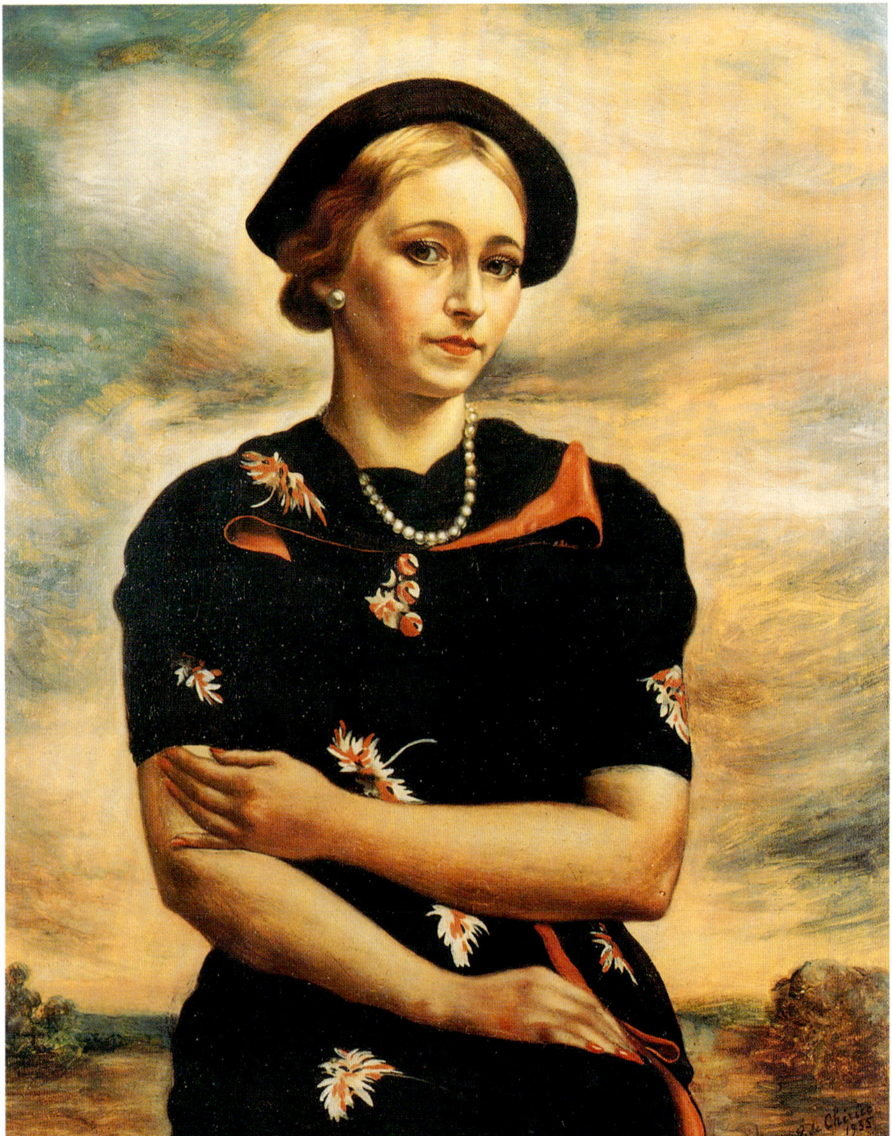

42
Alberto Savinio
(Andrea De Chirico)
Autoritratto (1930)
tempera all'uovo
su tela, 50 × 40 cm
(cat. n. 82)

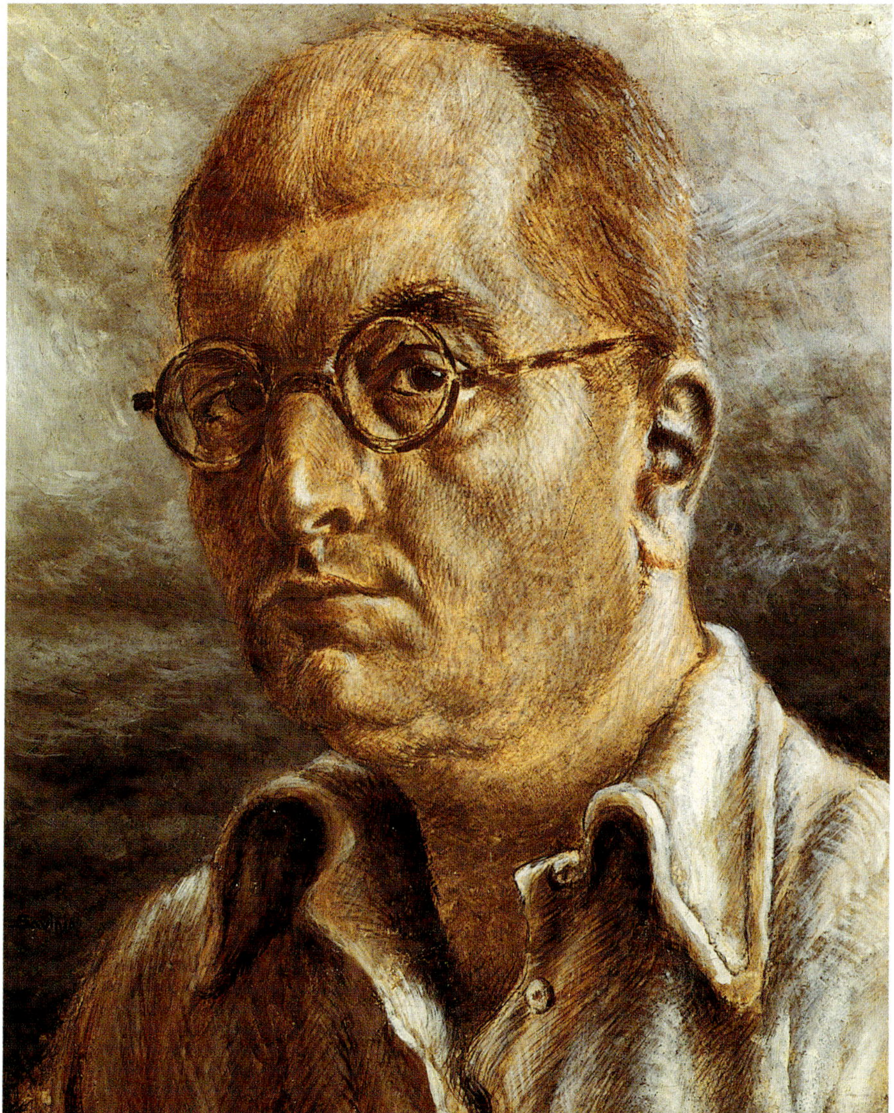

43
Mario Tozzi
Mattutino (1927)
olio su tela,
116 × 118 cm
(cat. n. 99)

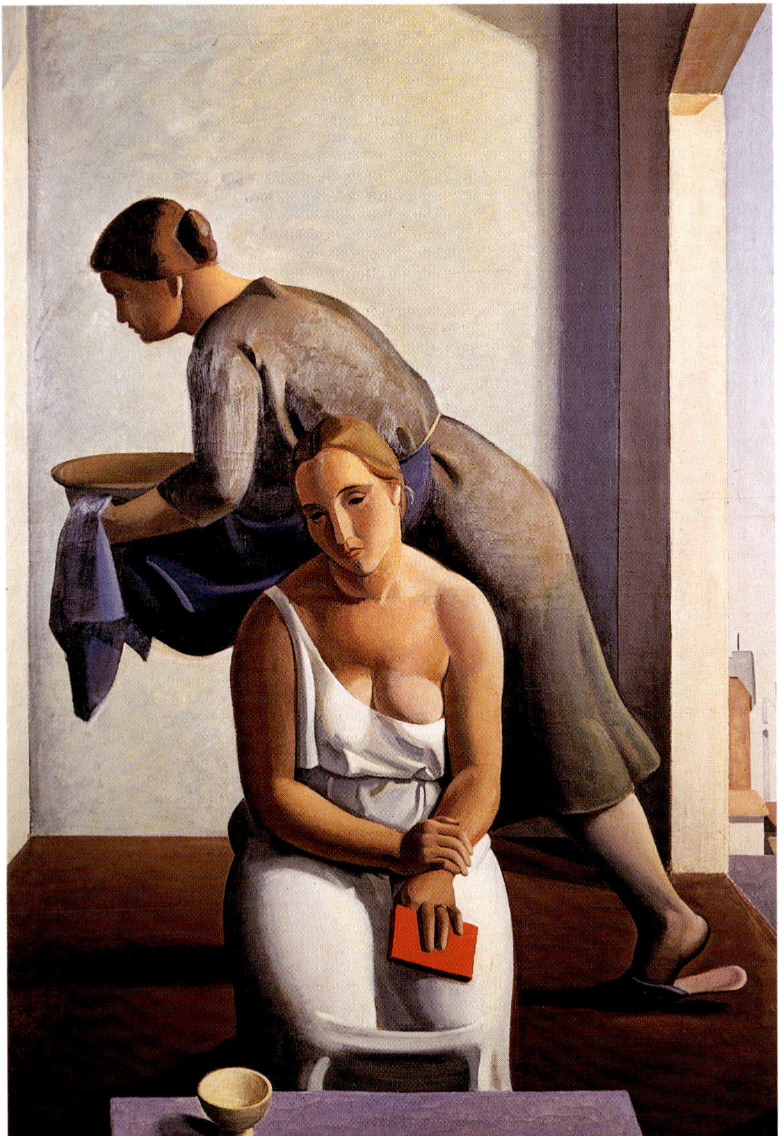

44
Virgilio Guidi
La visita (1925 circa)
olio su tela,
175 × 145,5 cm
(cat. n. 54)

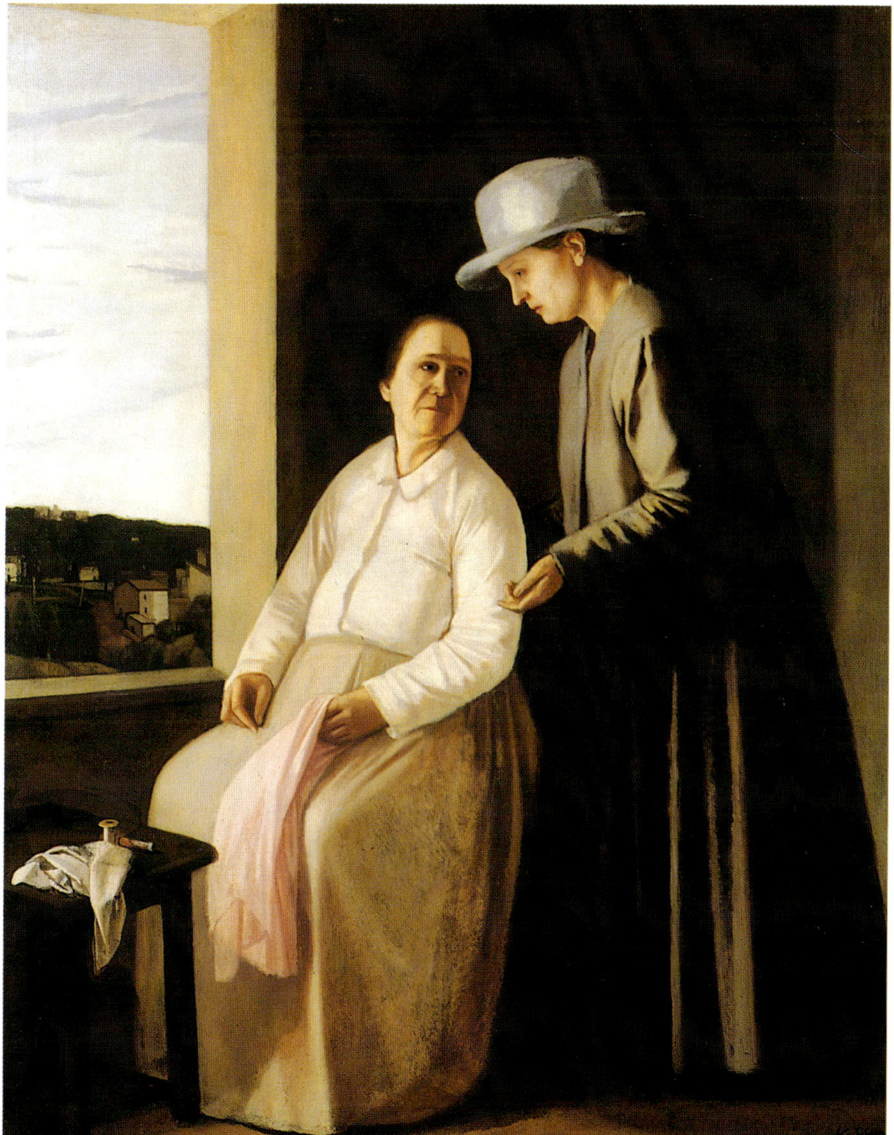

45
Gino Severini
Natura morta (*Natura morta con cocomero*)
(1930-1934)
olio su tela,
61 × 50 cm
(cat. n. 86)

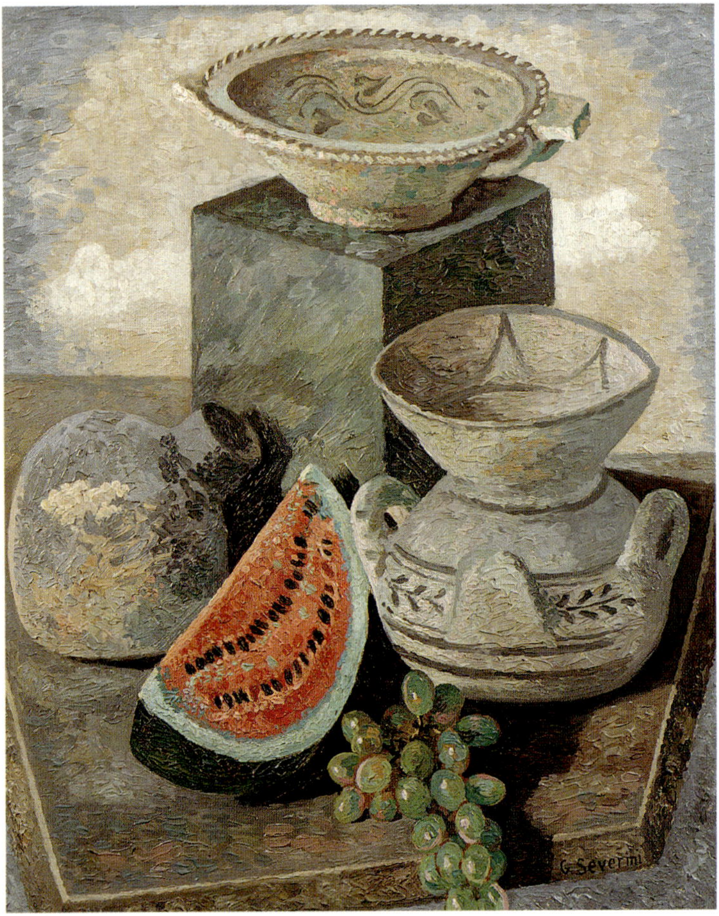

46
Piero Marussig
Donne al caffè
(1924 circa)
olio su tela,
100 × 80 cm
(cat. n. 64)

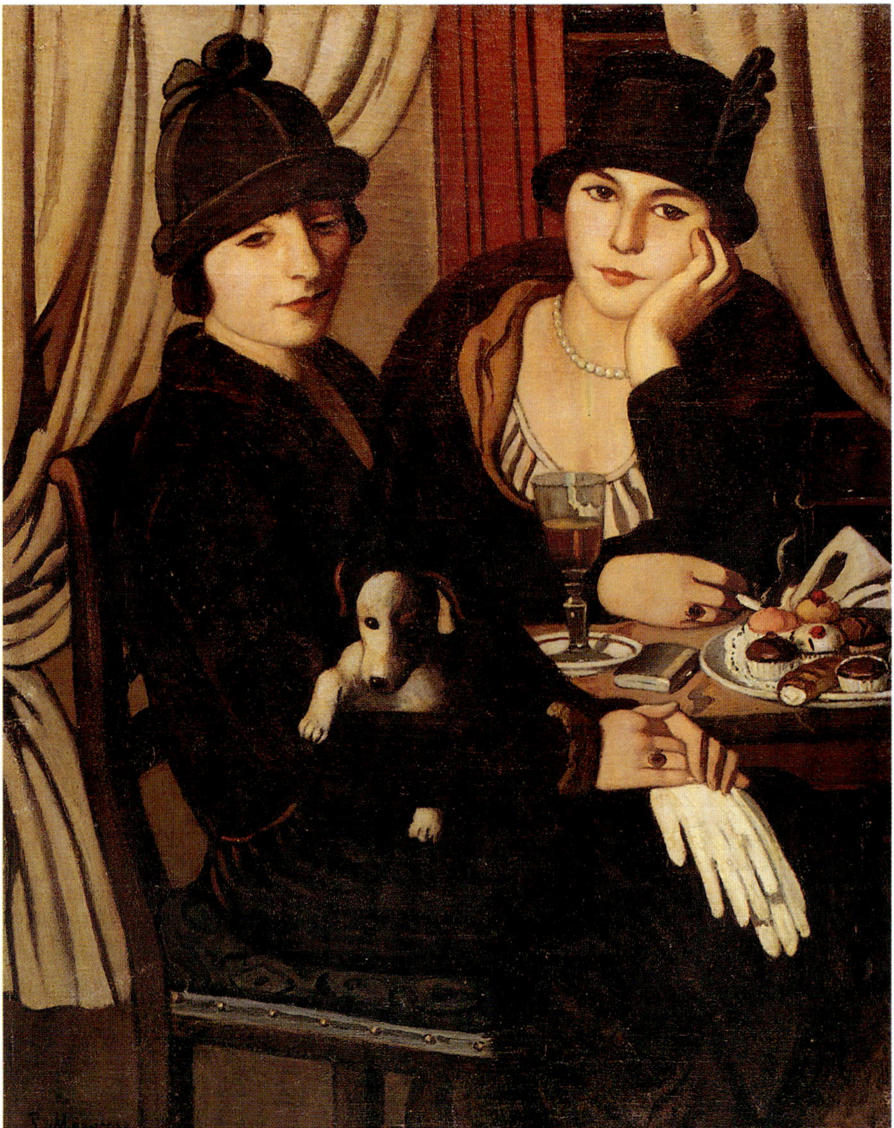

47
Carlo Carrà
La foce del Cinquale,
1928
olio su tela,
63 × 85,5 cm
(cat. n. 27)

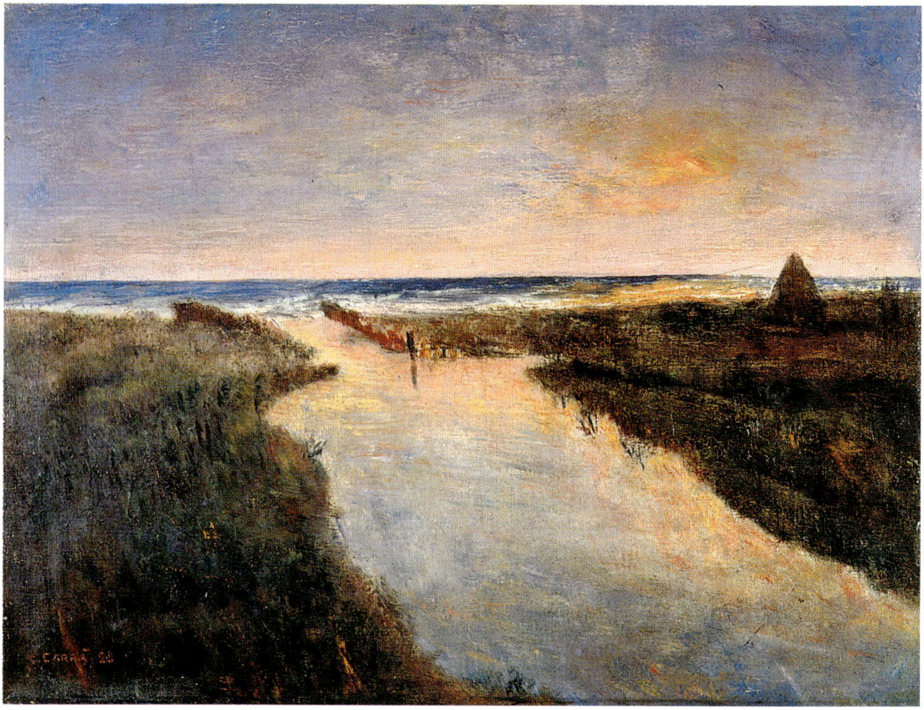

48
Carlo Carrà
Il leccio, 1925
olio su tela,
33 × 45 cm
(cat. n. 26)

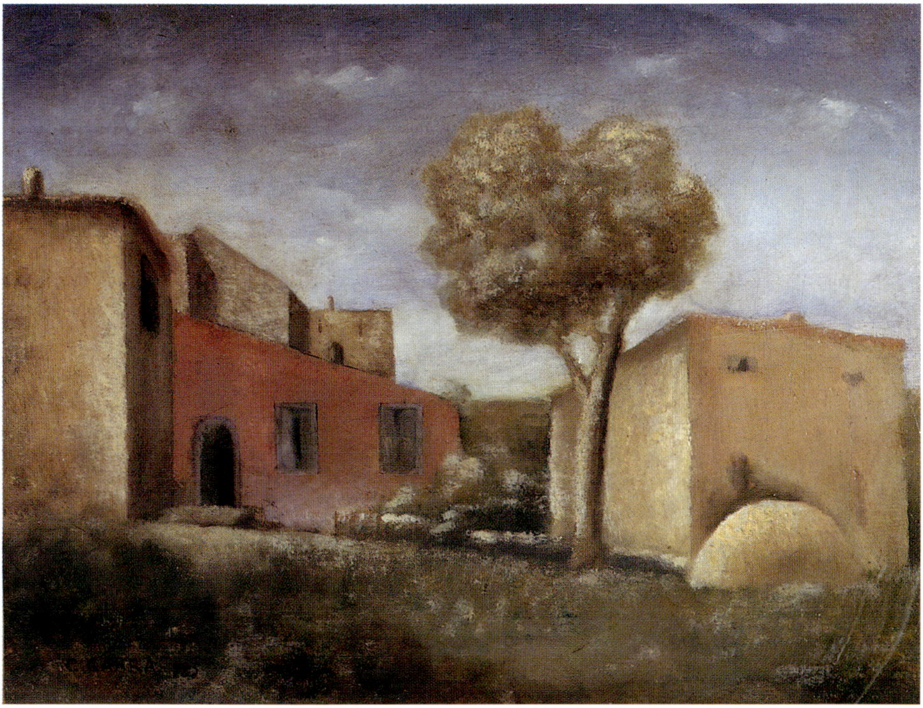

49
Carlo Carrà
Pescatori, 1929-1935
olio su tela,
136 × 111 cm
(cat. n. 28)

50
Carlo Carrà
Estate, 1930
olio su tela,
166 × 121,5 cm
(cat. n. 29)

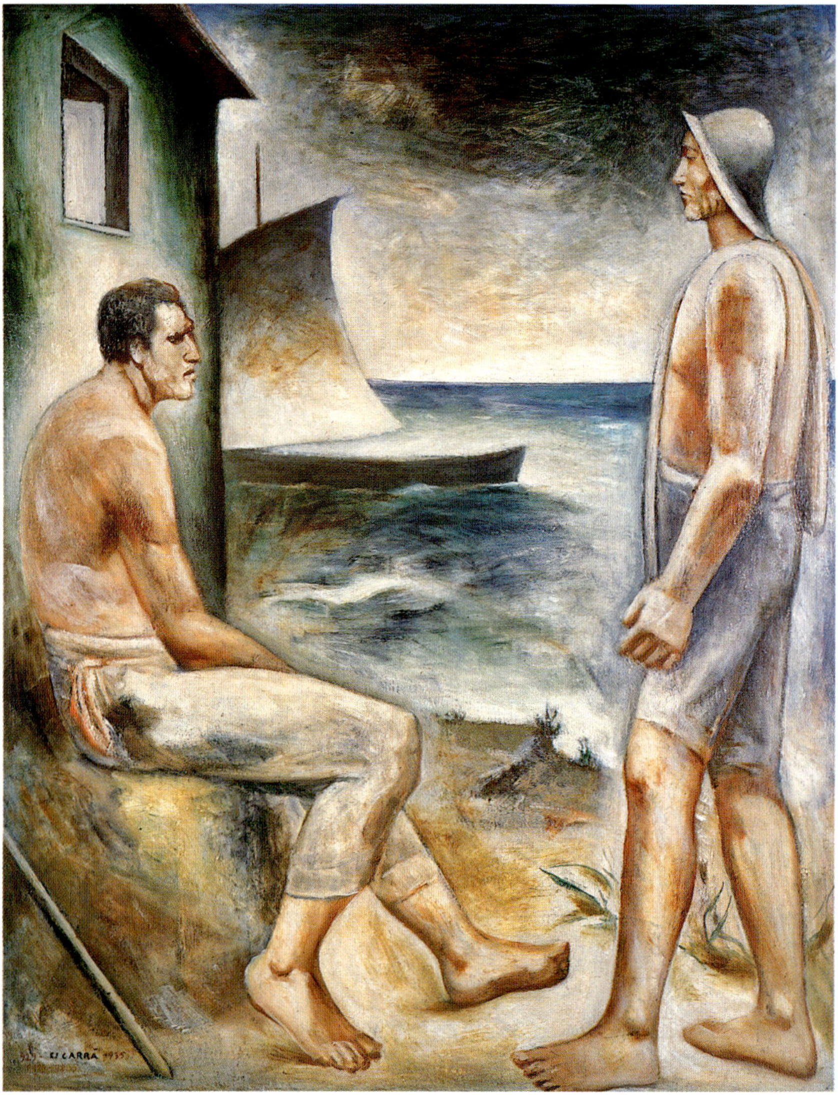

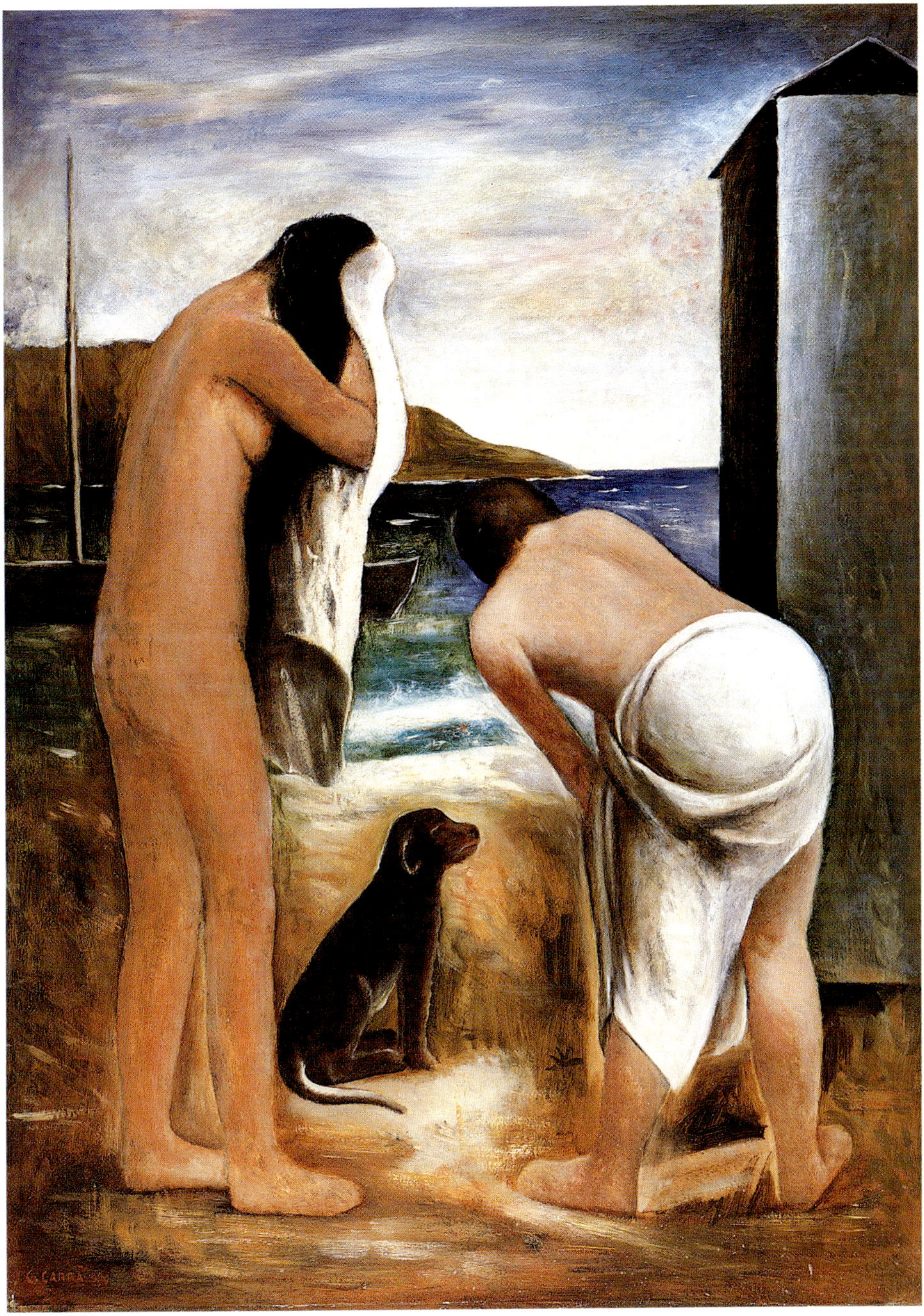

51
Achille Funi
Malinconia, 1930
olio su tela,
110 × 90 cm
(cat. n. 53)

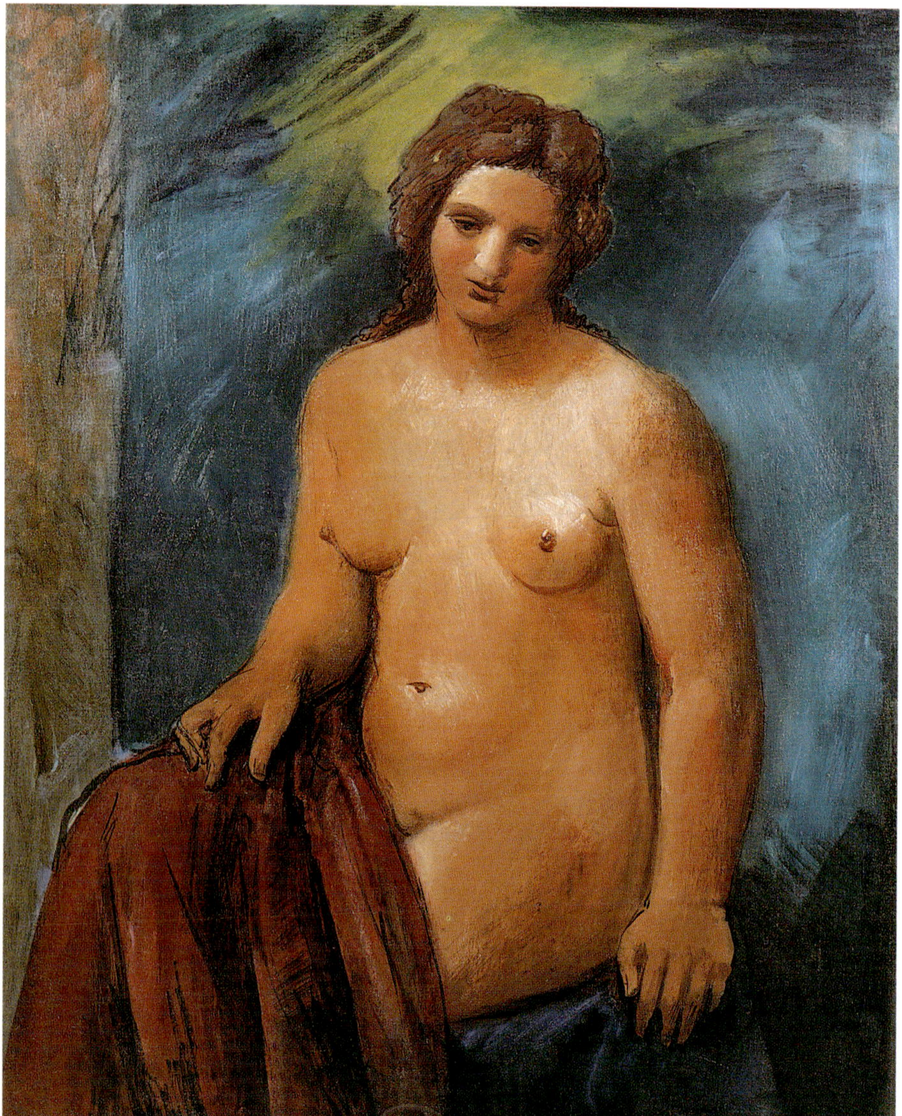

52
Achille Funi
Venere innamorata,
1928
olio su tela,
90 × 74 cm
(cat. n. 52)

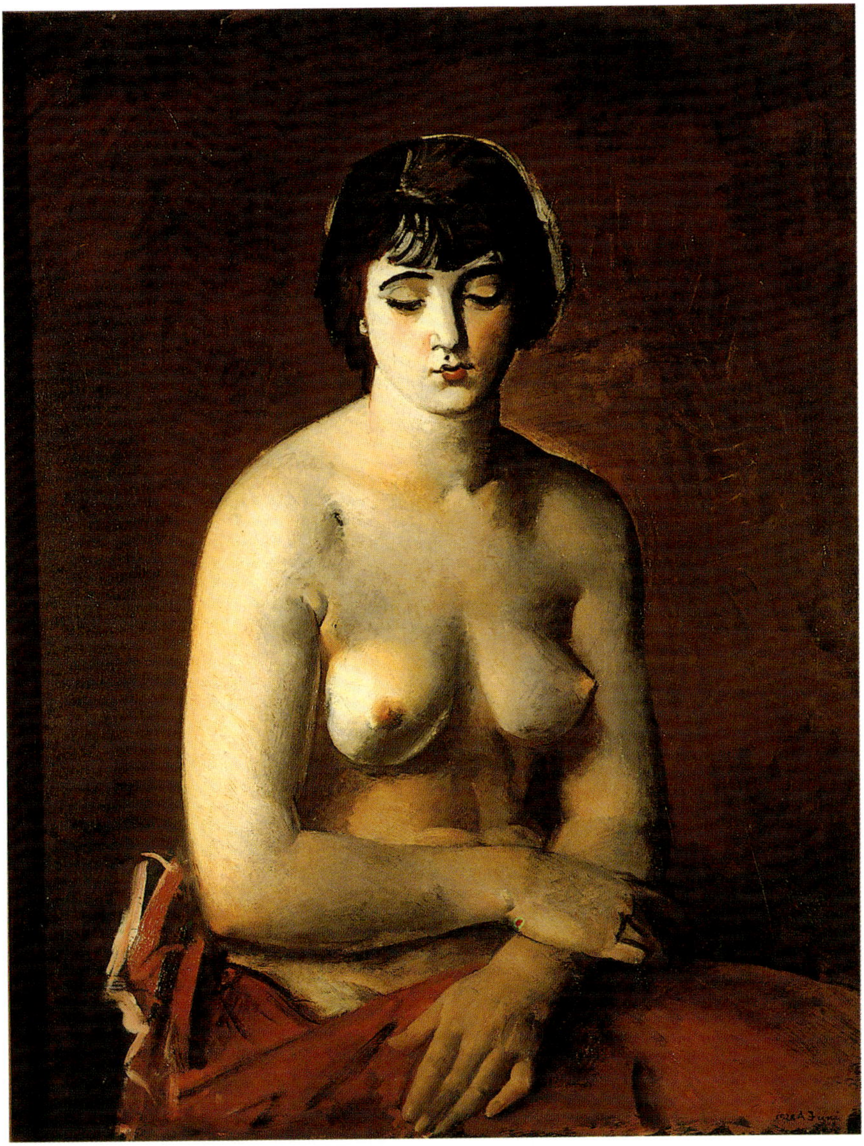

53
Scipione (Gino Bonichi)
La meticcia (1929)
opera non esposta
olio su tavola,
46,5 × 42,5 cm
(cat. n. 85)

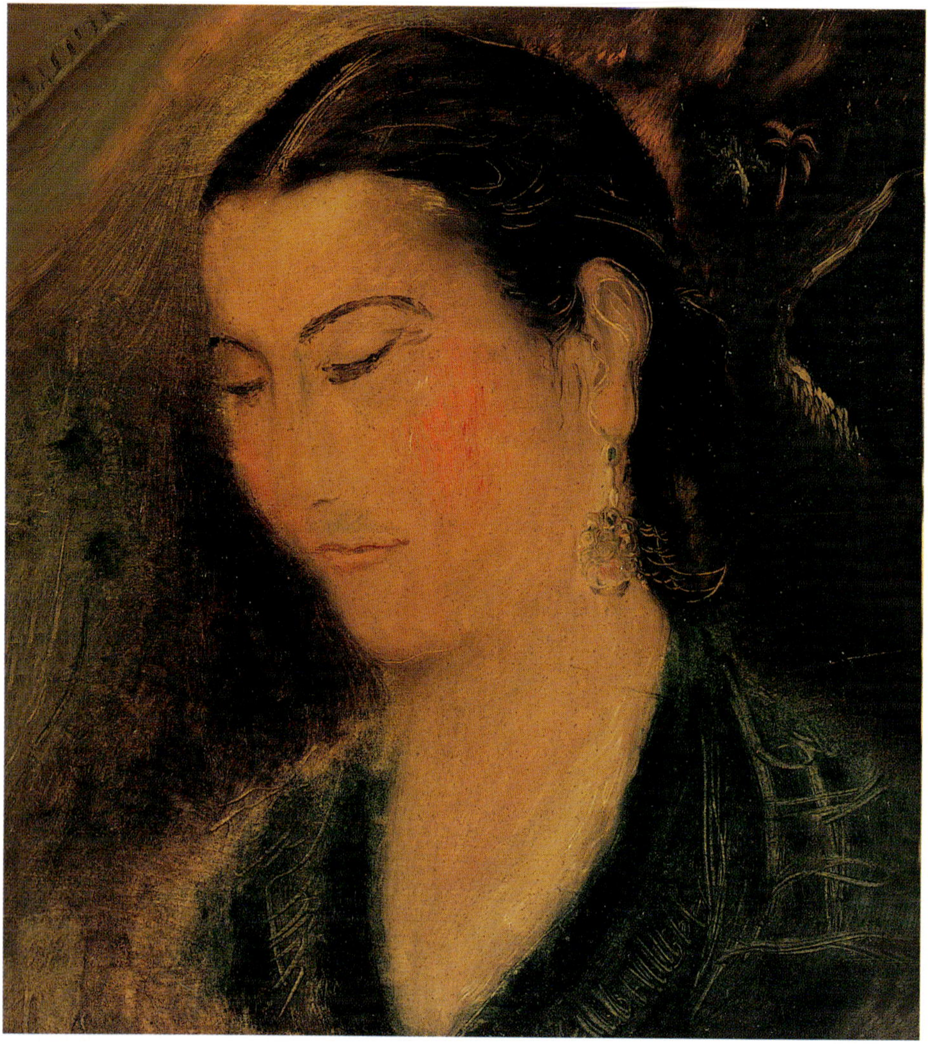

54
Arturo Martini
Busto di ragazzo
(*Testa di ragazzo*),
1921
bronzo,
42 × 40,5 × 6,5 cm
(cat. n. 62)

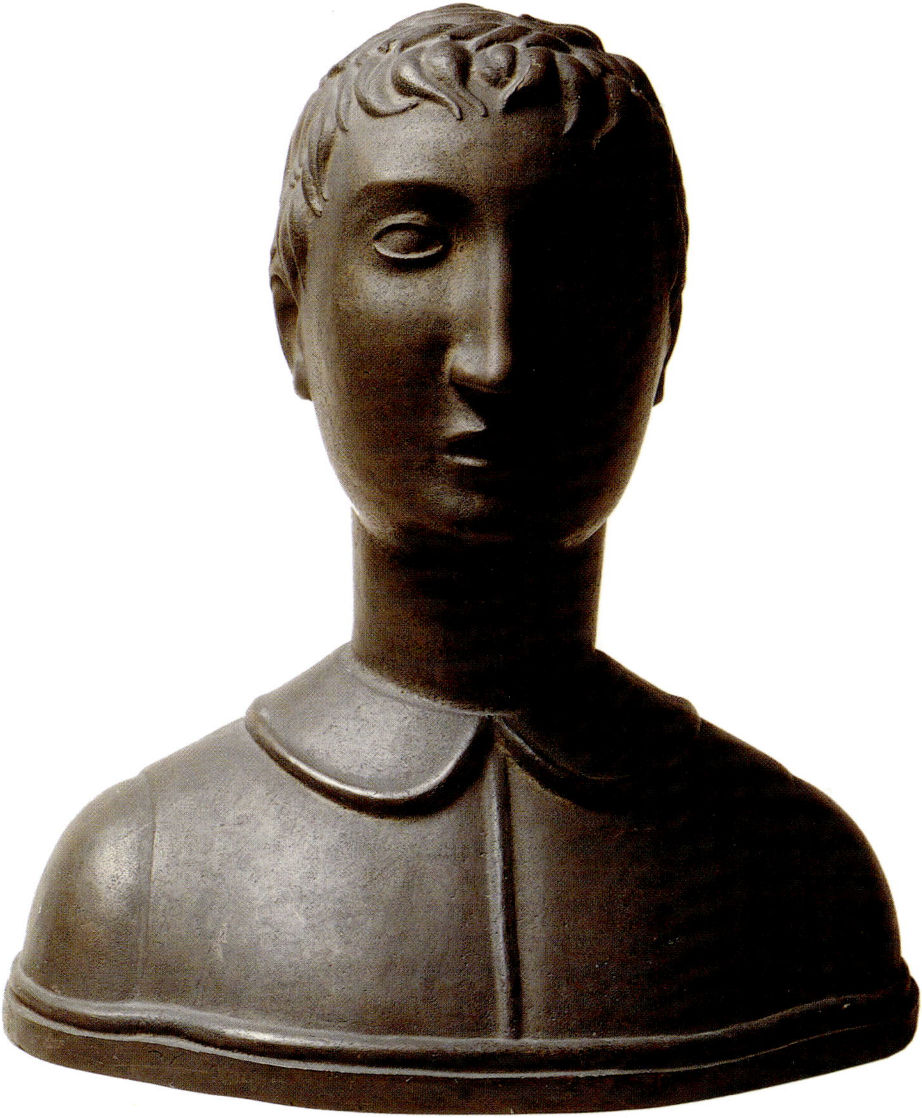

55
Aligi Sassu
Diana e Atteone
(1938-1939)
opera non esposta
olio su tela,
60 × 80 cm
(cat. n. 81)

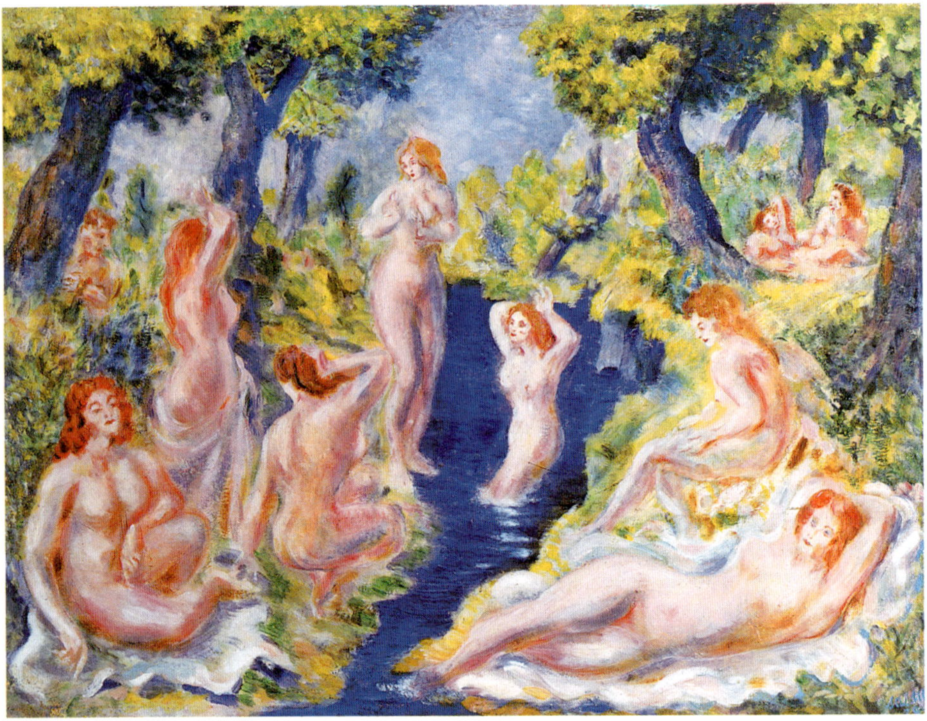

56
Renato Birolli
Il Caos II, 1937
olio su tela,
91 × 113 cm
(cat. n. 4)

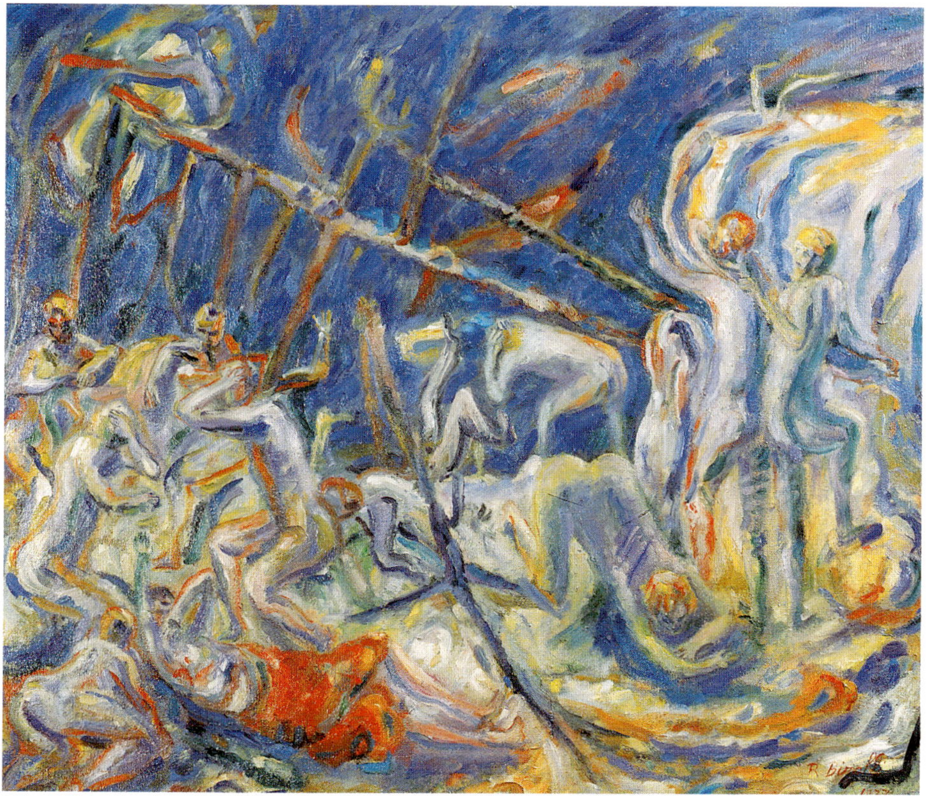

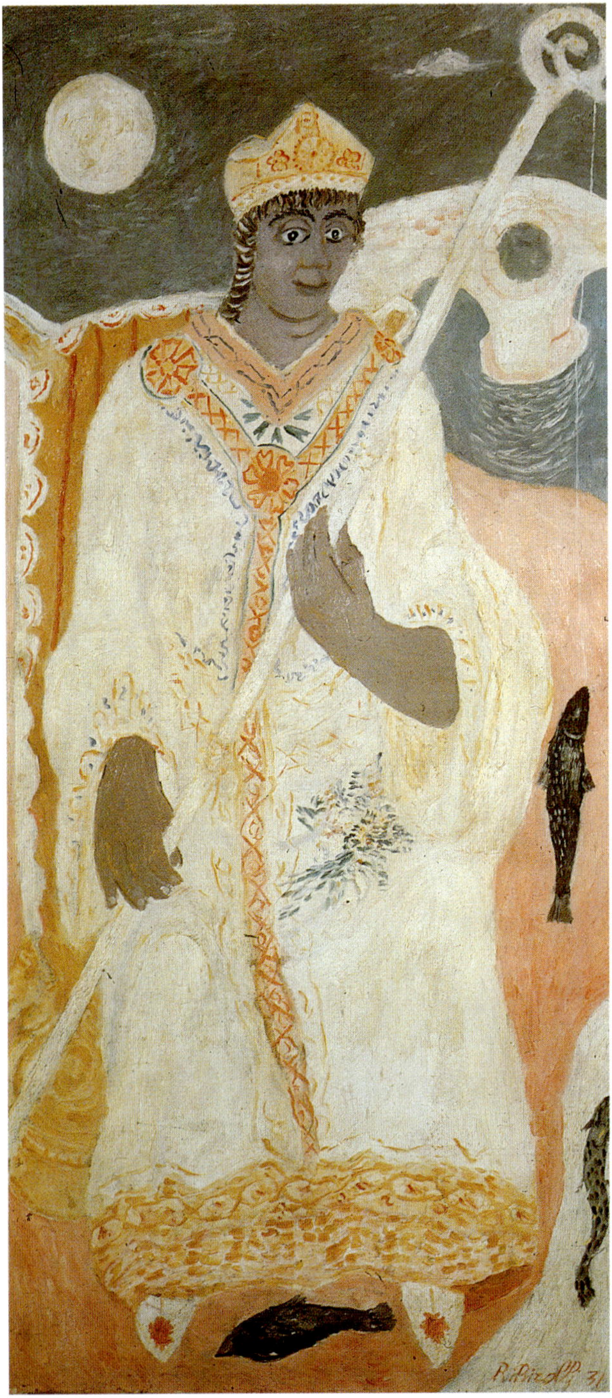

57
Renato Birolli
San Zeno pescatore,
1931
olio su tela,
150 × 73 cm
(cat. n. 3)

58
Angelo Del Bon
Casetta bianca
(1932 circa)
olio su tela,
59 × 82,5 cm
(cat. n. 37)

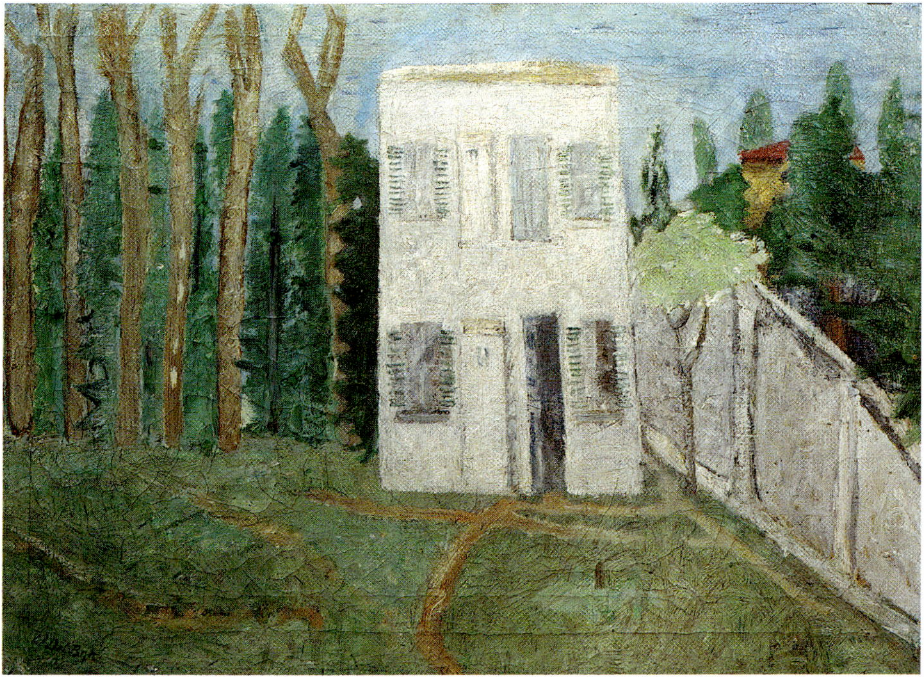

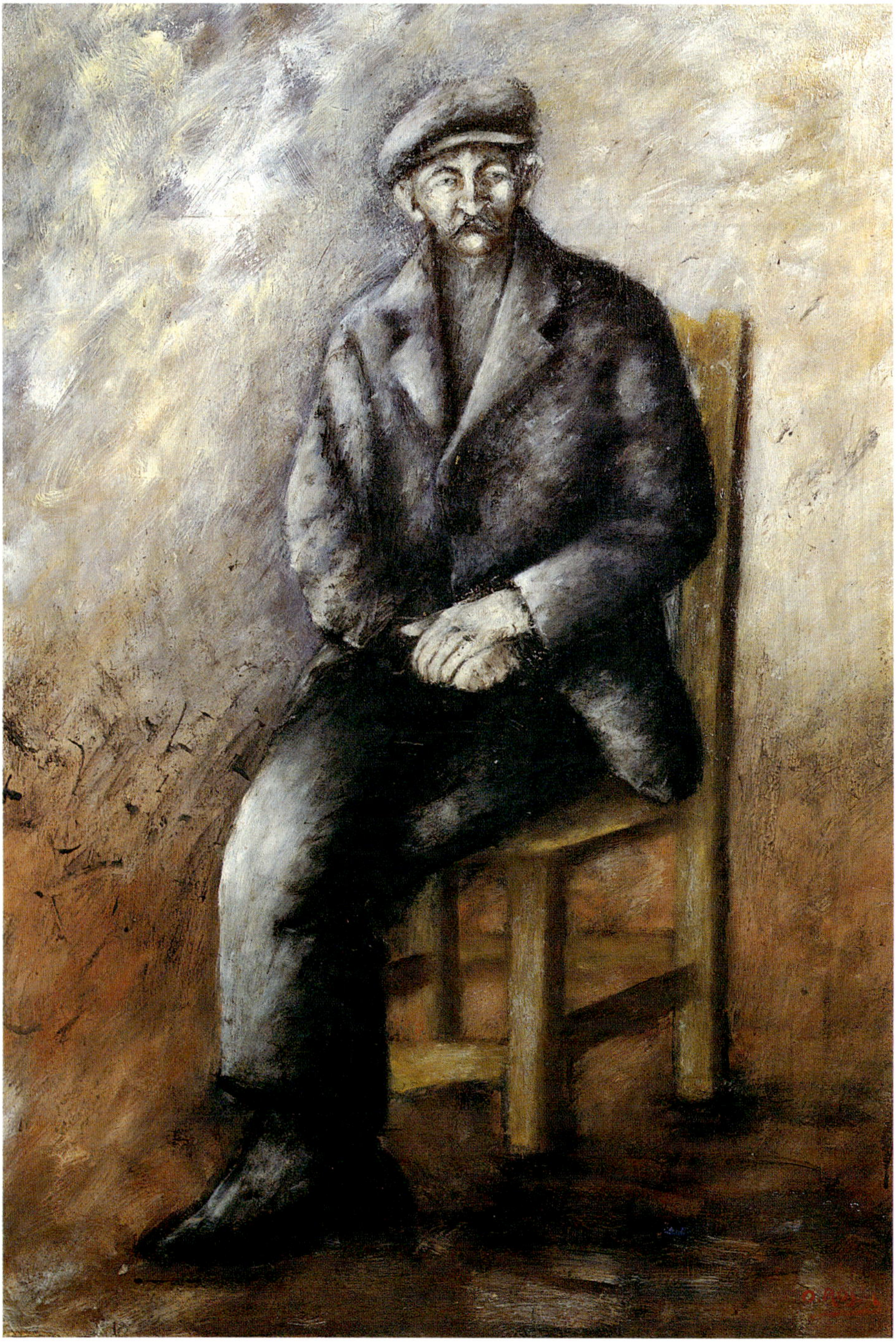

59
Ottone Rosai
Omino seduto (1930)
olio su tela,
101,5 × 71,5 cm
(cat. n. 79)

60
Ottone Rosai
Mulino, 1938
olio su tela,
70 × 50 cm
(cat. n. 78)

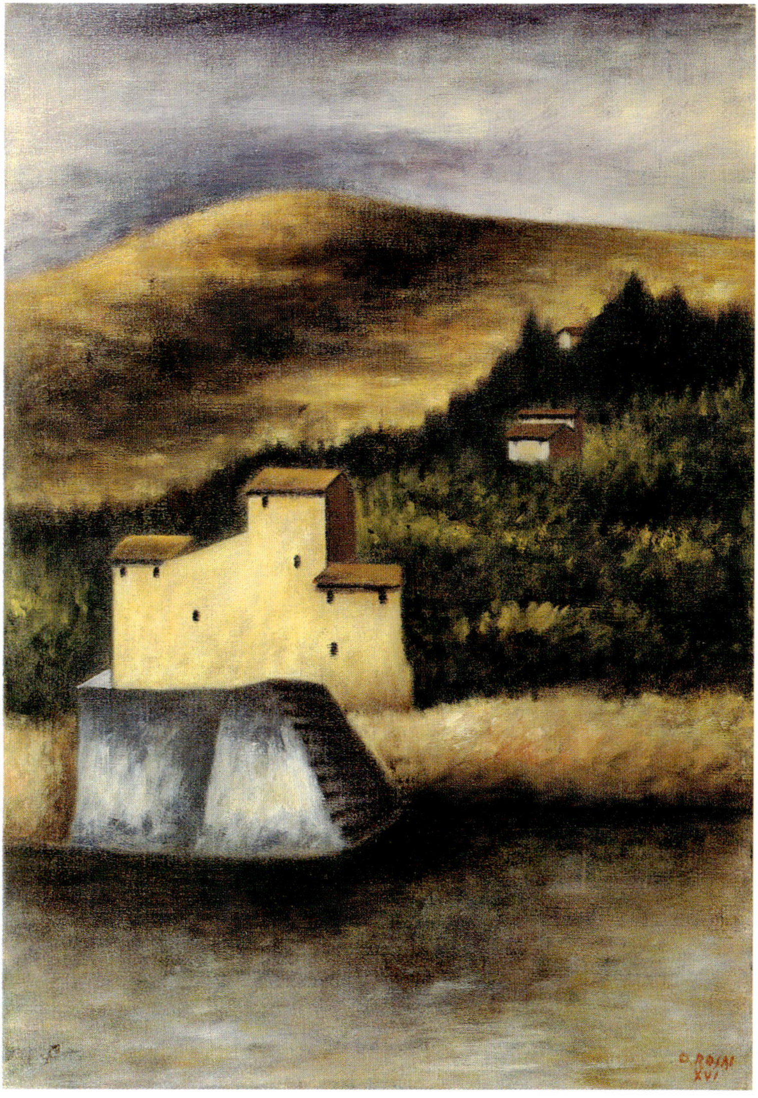

61
Ottone Rosai
In perlustrazione,
1937
olio su tela,
70 × 55 cm
(cat. n. 77)

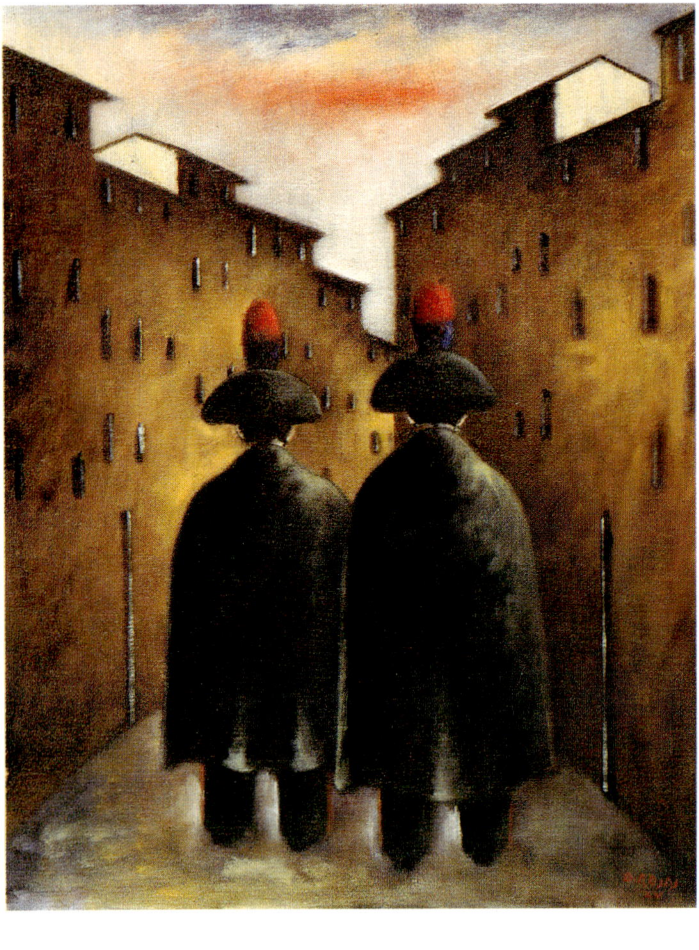

62
Filippo De Pisis
(Filippo Tibertelli)
Grande natura morta,
1944
olio su tela,
188 × 215,5 cm
(cat. n. 40)

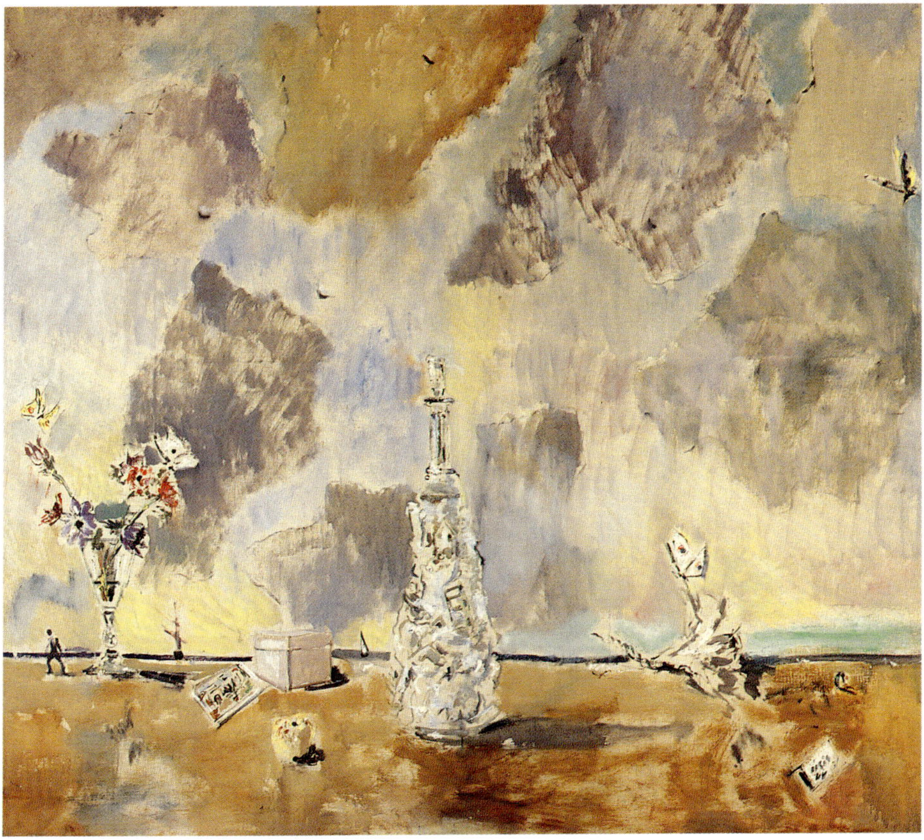

63
Filippo De Pisis
(Filippo Tibertelli)
Strada di città, 1939
olio su tela,
82 × 50,5 cm
(cat. n. 39)

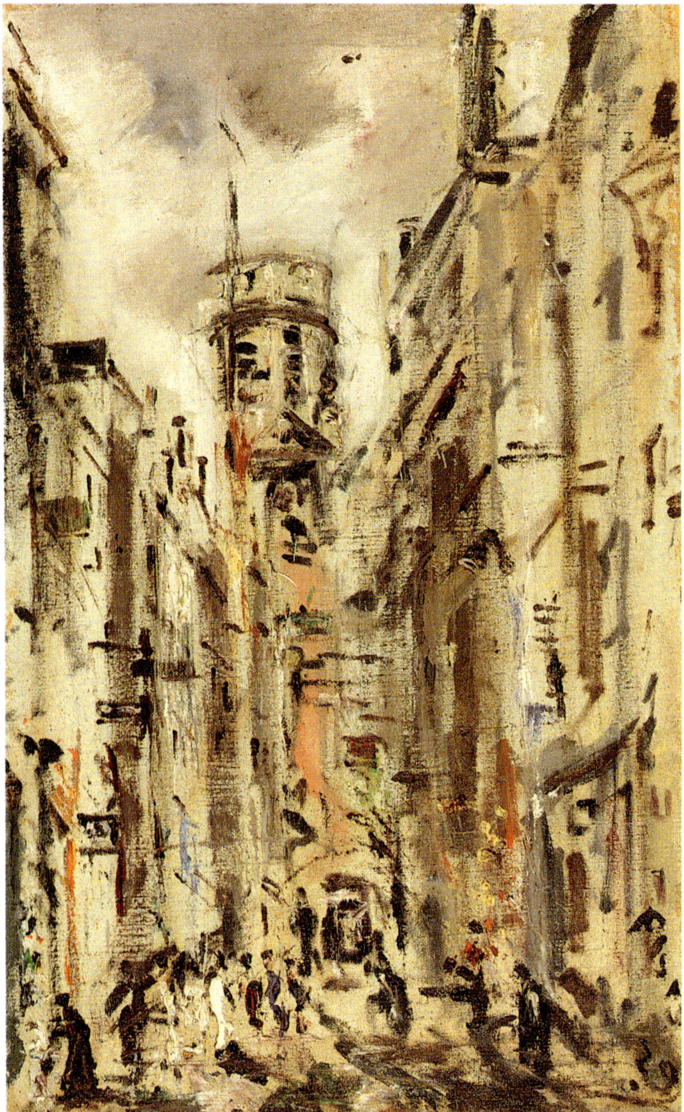

64
Massimo Campigli
Famiglia, 1929
olio su tela,
92 × 73 cm
(cat. n. 23)

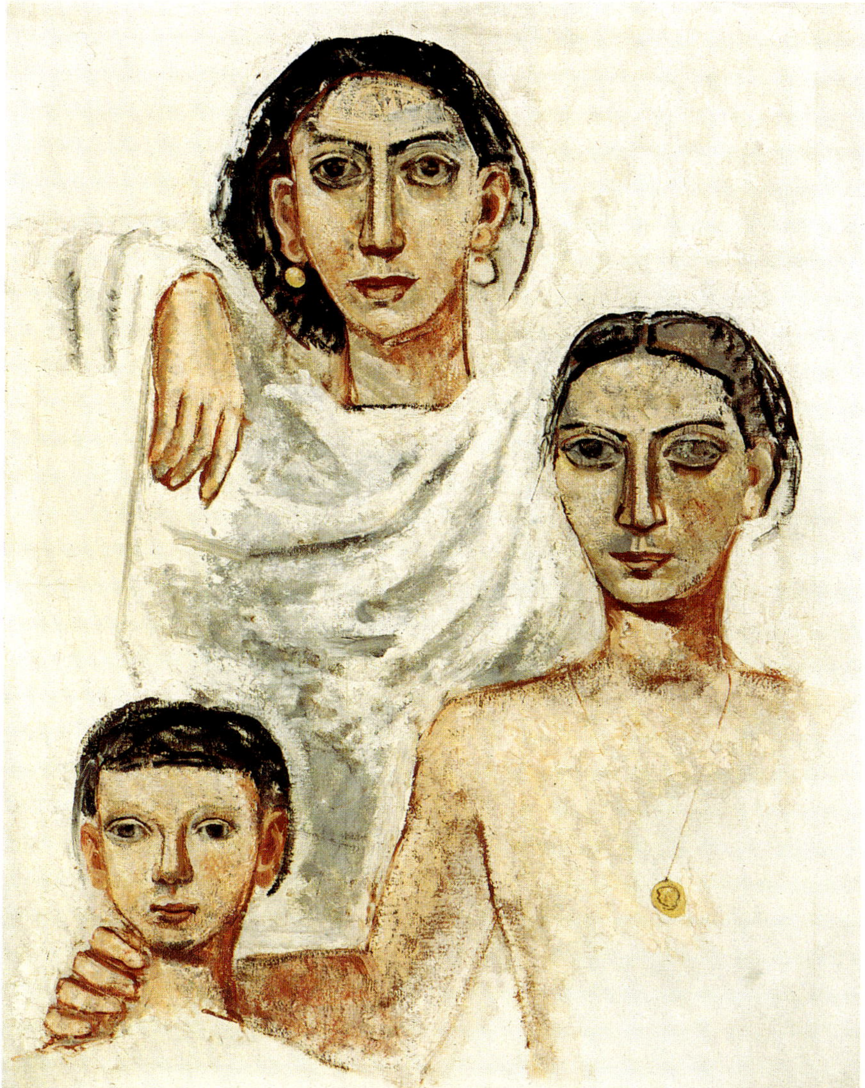

65
Massimo Campigli
La scala, 1929
olio su tela,
89 × 116 cm
(cat. n. 24)

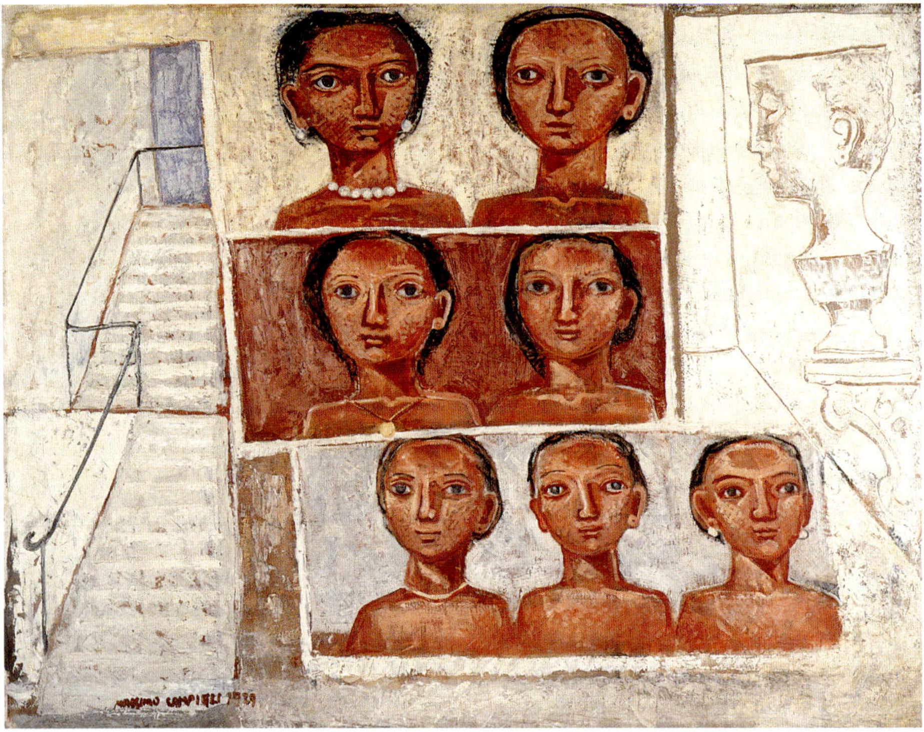

66
Giorgio Morandi
Natura morta (1949)
olio su tela,
35,5 × 50 cm
(cat. n. 73)

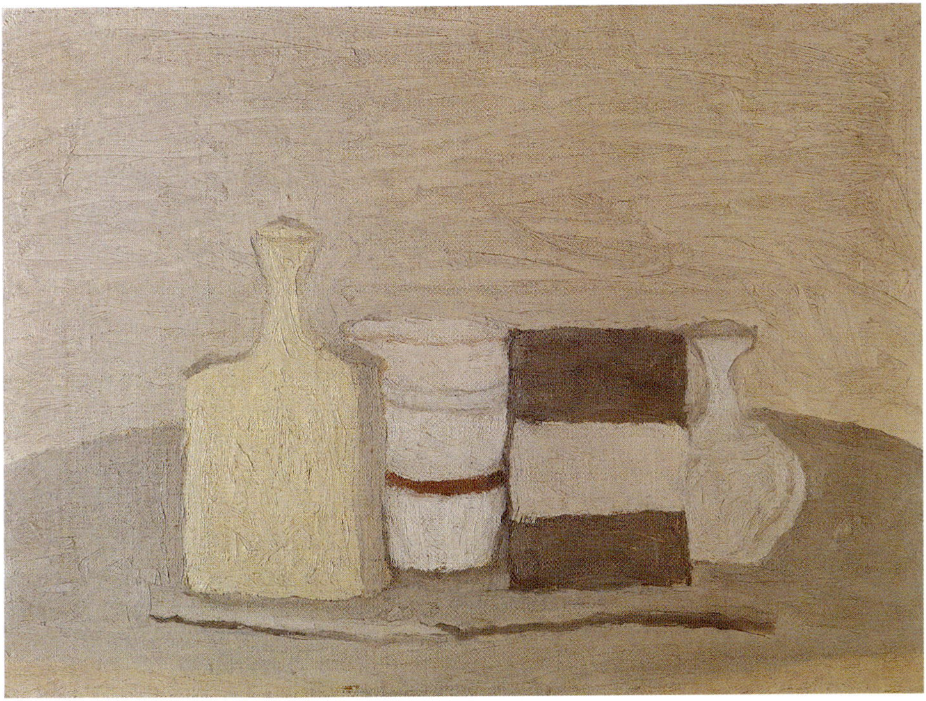

67
Giorgio Morandi
Natura morta (1948)
olio su tela,
37,5 × 45 cm
(cat. n. 72)

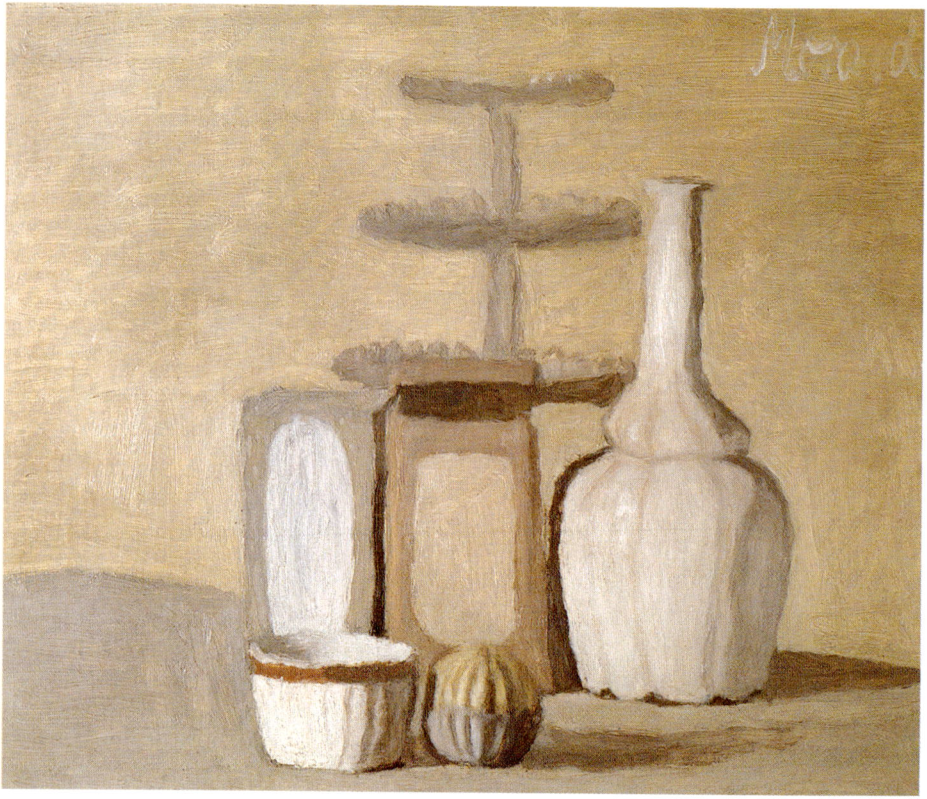

68
Giorgio Morandi
Natura morta, 1929
olio su tela,
54 × 64 cm
(cat. n. 71)

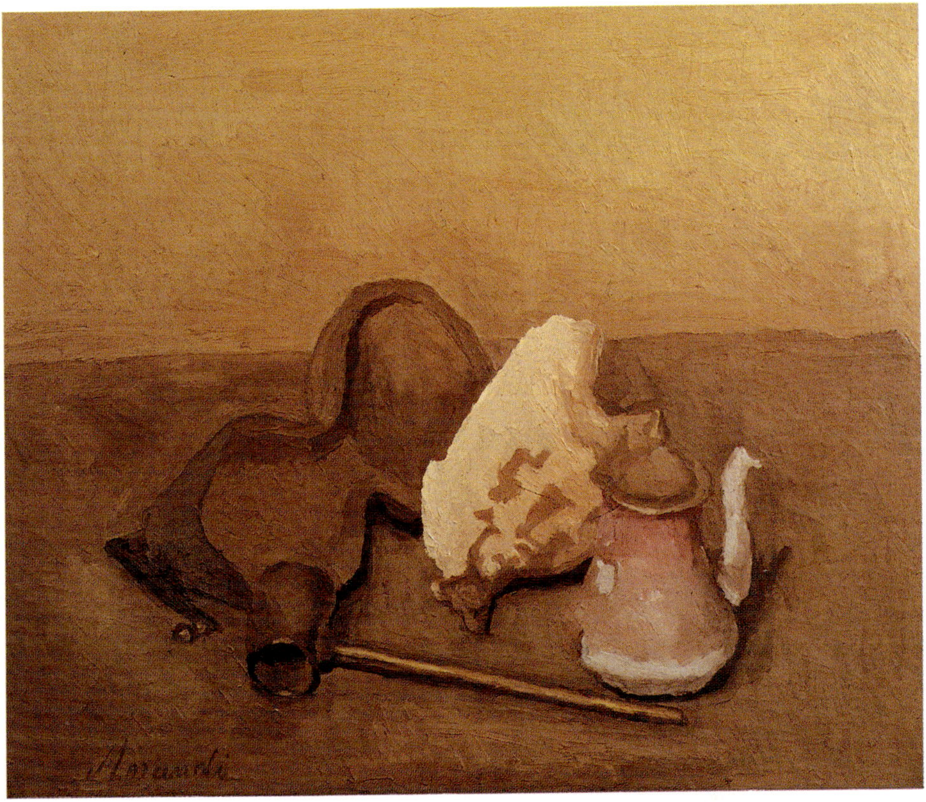

69
Giacomo Manzù
Testa di donna
(*Anna*) (1936)
bronzo, altezza
20 cm; base di pietra,
altezza 18 cm
(cat. n. 60)

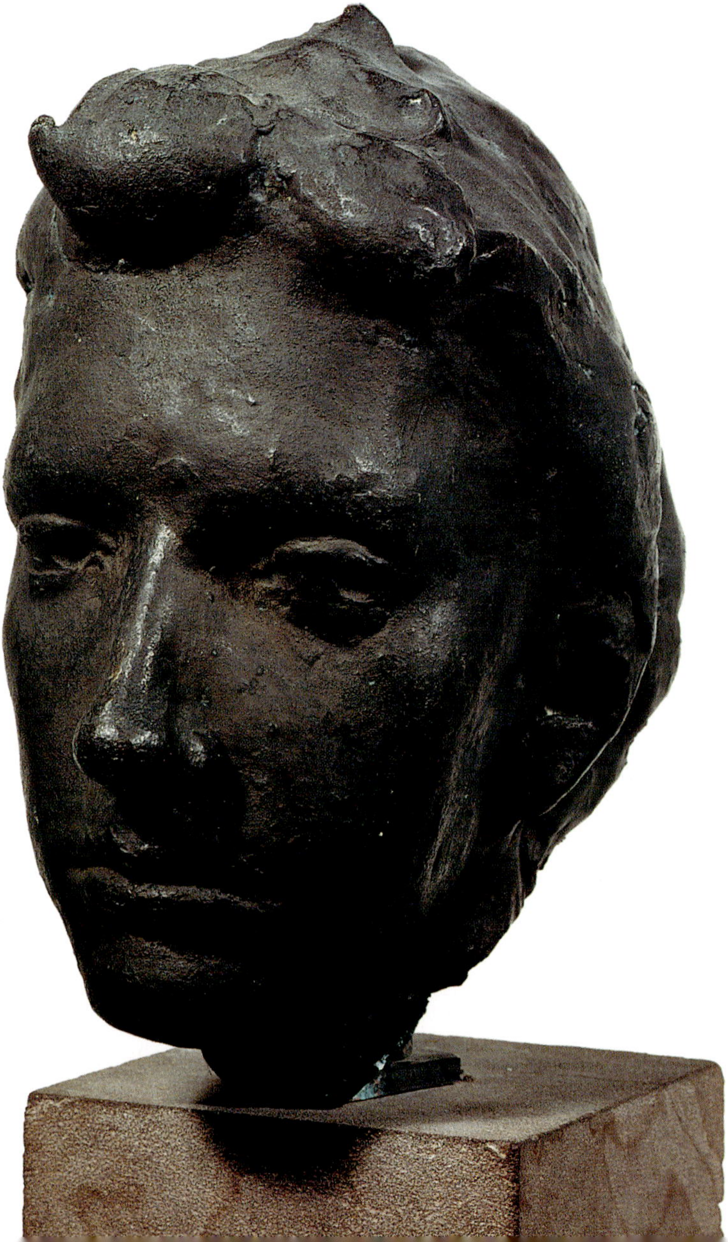

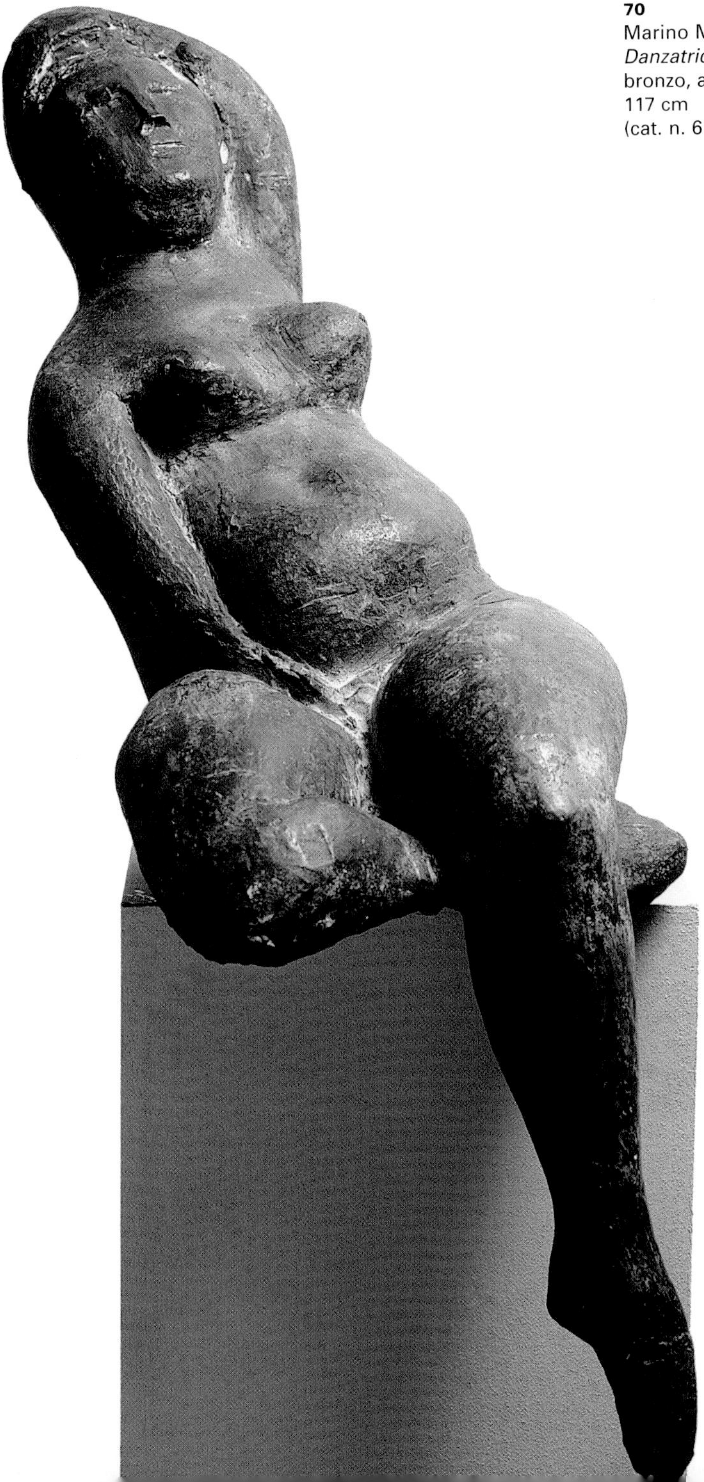

70
Marino Marini
Danzatrice (1949)
bronzo, altezza
117 cm
(cat. n. 61)

71
Osvaldo Licini
Angelo ribelle su fondo giallo
(1950-1952)
olio su tavola,
92,5 × 114,5 cm
(cat. n. 57)

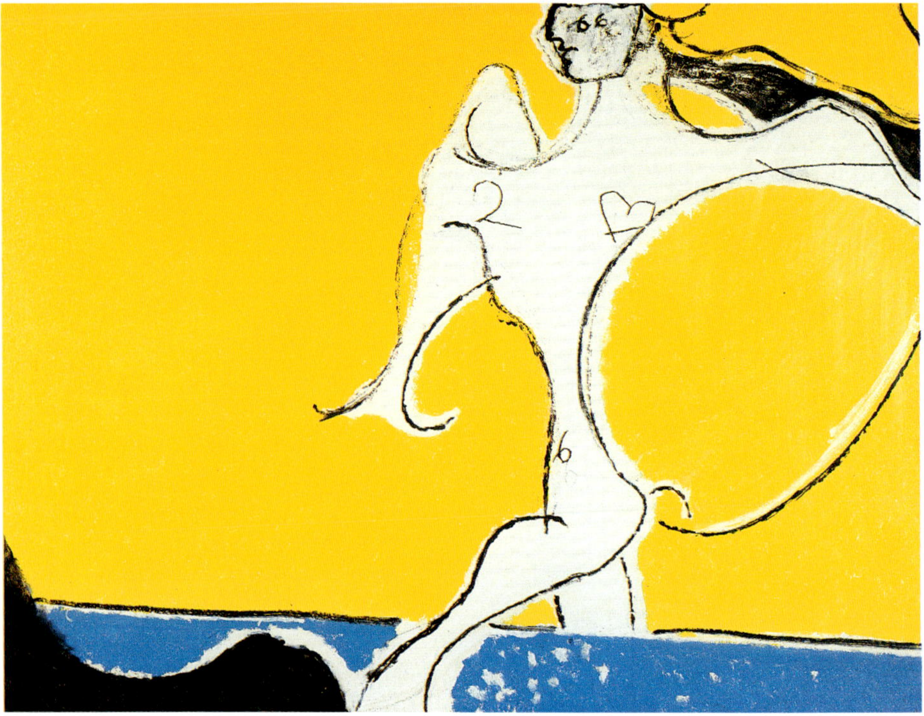

72
Fausto Melotti
Scultura n. 16, 1935
gesso, 90 × 90 cm
(cat. n. 66)

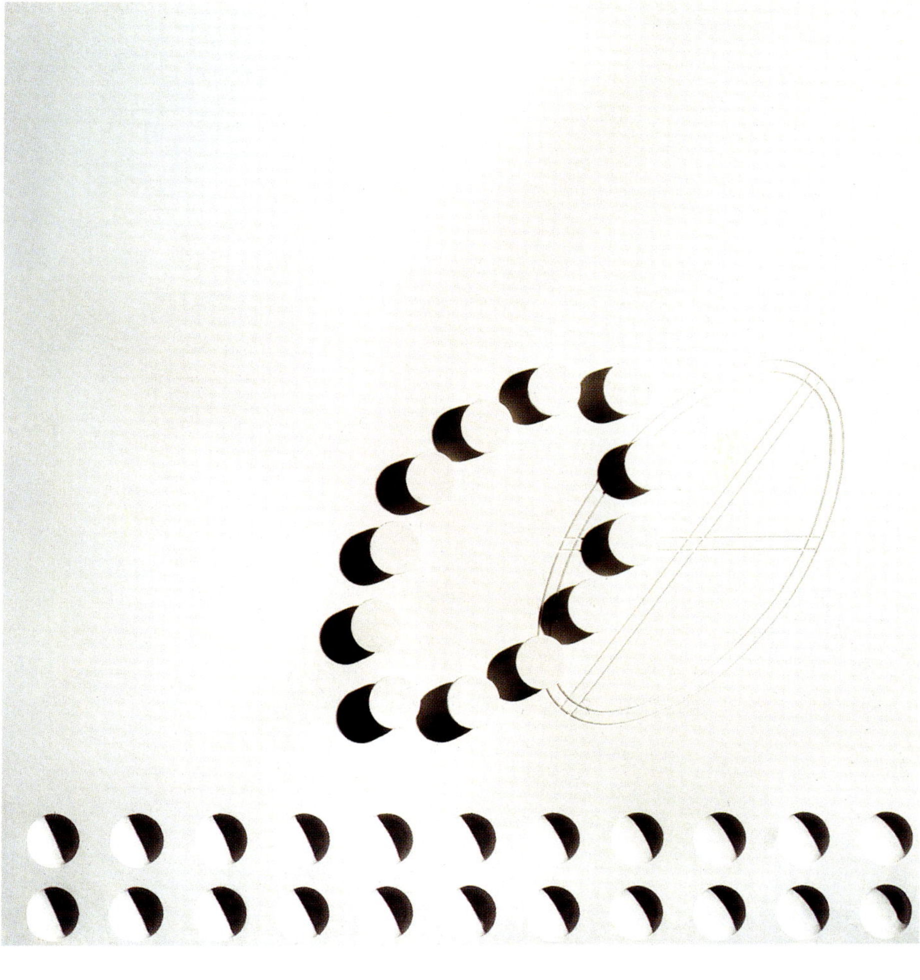

73
Fausto Melotti
Scultura n. 24, 1935
gesso, 90 × 90 cm
(cat. n. 68)

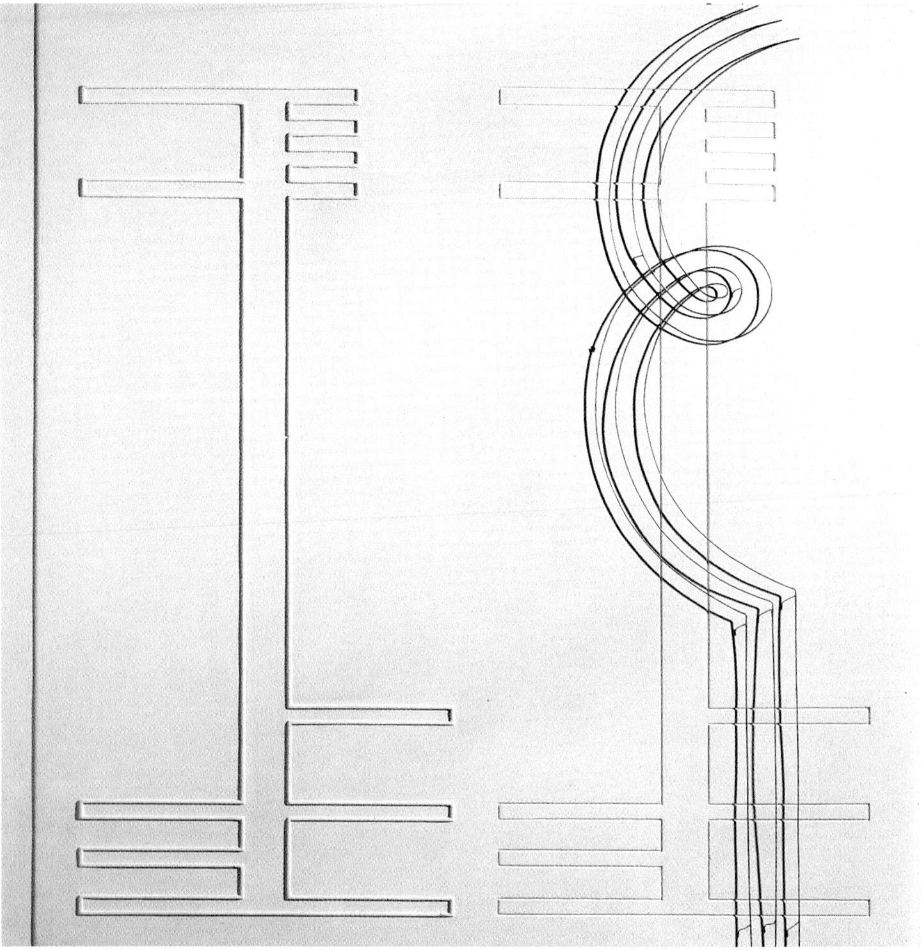

74
Fausto Melotti
Scultura n. 23, 1935
gesso, 90 × 90 cm
(cat. n. 67)

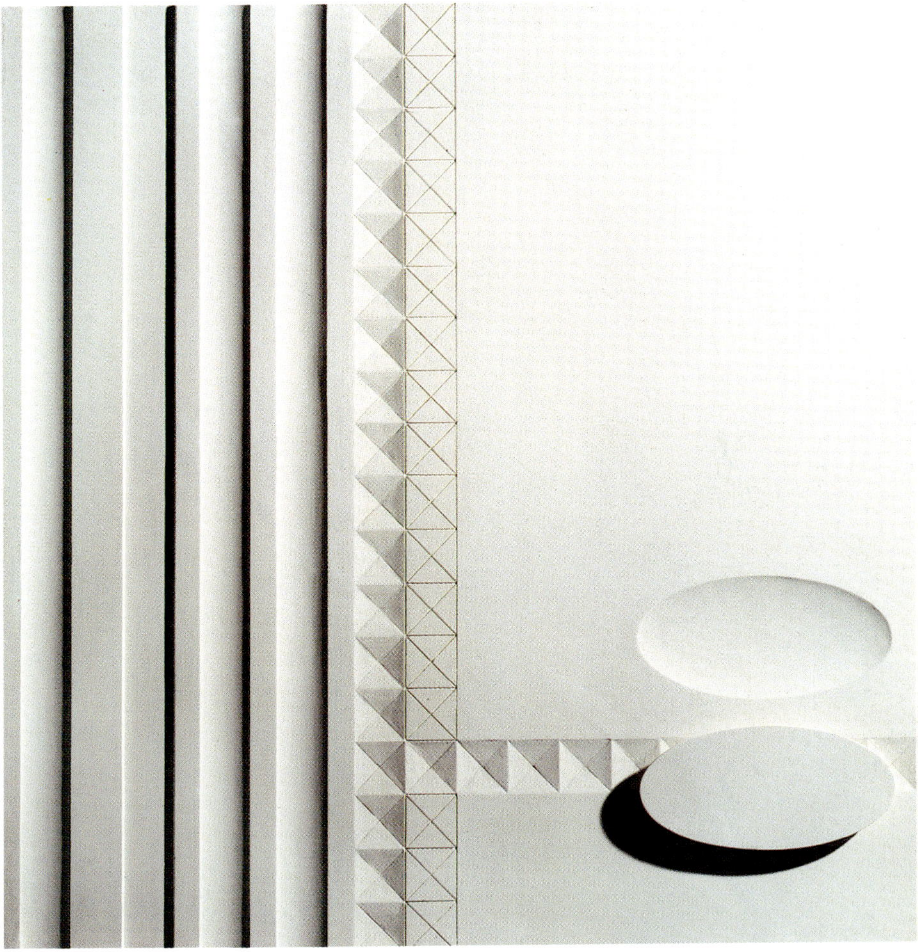

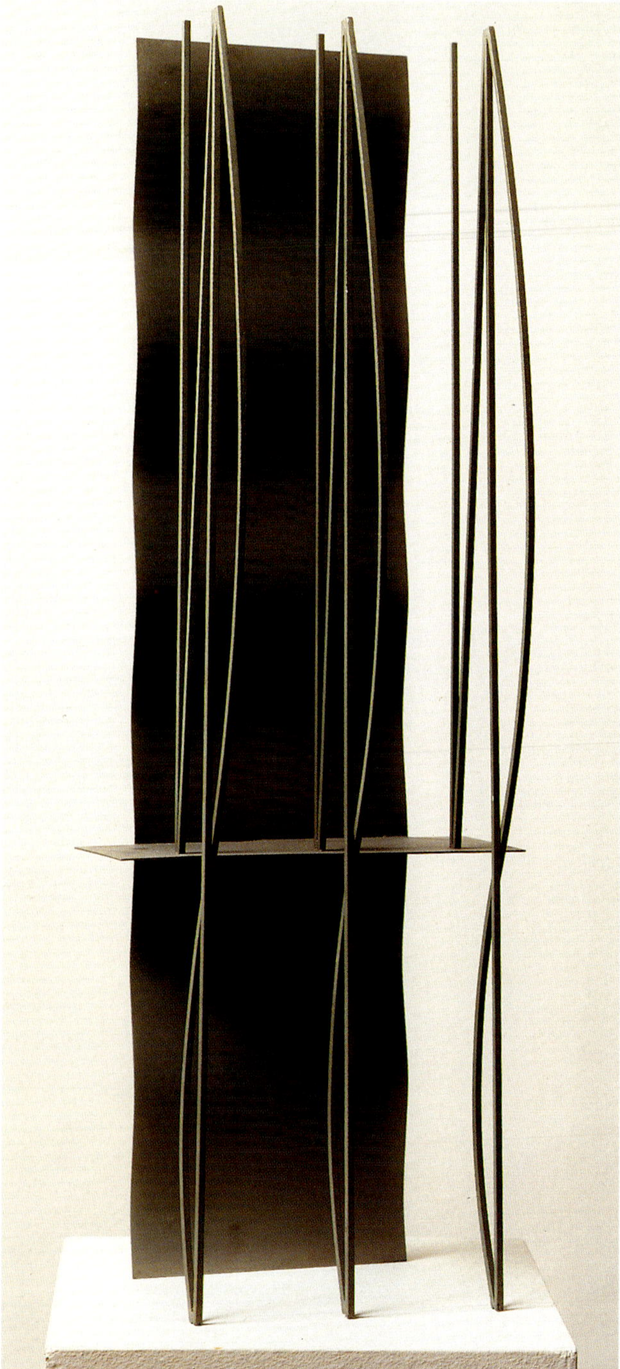

75
Fausto Melotti
Scultura n. 14, 1935
acciaio inox,
100 × 35 × 28 cm
(cat. n. 65)

76
Osvaldo Licini
Obelisco (1932)
olio su tela,
32 × 27 cm
(cat. n. 56)

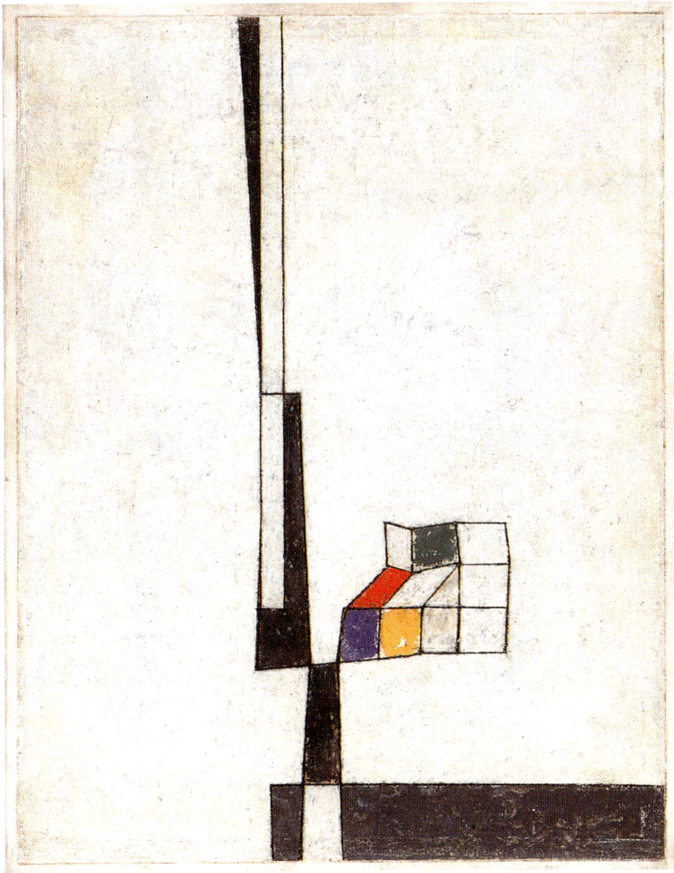

77
Manlio Rho
Composizione 9, 1934
disegno a carbone
su cartone,
53,5 × 42 cm
(cat. n. 76)

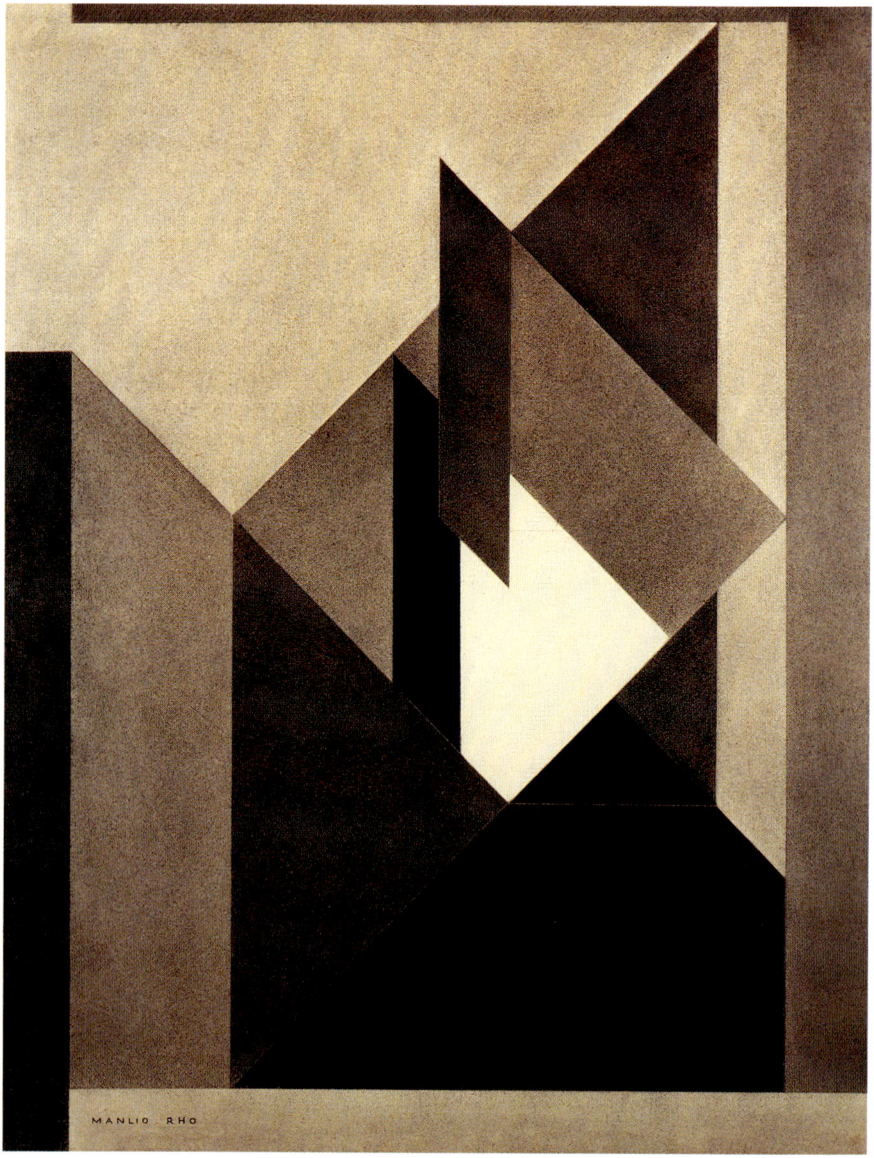

78
Manlio Rho
Composizione 8, 1934
disegno a carbone
su cartone,
53,5 × 42 cm
(cat. n. 75)

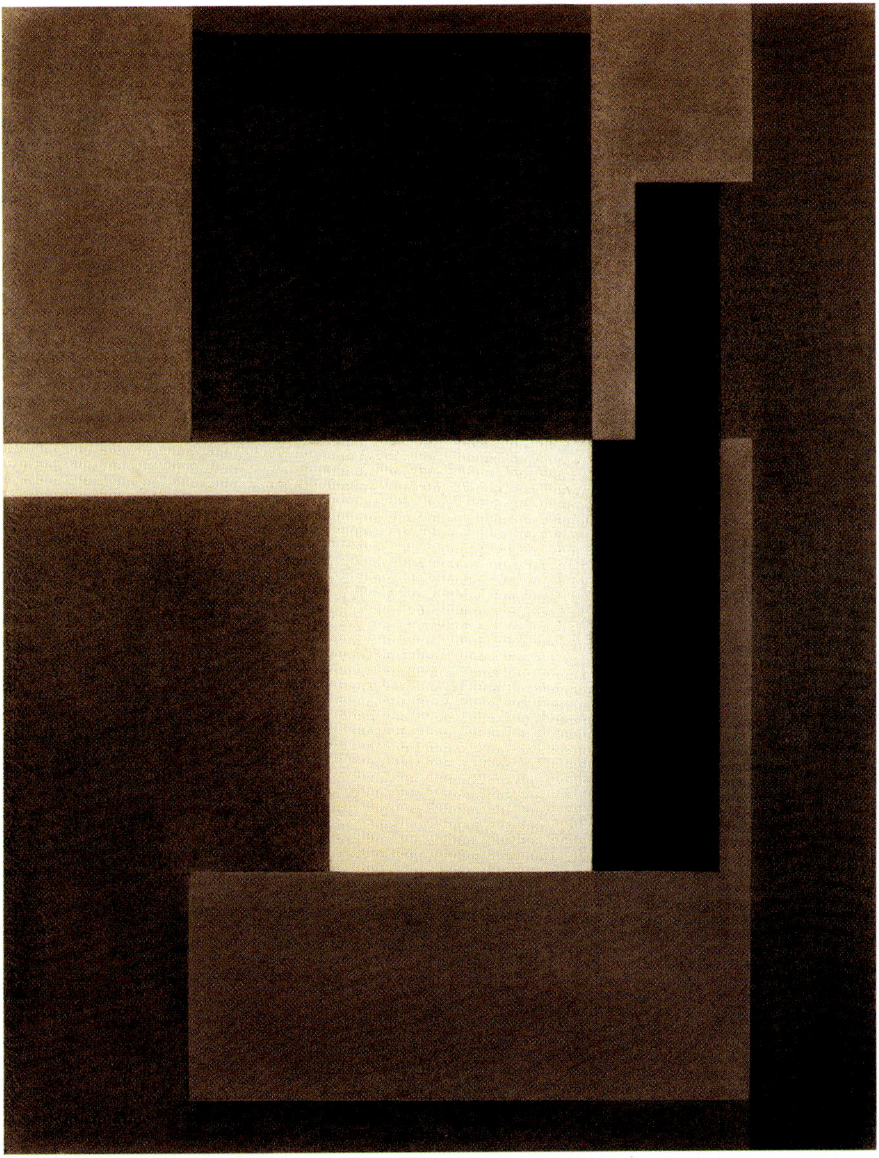

79
Atanasio Soldati
Pittura n. 4 (1933)
olio su tela,
66 × 48 cm
(cat. n. 95)

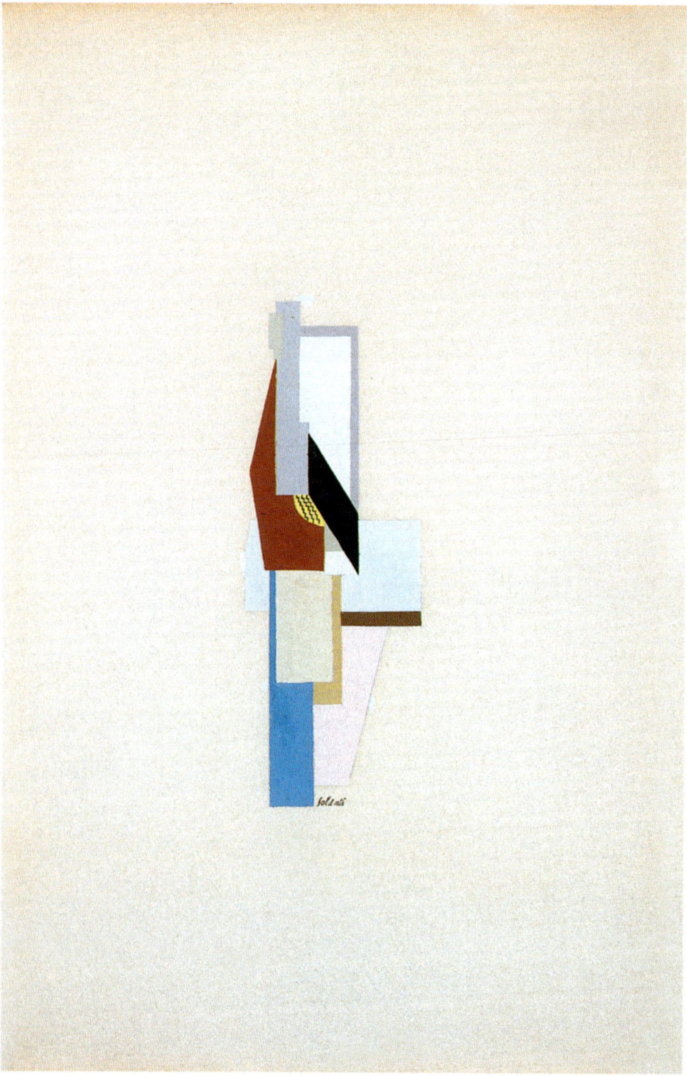

80
Atanasio Soldati
Composizione
(1946-1947)
olio su tela,
48 × 30 cm
(cat. n. 96)

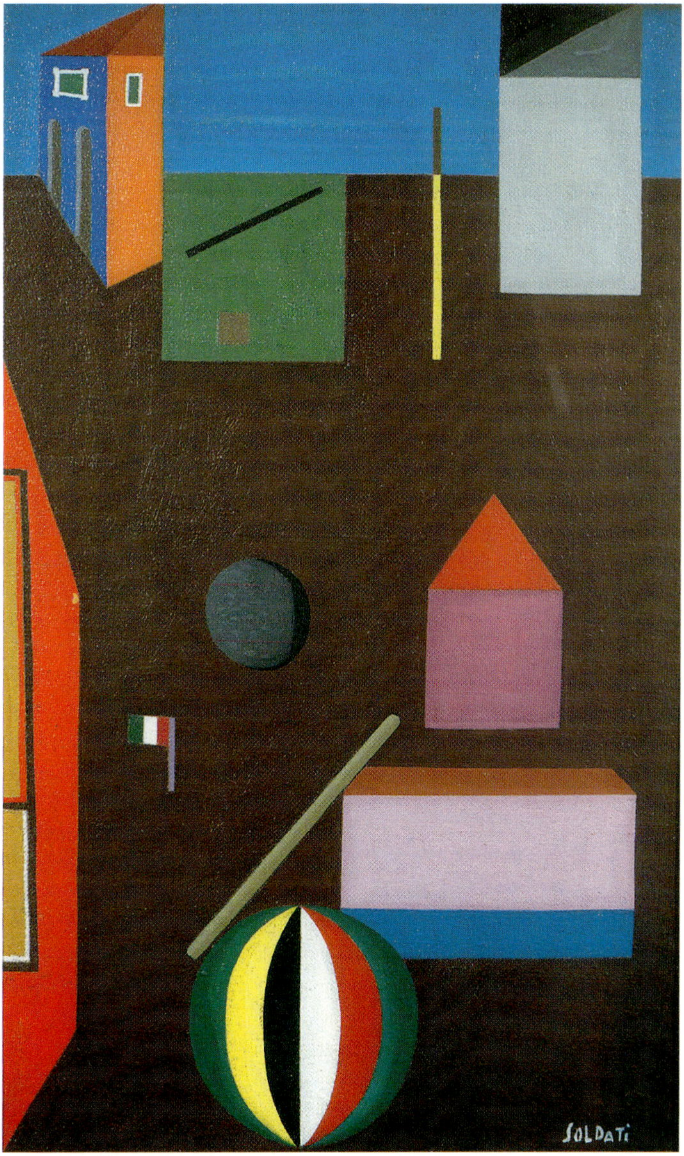

81
Alberto Magnelli
Opération magique,
1947
olio su tela,
97 × 130 cm
(cat. n. 58)

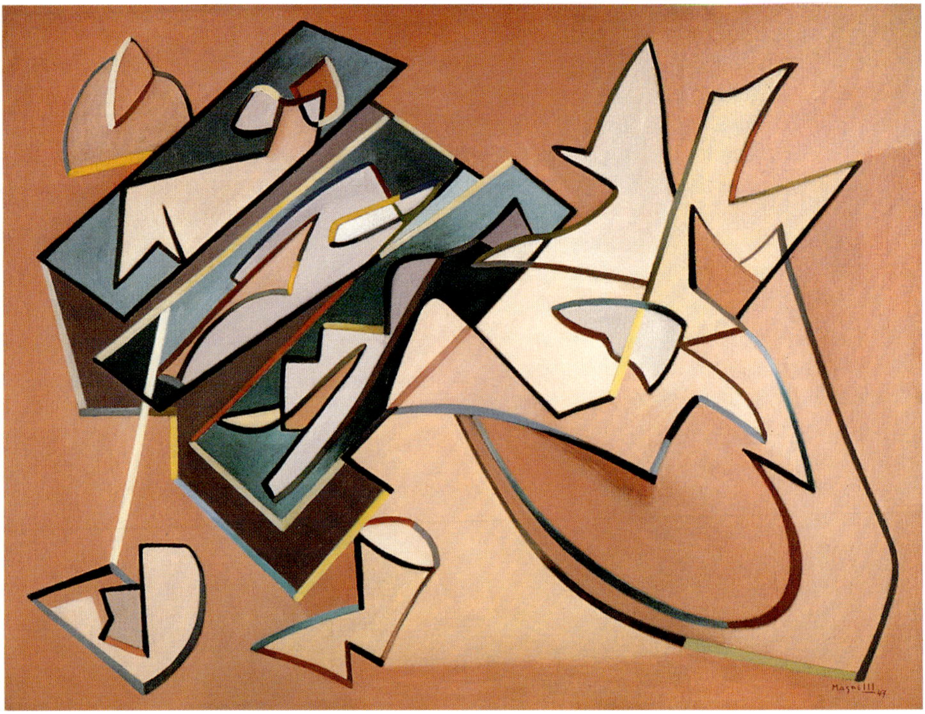

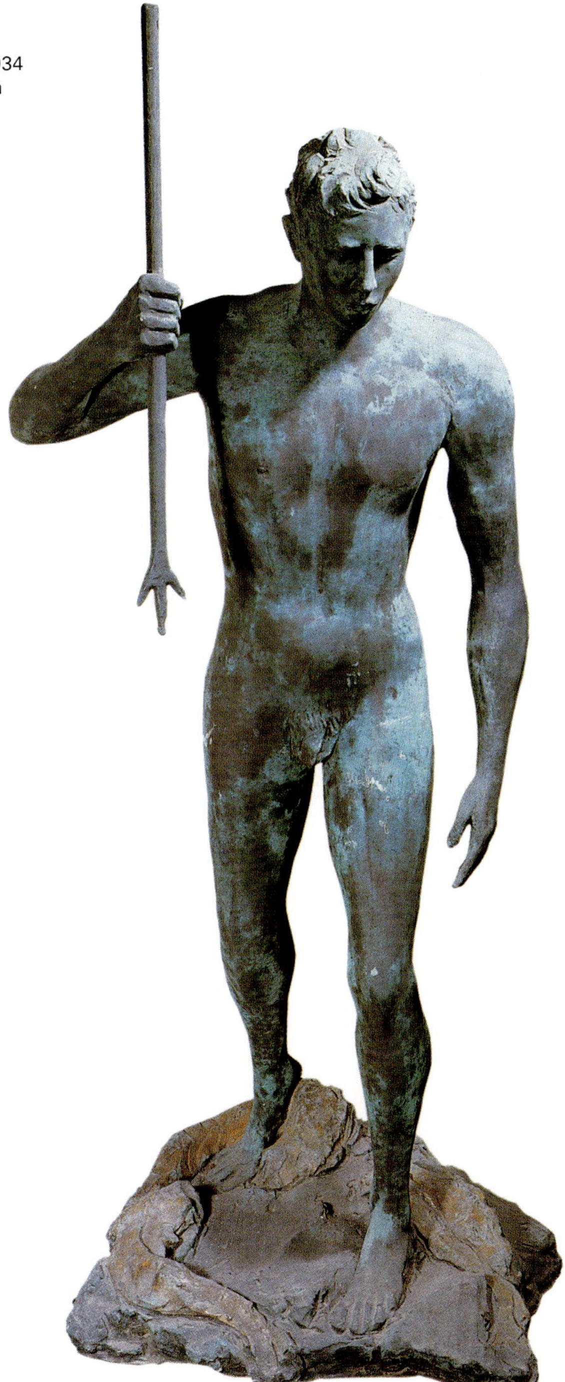

82
Lucio Fontana
Fiocinatore, 1934
bronzo, altezza
173 cm
(cat. n. 46)

83
Lucio Fontana
Ritratto di fanciulla
(1929-1930)
terracotta colorata,
altezza 22 cm
(cat. n. 43)

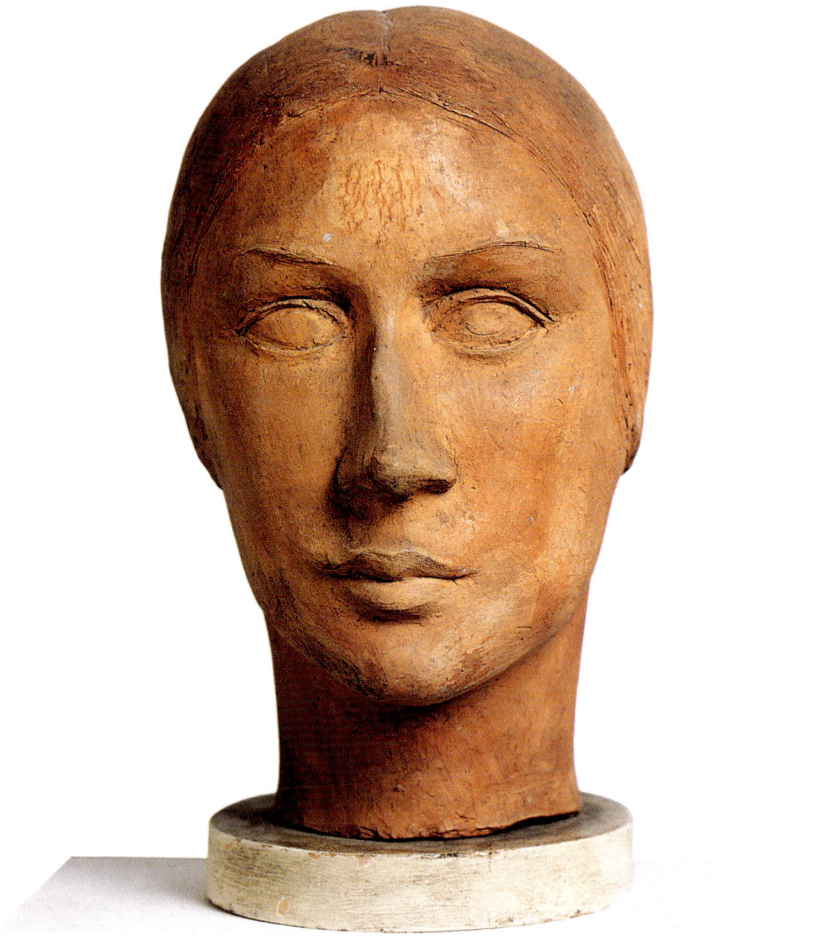

84
Lucio Fontana
Busto femminile,
1931
terracotta colorata,
29,5 × 34,5 cm
(cat. n. 44)

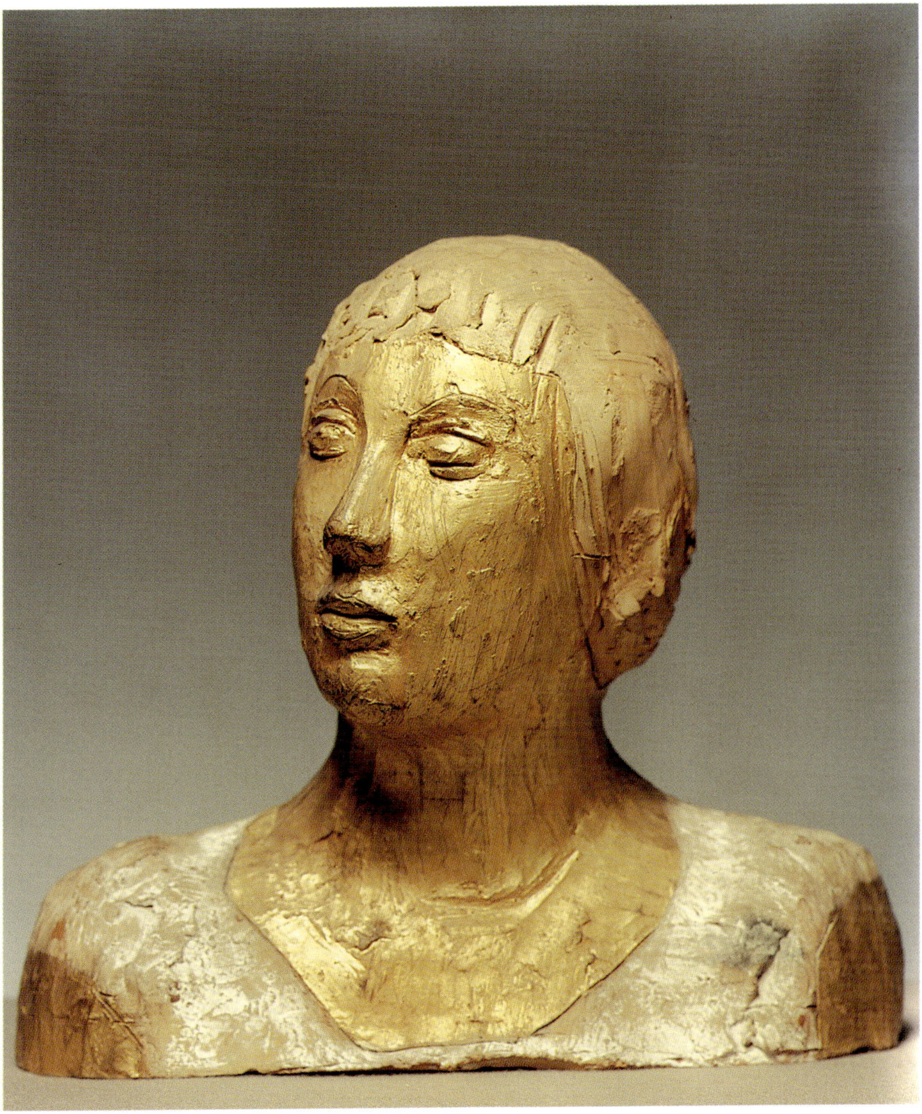

85
Lucio Fontana
Signorina seduta,
1934
bronzo colorato,
84 × 103 × 83 cm
(cat. n. 45)

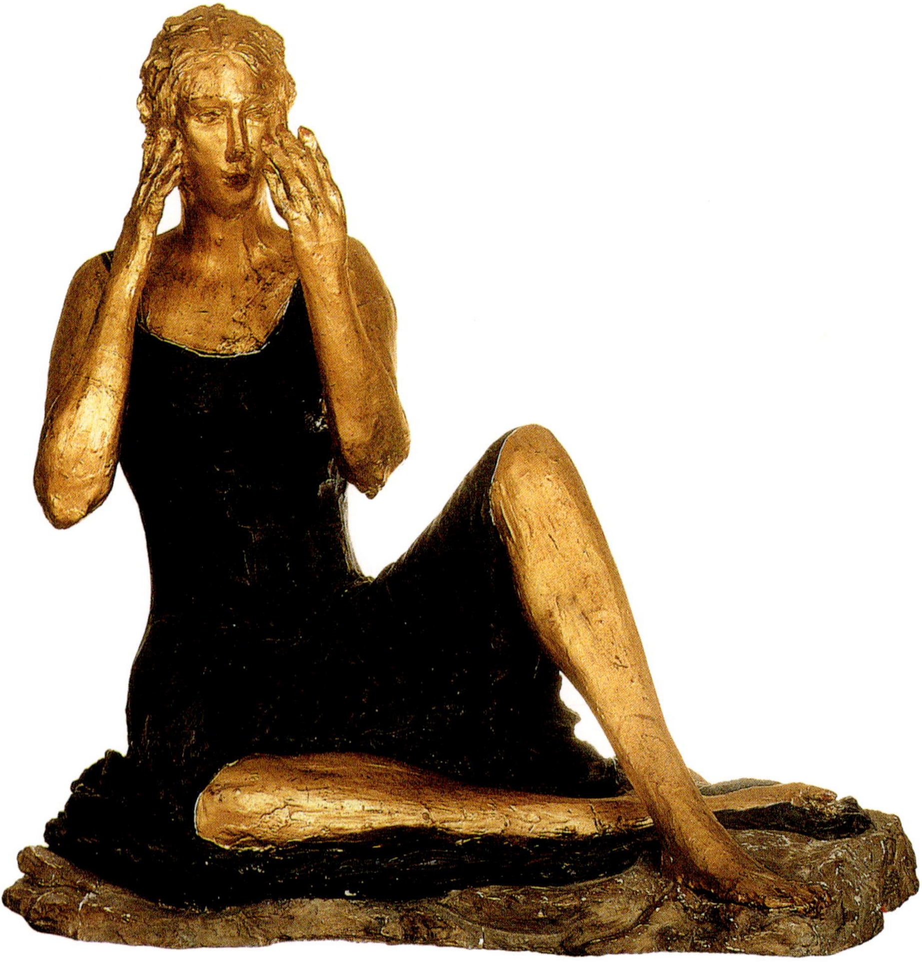

86
Lucio Fontana
Concetto spaziale
(*Il Golgota*; *Forme nello spazio*), 1956
olio, tecnica mista
e vetri su truciolato,
125,5 × 175,5 cm
(cat. n. 47)

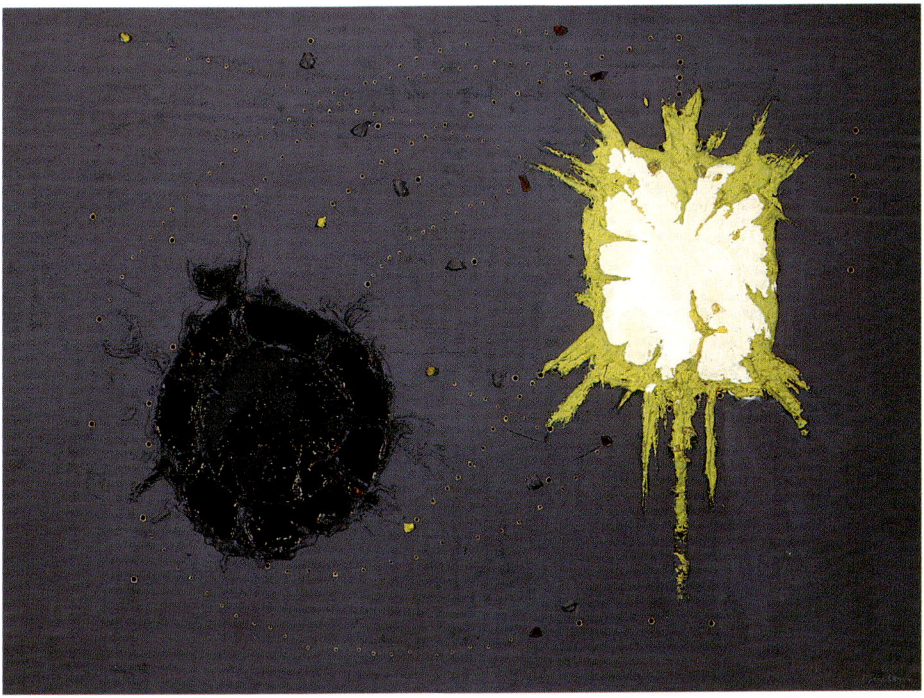

87
Lucio Fontana
Concetto spaziale,
1956
olio e tecnica mista
su tela, 80 × 65 cm
(cat. n. 48)

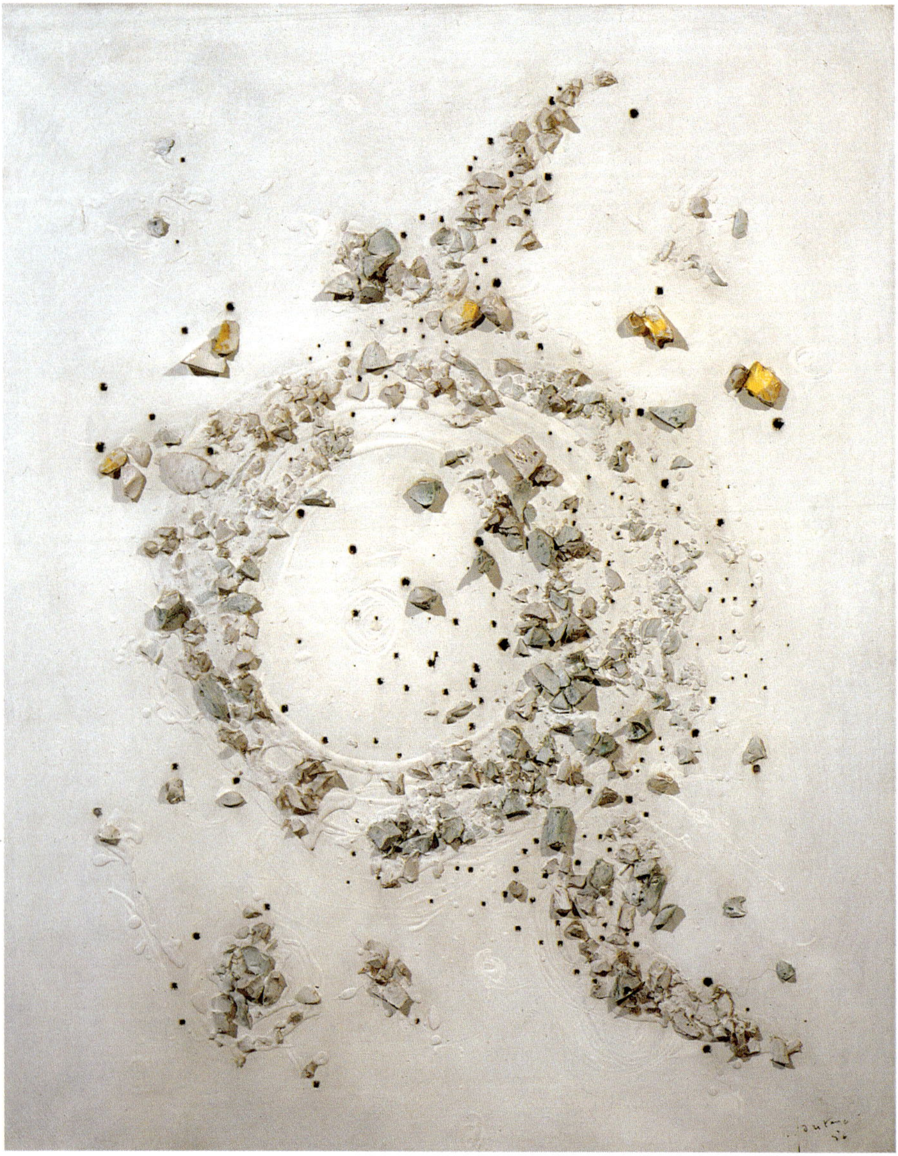

88
Lucio Fontana
Concetto spaziale,
attesa (1960)
tecnica mista su tela,
100 × 80 cm
(cat. n. 49)

89
Piero Manzoni
Achrome (Ipotesi prima. Rettangolo interrotto), 1958
gesso grezzo su tela,
130 × 80 cm
(cat. n. 59)

90
Emilio Scanavino
Evoluzione, 1958
olio su tela,
146 × 114 cm
(cat. n. 83)

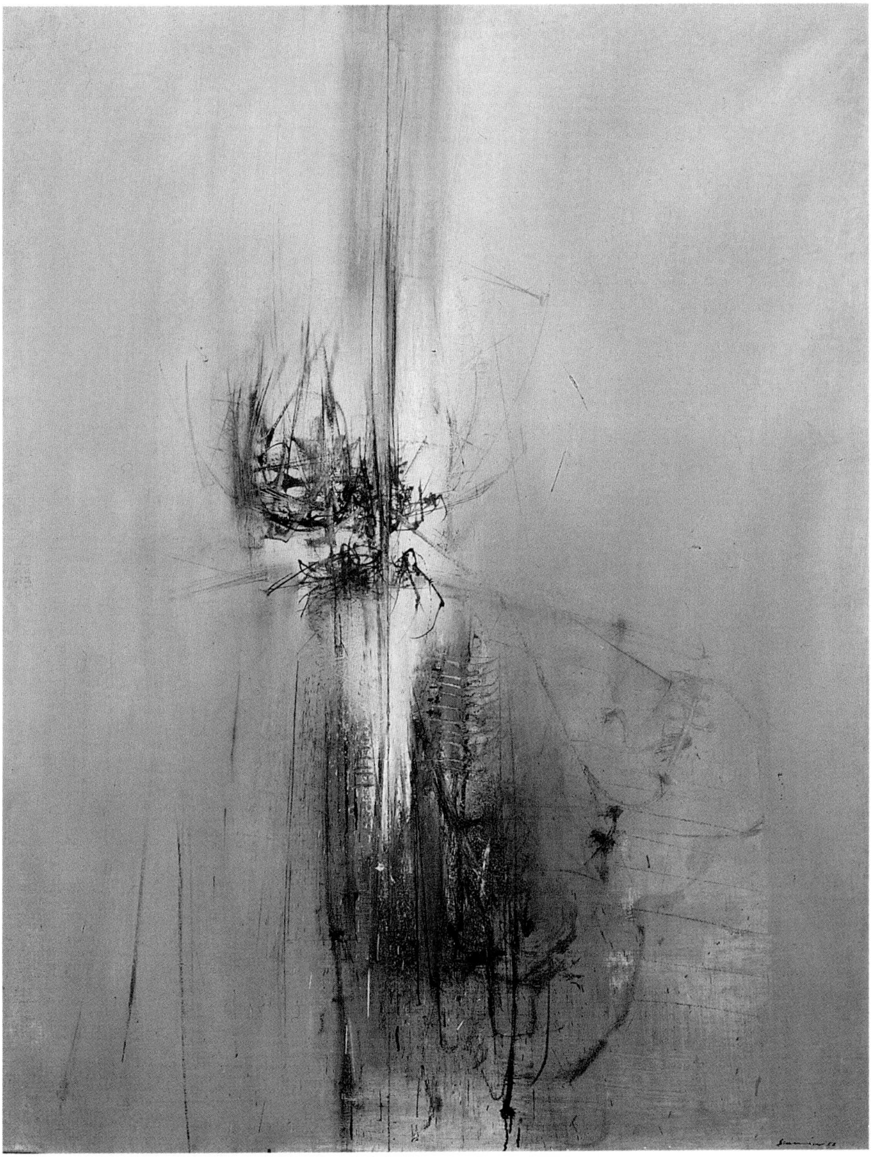

91
Umberto Milani
Composizione n. 3,
1964
olio su tela,
150 × 150 cm
(cat. n. 69)

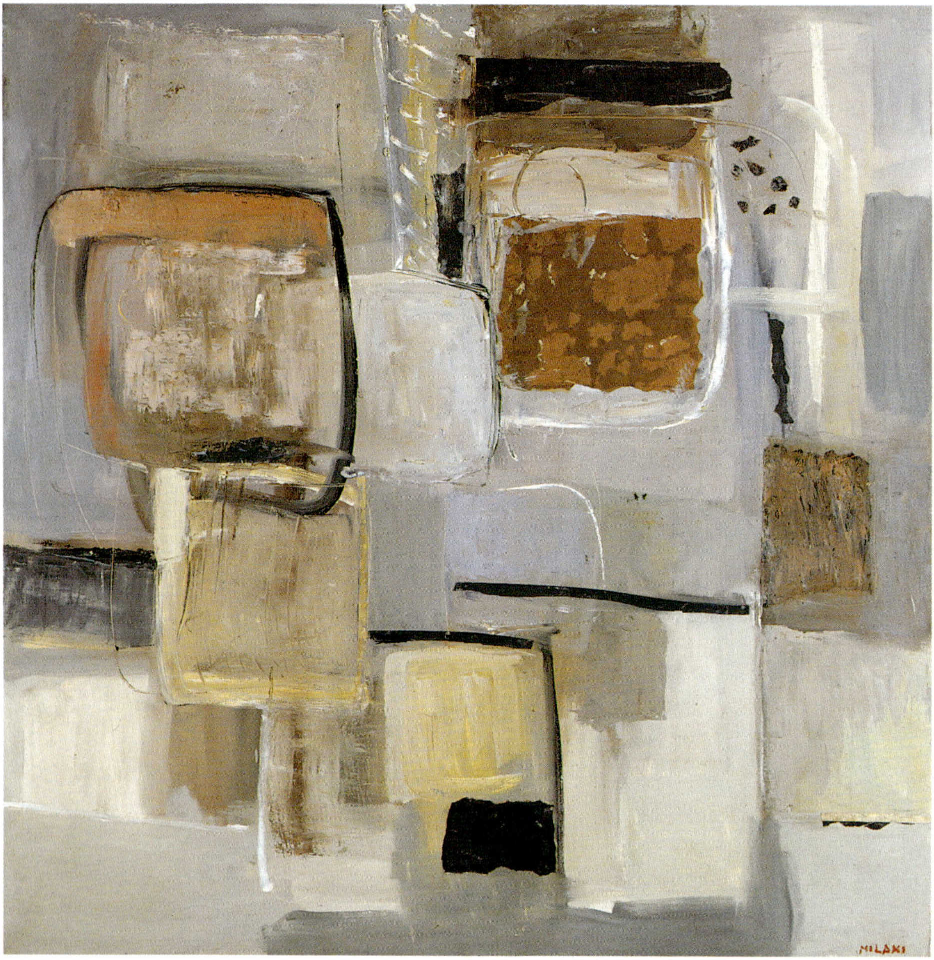

92
Tancredi (Tancredi Parmeggiani)
Ricordo di Raoul
(1953)
tecniche miste su carta,
102,5 × 149,5 cm
(cat. n. 97)

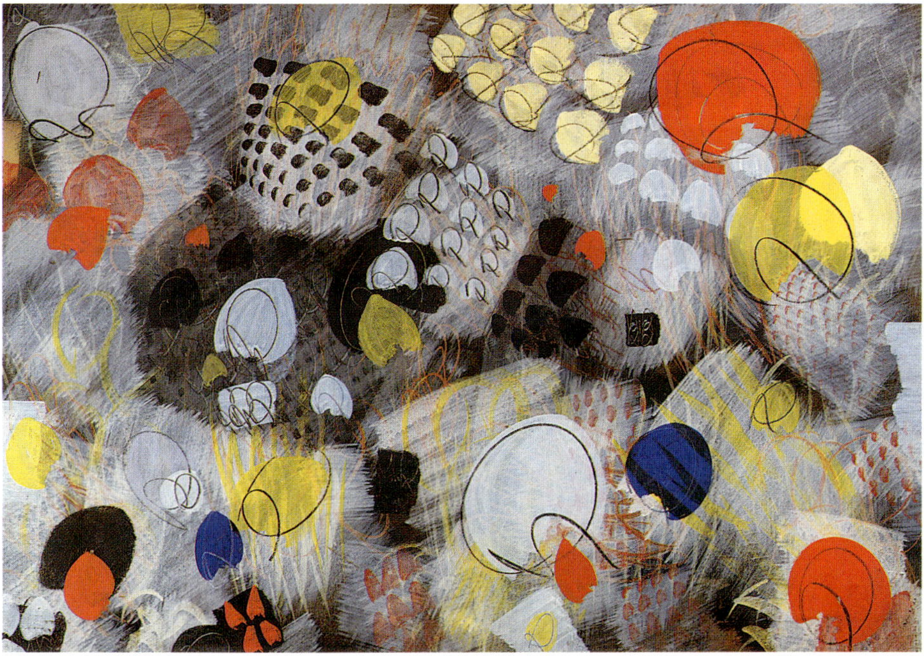

93
Tancredi (Tancredi Parmeggiani)
Fiori dipinti da me e da altri al 101% N. 8 (1962)
olio e collage su tela, inserito un disegno a matita nera e pastelli a cera, 136 × 106 cm
(cat. n. 98)

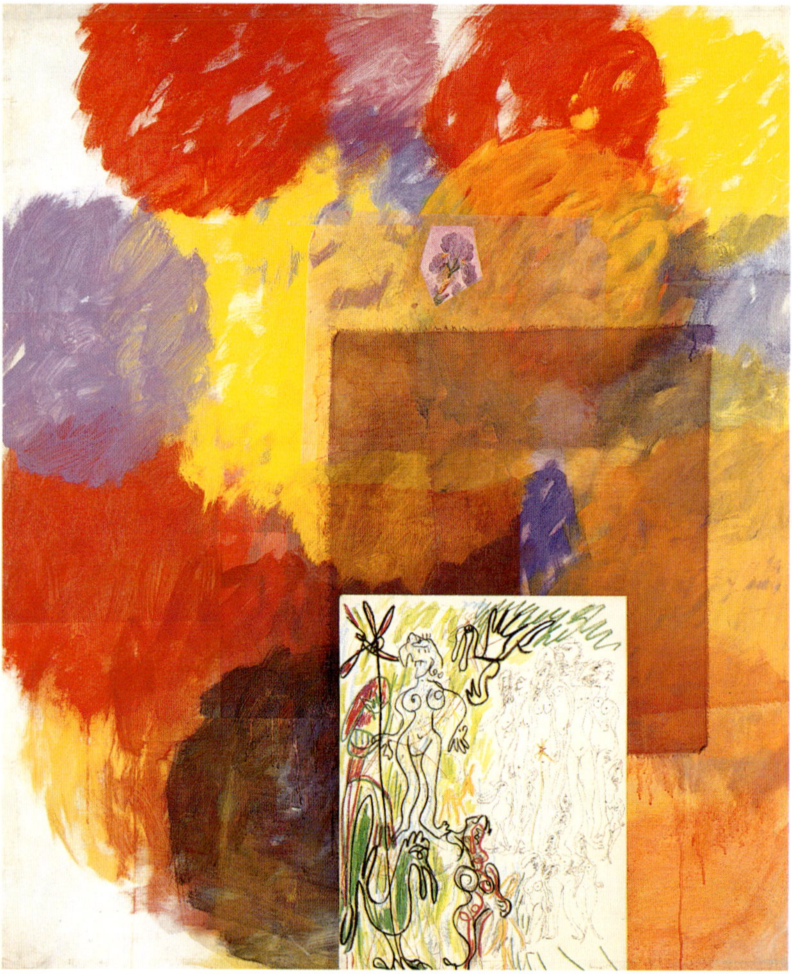

94
Emilio Vedova
Sopraffazione n. IV,
1960
tecnica mista,
145 × 145 cm
(cat. n. 102)

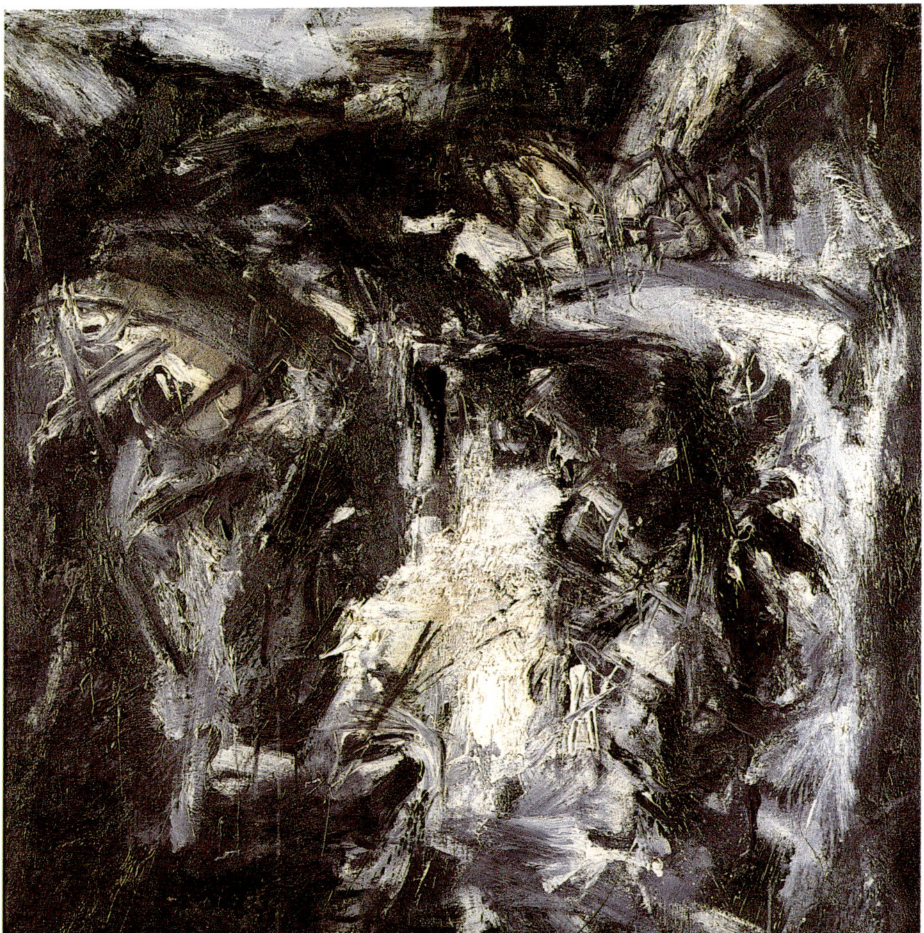

95
Giulio Turcato
La bava, 1958
olio e tecnica mista
su tela, 195 × 114 cm
(cat. n. 100)

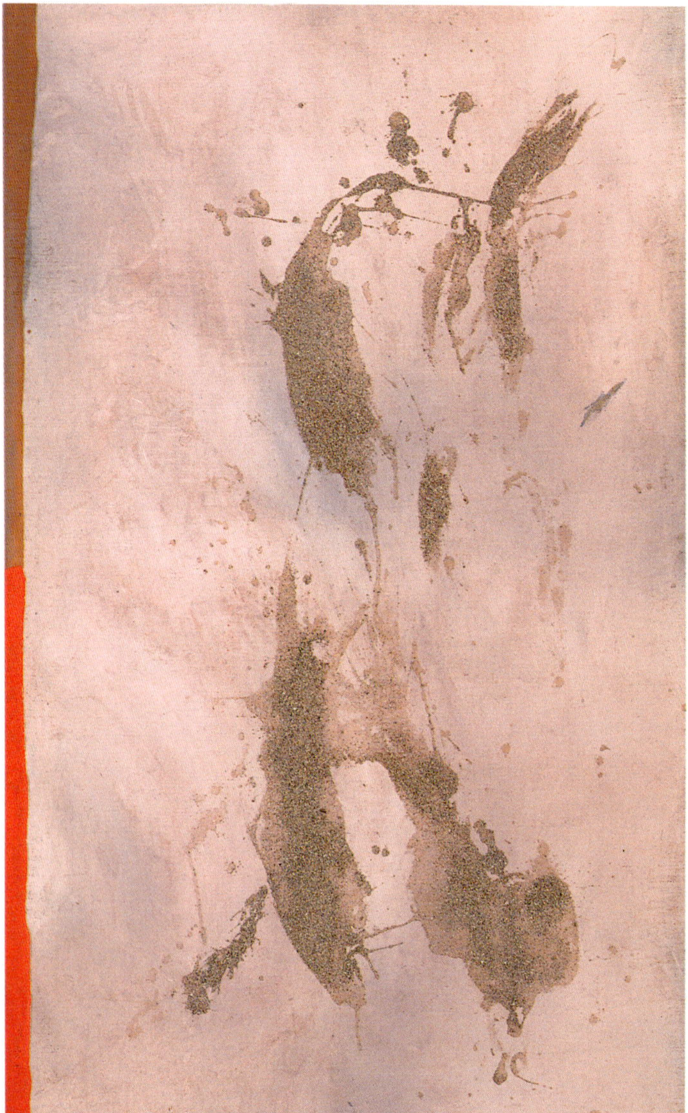

96
Piero Dorazio
Styx, 1958
olio su tela,
195 × 130 cm
(cat. n. 41)

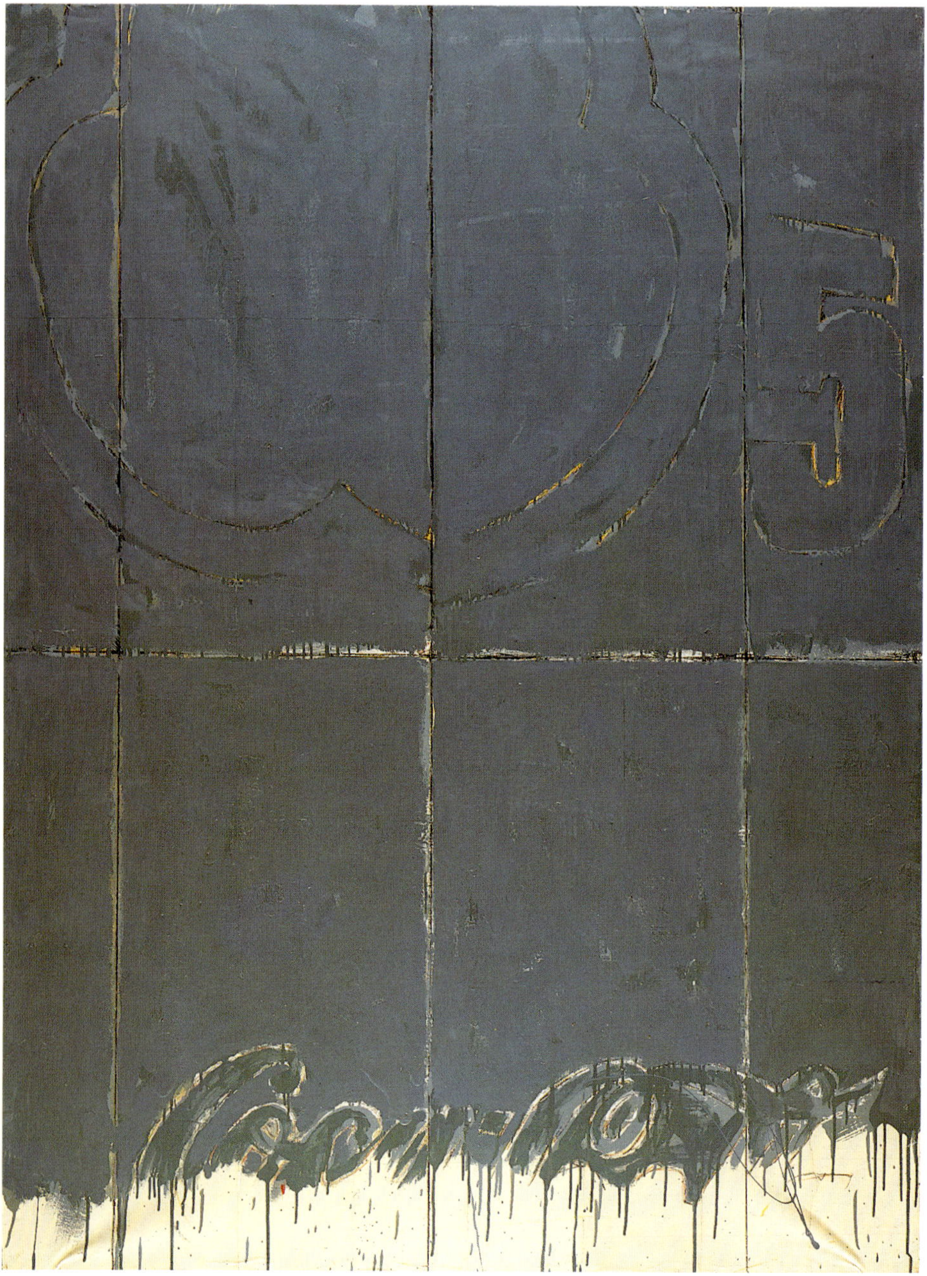

97
Mario Schifano
Particolare di esterno,
1962
smalto su carta
intelata,
200 × 149,5 cm
(cat. n. 84)

98
Franco Angeli
Half dollar blu (1966)
acrilico su tela,
129 × 195 cm
(cat. n. 1)

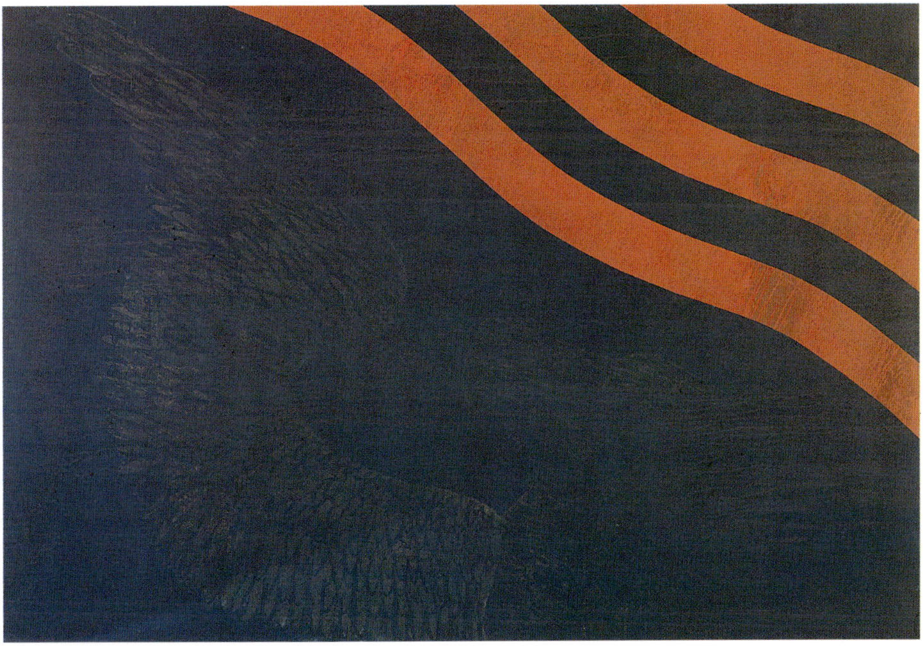

99
Mimmo Rotella
Decisioni al tramonto,
1961
décollage su tela,
81 × 140 cm
(cat. n. 80)

100
Gastone Novelli
Il viaggio di Grog,
1966
tecnica mista su tela,
280 × 160 cm
(cat. n. 74)

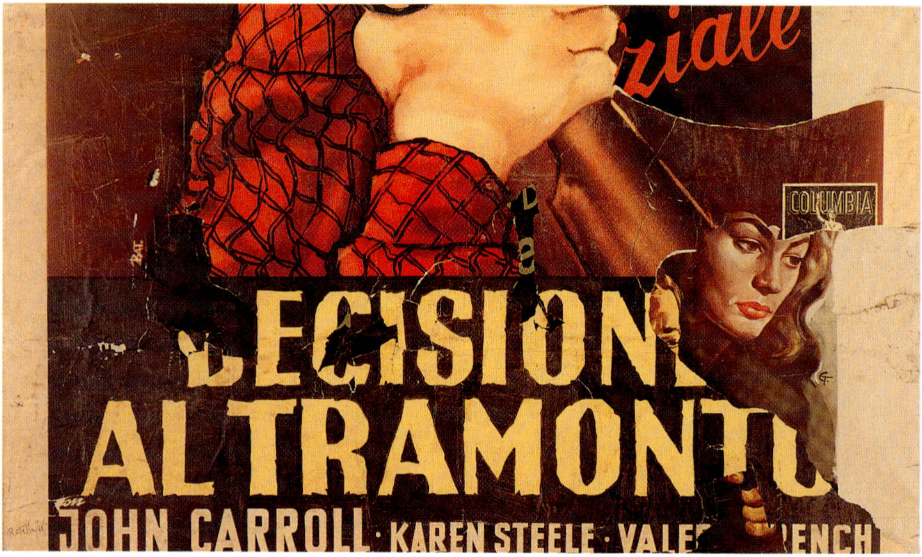

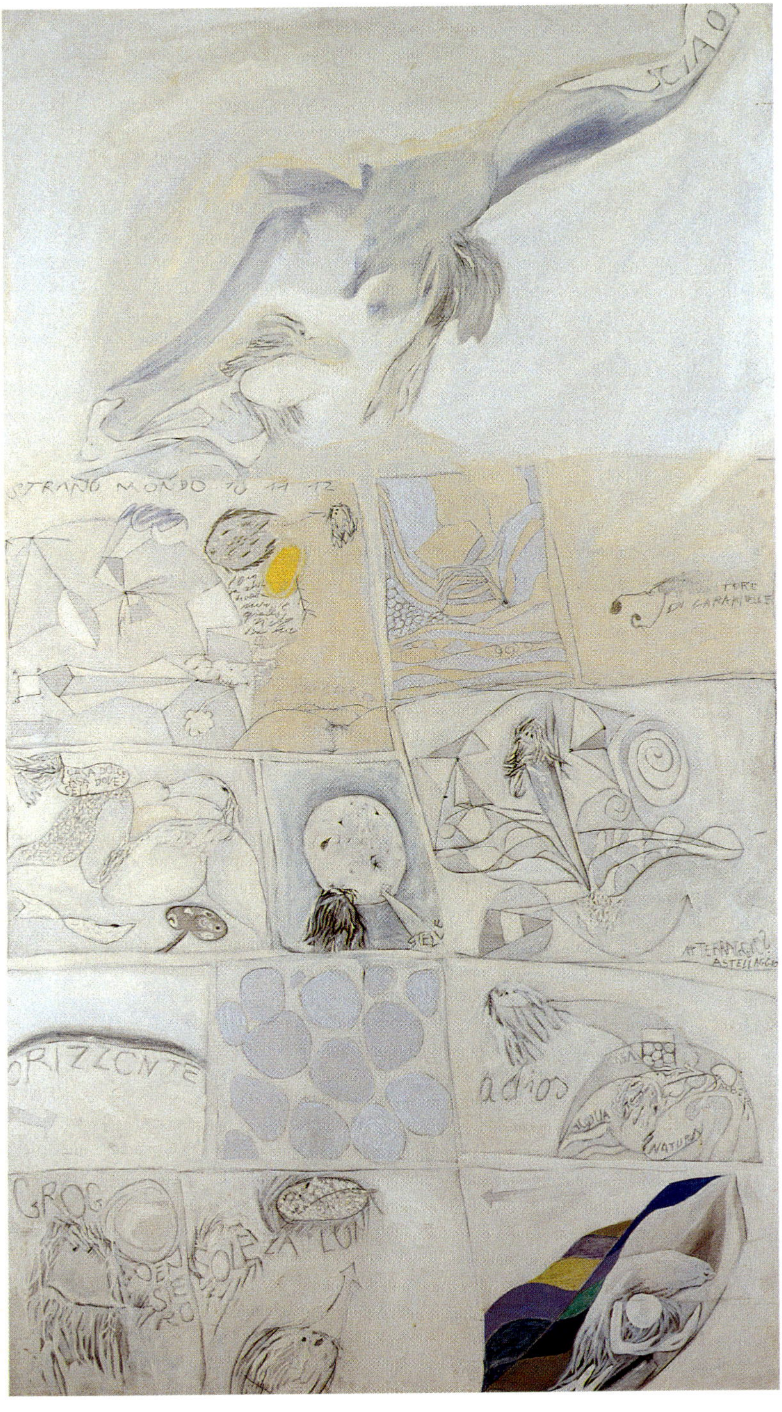
CIAO
STRANO MONDO
ORIZZONTE
adios
NATURA
GROG

101
Jannis Kounellis
Senza titolo
(*Rosa nera*), 1964
smalto su tela,
260 × 223 cm
(cat. n. 55)

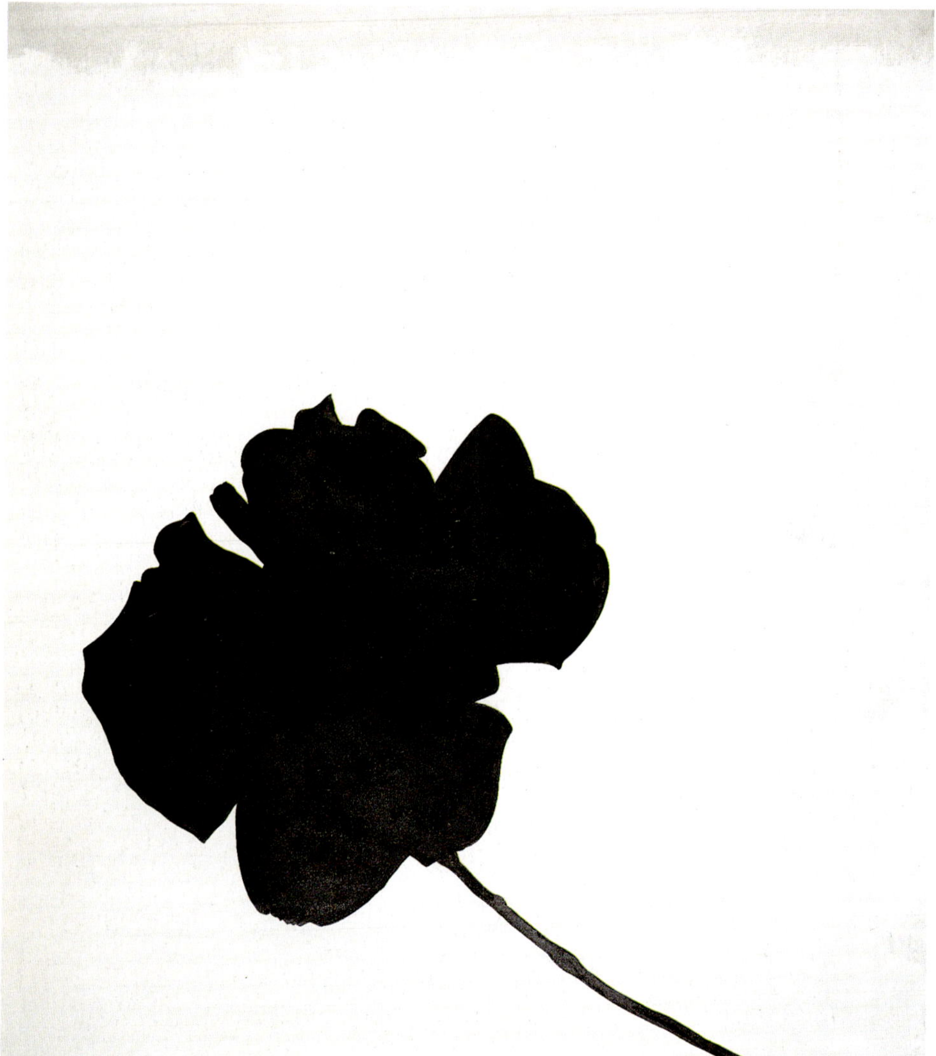

102
Giuseppe Capogrossi
Superficie 479, 1963
olio su tela,
165 × 150 cm
(cat. n. 25)

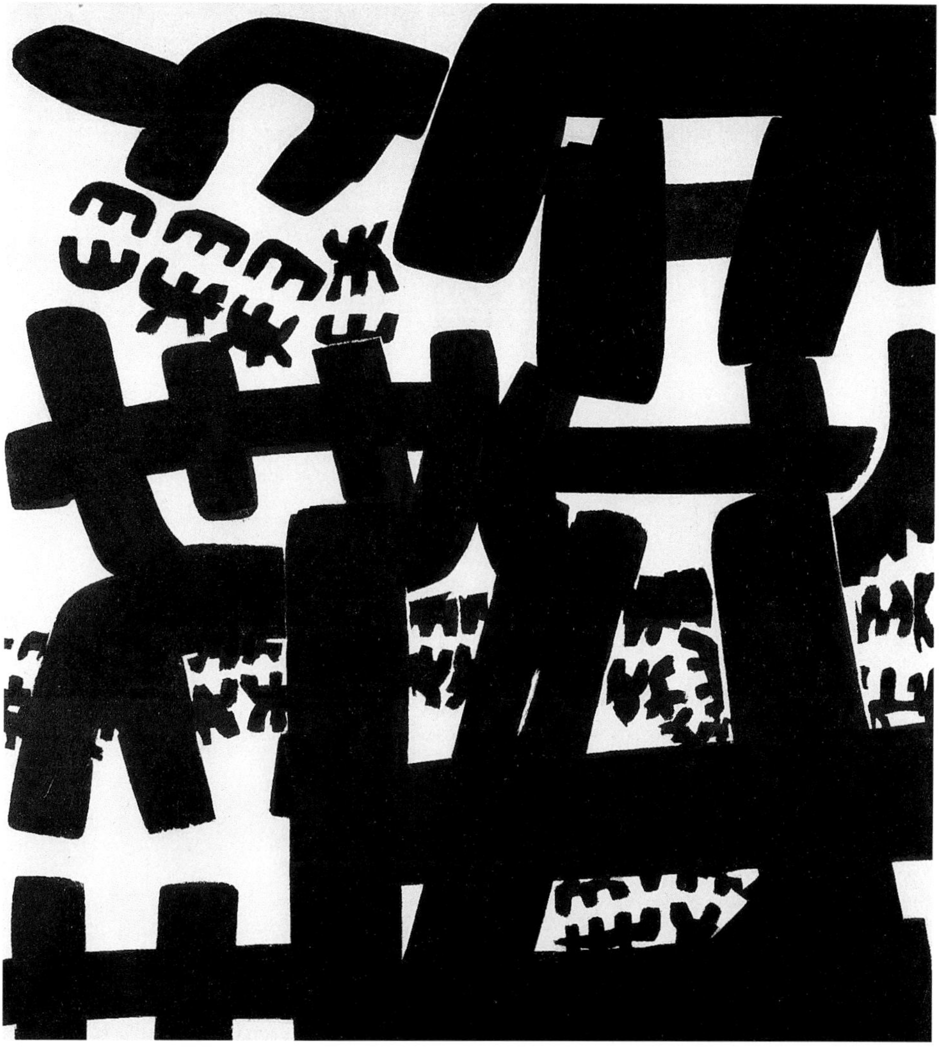

Esposizioni: Milano, 1974, p. 177; Verona, 1976; Milano, 1982[c], n. 3; Milano, 1982[d]; Milano, 1986-1987, p. 114; Milano, 1989[f], p. 144, tav. 6T.
Bibliografia: Fagone, Fossati, Negri, Gensi 1978, n. 129; Caramel, Fiorio, Pirovano 1980, n. 216; Morosini 1985; *Civico Museo...*, 1994, p. 127, ill. 121.

Dopo la tragica morte di Persico (1936), Birolli si allontana dal primitivismo e informa la sua opera ai motivi della fantasia e alla libertà creatrice, sostenuti dalla recente tradizione *fauve* ed espressionista. Queste inclinazioni maturano nell'artista con l'adesione al gruppo di Corrente nel 1938, il primo movimento organizzato dichiaratamente antinovecentista. Il panismo che vibra in tutto il quadro è accentuato dalla forte intensità coloristica, tanto che non vi è quasi soluzione di continuità tra la natura e il groviglio di nudi ripresi in un paesaggio apocalittico, prossimo a divenire informale. *(P. E.)*

Umberto Boccioni
(Reggio Calabria 1882 –
Verona 1916)

5
La signora Virginia, 1905
olio su tela, 140 × 115,5 cm
firmato e datato in basso a destra:
"U. Boccioni Roma giugno 1905"
(inv. 1443)

Esposizioni: Roma, 1906, n. 493; Milano, 1909, n. 143; Milano, 1916-1917, n. 17; Venezia, 1960, n. 13, fig. 14; Milano, 1973-1974, n. 18, p. 68; Londra-Washington, 1979-1980, n. 360; Milano, 1982-1983, n. 1; Hannover-Monaco, 1983, n. 1; Verona-Milano-Venezia, 1985-1986, n. 17; New York, 1988-1989, n. 5; Milano, 1996[b]; Mantova, 1998.
Bibliografia: Calvesi, Coen 1983, n. 43, p. 47; *Civico Museo...*, 1994, p. 28, ill. 4; Matino 1996, p. 13.

Il realismo del ritratto della signora Virginia è reso in tutta la sua evidente plasticità, ambientato in un interno domestico costruito con un accentuato taglio fotografico. Il gioco di luce che caratterizza la composizione è ottenuto attraverso l'uso diviso del colore.
La tela, acquistata nel 1918 presso la madre dell'artista, risale alla fase giovanile dell'attività di Boccioni, quando egli era a Roma, in contatto con Balla. *(M. F.)*

6
Ritratto di Innocenzo Massimino,
1908
pastello su carta, 100 × 70 cm
firmato e datato in basso a destra:
"U. Boccioni. (.908)"

L'opera appartiene alla fase divisionista ed è coeva al celebre ritratto eseguito dall'artista per la moglie dell'ingegnere Massimino.
Il taglio fotografico del pastello scompone il colore in striature ottenute con tratti impulsivi e decisi. Benché su carta, l'opera ha la ricchezza cromatica e formale di una grande tela: il volto e la posa sono colti con sprezzatura da Boccioni che restituisce con somiglianza la figura dell'uomo, tra i primi committenti del giovane artista.
L'opera è entrata nelle collezioni civiche nel 1999, andando ad arricchire il cospicuo nucleo di dipinti e sculture del maestro che per consistenza è il più ricco in Italia. Inedito. *(M. F.)*

7
Quelli che vanno (1911)
olio su tela, 95,5 × 121 cm
firmato in basso a destra:
"U. BOCCIONI"
(inv. 4877)

Esposizioni: Milano, 1916-1917, n. 65; Milano, 1973-1974, n. 100, p. 93; Milano, 1982-1983, n. 70; Hannover-Monaco, 1983; Bruxelles, 1984-1985; New York, 1988-1989, n. 56; Milano, 1996[b]; Genova, 1997-1998; Milano, 1998[a].
Bibliografia: Calvesi, Coen 1983, n. 737; *Civico Museo...*, 1994, p. 34, ill. 8.

Il vitale tema del dinamismo e del movimento è reso meno naturalisticamente che nel *Trittico degli stati d'animo* di cui la grande tela è da considerarsi uno studio preparatorio. I volti umani sono immersi nell'alta velocità dipinta con decisi segni orizzontali che marcano le linee-forza, e restano ben leggibili, anche se sinteticamente, in termini naturalistici. *(M. F.)*

8

Trittico degli stati d'animo (1911)
a) *Gli addii*
olio su tela, 71 × 96 cm
firmato in basso a destra:
"U. BOCCIONI"
(inv. 5175)
b) *Quelli che vanno*
olio su tela, 71 × 96 cm
firmato e datato in basso
a destra: "U. BOCCIONI 1911"
(inv. 5174)
c) *Quelli che restano*
olio su tela, 71 × 96 cm
firmato e datato in basso
a destra: "U. BOCCIONI 1911"
(inv. 5176)

Esposizioni: Roma, 1913[b], n. 4 (*Quelli che restano*); Milano, 1916-1917, n. 64 (*Gli addii*; *Quelli che restano*); Roma, 1925, nn. 5, 16, 17; Zurigo, 1950, nn. 21-23; Roma, 1959[b]; Venezia, 1960; Venezia, 1966; Torino-Toronto, 1969, nn. 330-332; Milano, 1971[a], n. 597, p. 158 (*Quelli che restano*); Londra-New Castle-Edimburgo, 1972-1973 (*Quelli che restano*); Parigi, 1973; Milano, 1973-1974, nn. 99, 101 e 102; Milano, 1979[c], nn. 96-98; Milano, 1979-1980[b], n. 208, fig. 208 (*Quelli che restano*); Milano, 1982-1983, nn. 67, 68 e 71; Hannover-Monaco, 1983; Venezia, 1986[a], pp. 115-117; New York, 1988-1989, n. 569 (*Quelli che vanno*); Parigi, 1993-1994; Venezia, 1995[b]; Barcellona, 1996[a].
Bibliografia: Pirovano 1992, p. 114 (*Quelli che restano*); *Civico Museo...*, 1994, p. 30, ill. 6, 7, 8; Matino 1996, pp. 14-15.

È questa la prima versione del tema degli stati d'animo rielaborato dopo il viaggio a Parigi del 1911 da Boccioni nel trittico oggi esposto a New York. Nella prima tela, *Gli addii*, le figure sono immerse in un flusso di linee ondulate e sinuose che dividono gli abbracci, in cui le persone sono strette formalmente risolti come ellissi attraversate da linee ondeggianti. Boccioni non descrive l'addio come situazione ma come sensazione psicologica.
In *Quelli che vanno* la ricerca della rappresentazione psicologica e spaziale del momento della partenza è resa attraverso il movimento delle linee e degli oggetti. Uno sfondo in cui sono ancora leggibili case, alberi, pali e altri elementi del paesaggio, caratterizza la seconda tela del trittico.
Per Boccioni ogni emozione sensoria corrisponde a un'analoga forma-colore, per cui nella terza tela, *Quelli che restano*, si muovono ombre composte da linee lente e sinuose rallentate nel loro procedere dal flusso perpendicolare che percorre la tela. *(M. F.)*

9

Studio di donna fra case (*La signora Ines*; *Studio di figura femminile*)
(1911)
olio su tela, 135 × 95 cm
(inv. 4985)

Esposizioni: Milano, 1933[a]; Roma, 1953; Venezia, 1960, n. 27, p. 14; New York-Detroit-Los Angeles, 1961, p. 42; Firenze, 1966-1967, n. 380; Milano, 1970[a], n. 599, p. 158; Genova, 1972, n. 18, p. 156; Milano, 1973-1974, n. 114; Düsseldorf, 1974, Milano, 1982-1983, n. 63; Hannover-Monaco, 1983, p. 98; ripr; Milano, 1995-1996[a]; Milano, 1996[b].
Bibliografia: Calvesi, Coen 1983, n. 715, p. 391; *Civico Museo...*, 1994, p. 34, ill. 10.

Il ritratto femminile impaginato entro il vano di una finestra è risolto con un linguaggio affine al cubismo. La giovane si appoggia alla balaustra del terrazzo affacciato sugli edifici delle nuove case alte milanesi ancora avvolti dalle impalcature. La figura e lo sfondo iniziano quel processo di compenetrazione che condurrà il maestro alla realizzazione di opere come *Visioni simultanee* e la *Strada entra nella casa* di poco più tarde. *(M. F.)*

10

Studio di testa (*Dimensioni astratte*; *Ritratto della madre*) (1912)
olio e tempera su tela, 60 × 60 cm
firmato in basso a destra: "BOCCIONI"
(inv. 5171)

Esposizioni: Città del Messico, 1965; Milano, 1973-1974, n. 161, p. 118; Milano, 1982-1983, n. 94; Hannover-Monaco, 1983; New York, 1988-1989, n. 67; Verona, 1991-1992; Milano, 1995[a].
Bibliografia: Calvesi, Coen 1983, n. 794, p. 445; *Civico Museo...*, 1994, p. 36, ill. 11.

Il dipinto risolve con poche pennellate una figura di donna, la tipica iconografia della madre, senza completare la copertura dell'intera superficie della tela. Coriandoli di colore si vanno addensando verso il volto eseguito compiutamente e profilato da precise linee strutturali. Ha il sapore dello studio di volumi in una fase di transizione tra la ricerca puntuale del ritratto e il gioco della pennellata materica che caratterizza i dipinti coevi. *(M. F.)*

11

Scomposizione di figura di donna a tavola (*Donna al caffè*; *Compenetrazioni di luci e piani*) (1912)
olio su tela, 86 × 86 cm
(inv. 5172)

Esposizioni Milano, 1916-1917, n. 28; Ginevra, 1920-1921, n. 22; Roma, 1925, n. 14; Zurigo, 1950, n. 28; Roma, 1972[b]; Parigi, 1973; Milano, 1973-1974, n. 163; Düsseldorf, 1974; Milano, 1982-1983, n. 88; Hannover-Monaco, 1983; Francoforte, 1985, pp. 24-25; Venezia, 1986[a], p. 136; New York, 1988-1989, n. 68.
Bibliografia: Marinetti 1927, p. 23; Calvesi, Coen 1983, n. 795, p. 446; *Civico Museo...*, 1994, p. 36, ill. 12.

Datata dalla critica al 1912, la figura di donna seduta al tavolino di un caffè, è dipinta frontalmente in un momento bloccato davanti allo spettatore, dietro a un erogatore di seltz e con un bicchiere tra le mani. Boccioni non intende presentare un soggetto in movimento ma studiare le relazioni che intercorrono tra figura, natura morta e ambiente come entità interrelate in un più ampio dinamismo universale. L'opera richiama certi dettagli di sculture di Boccioni in particolare gli studi di testa e case. La poetica dello spazio fluido che contiene, modifica e viene a sua volta cambiato dai corpi che lo vivono, ricorda le letture bergsoniane fatte da Boccioni nel viaggio a Parigi degli anni Dieci. *(M. F.)*

12

Linea e forza di una bottiglia (*Sviluppo di una bottiglia nello spazio*), 1912
bronzo, 39,5 × 59,5 × 33 cm
(inv. 5396)

Esposizioni: Parigi, 1913, n. 6; Roma, 1913[a], n. 6; San Francisco, 1915, n. 1178; Milano, 1916-1917, n. 5; Zurigo, 1950, p. 69; Venezia, 1960, n. 57, p. 16; Città del Messico, 1965; Venezia, 1966, n. 84, p. 12, tav. 7; Firenze-Budapest-Buenos Aires-Rio de Janeiro-Montevideo-Giappone-Germania, 1970, pp. 68-69; Milano, 1971[a], n. 604, p. 159; Bruxelles, 1973, n. 3; Hong Kong, 1974; Berlino, 1975; Helsinki-Stoccolma-Copenhagen, 1976; Milano, 1979-1980[b], n. 339; Roma, 1980-1981; Milano, 1982-1983; Hannover-Monaco, 1983; Venezia, 1986[a]; New York, 1988-1989, n. 87; Madrid, 1990, p. 228; Milano, 1994[b], p. 51; Milano, 1995-1996[a]; Milano, 1996[b]; Genova, 1997-1998; Milano, 1998[a]; Losanna, 1998.
Bibliografia: Calvesi, Coen 1983, n. 782, pp. 436-437; *Civico Museo...*, 1994, p. 38, ill. 13; Matino 1996, p. 16.

È tra i capisaldi della poetica plastica boccioniana, tanto che lo stesso maestro la pubblica in *Pittura scultura futuriste* nel 1914.
La natura morta scolpita da Boccioni è una delle molte versioni realizzate in vari materiali dal bronzo all'argento. L'oggetto è costituito da linee forza che si proiettano circolarmente nello spazio con piani curvi che lo avvol-

gono fino a circoscriverlo. L'efficacia del congegno di volumi e di piani porta Boccioni a una soluzione di grande intensità emotiva e di saldezza architettonica. *(M. F.)*

13
Linea unica della continuità (*Forme uniche di continuità nello spazio*), 1913
bronzo, 115 × 40 × 90 cm
(inv. 5051)

Esposizioni: Parigi, 1913, n. 10; Roma, 1913[a], n. 11; Londra, 1914, n. 3; Milano, 1916-1917, n. 2; Zurigo, 1950; Venezia, 1960, n. 58, p. 16, tav. 9; New York-Detroit-Los Angeles, 1961; Venezia, 1966, n. 85, p. 12; Milano, 1971[a], n. 627, p. 161; Bruxelles, 1973; Parigi, 1973; Milano, 1973-1974, n. 204, p. 135; Düsseldorf, 1974; Château de Ratilly, 1977; Saint Paul de Vence, 1981; Milano, 1982-1983, n. 96; Hannover-Monaco, 1983; Francoforte, 1985, pp. 26-27; Venezia, 1986[a]; Madrid, 1990, p. 229; Giappone, 1992, II-1, pp. 112-113.
Bibliografia: Calvesi, Coen 1983, n. 256, pp. 479-470; *Civico Museo...*, 1994, p. 39, ill. 14; Matino 1996, p. 10.

La scultura è una fusione in bronzo del gesso trovato nello studio dell'artista, l'originale appartiene al Museu de Arte Moderna di San Paolo. Affascinò il giovane Roberto Longhi che nel 1913 scrisse un articolo pionieristico di critica militante sulla scultura futurista.
La forma dinamica rappresenta un uomo colto nell'attimo in cui percorre la distanza di un passo coinvolgendo nel suo moto lo spazio circostante. Varie redazioni del soggetto hanno spinto Boccioni fino a questa ardita soluzione formale.
L'immagine, verosimilmente pensata da Boccioni per una realizzazione anche in scala monumentale, è proposta con un prepotente gigantismo vitalistico che risolve la grandiosa anatomia del moto della figura umana. La figura poggia su due parallelepipedi, probabilmente funzionali al collocamento della fusione su un pavimento o su un basamento di grandi dimensioni. *(M. F.)*

14
Dinamismo di un corpo umano
(1913)
olio su tela, 100 × 100 cm
(inv. 5164)

Esposizioni: Napoli, 1914, n. 26; Milano, 1916-1917, n. 48; Ginevra, 1920-1921, n. 21; Milano, 1924, n. 19; Roma, 1925, n. 405; Venezia, 1950, n. 12; Monaco, 1957, n. 17; Venezia, 1960, n. 47, p. 16; New York-Detroit-Los Angeles, 1961, n. 56; Venezia, 1966, n. 83, p. 12; Roma, 1968-1969, n. 3; Milano, 1971[a], n. 626, p. 161; Venezia, 1972, pp. 56-57; Parigi, 1973, n. 20; Milano, 1973-1974, n. 176, pp. 56-57; Düsseldorf, 1974; Milano, 1979-1980[b], n. 353; Milano, 1980[b], p. 125; Milano, 1982-1983, n. 111; Hannover-Monaco, 1983, n. 107; Francoforte, 1985, p. 29; Verona-Milano-Venezia, 1985-1986, n. 78, p. 126; New York, 1988-1989, n. 71; Napoli, 1989-1990; Francoforte, 1995; Milano, 1996[b]; Berlino, 1997.
Bibliografia: Marinetti 1927, n. 10; Calvesi, Coen 1983, n. 859, p. 473; *Civico Museo...*, 1994, p. 41, ill. 15.

Il tema, a cui Boccioni si dedica dall'aprile del 1914, è studiato in molti disegni preparatori: essi rendono evidente la messa a punto di un processo che dalle sculture del 1913 riporta Boccioni alla sperimentazione della resa bidimensionale del dinamismo riprendendo sia il motivo del ciclista, sia quello del cavallo e del cavaliere per la resa della sensazione della velocità.
Il corpo umano è scomposto in un inseguirsi di forme che percorrono da destra a sinistra lo spazio quadrato della tela. La varietà cromatica coinvolge tutta la superficie in un caleidoscopio di pennellate cangianti. *(M. F.)*

15
Corpo umano (*Dinamismo*) (1913)
olio su tela, 80 × 65 cm
firmato in alto a sinistra:
"U. BOCCIONI"
(inv. 5166)

Esposizioni: Milano, 1916-1917; Gi-

nevra, 1920-1921; Milano, 1924; Roma, 1925; Londra-New Castle-Edimburgo, 1972-1973; Milano, 1973-1974, n. 117, p. 125; Londra, 1980; Milano, 1982-1983, n. 112; Hannover-Monaco, 1983; Francoforte, 1985, pp. 28-29; Napoli, 1989-1990; Giappone, 1992, II-9, p. 114; Milano, 1995-1996[a]; Mantova, 1998.
Bibliografia: Marinetti 1927; Calvesi, Coen 1983, n. 883, p. 448; *Civico Museo…*, 1994, p. 41, ill. 16.

Boccioni, nel giugno del 1913, lavora intensamente al tema del dinamismo come documentano i numerosi bozzetti a matita e a penna.
L'incastro di forme e volumi delega al colore, caldo per il corpo e freddo per i volumi degli edifici, la distinzione tra soggetto e sfondo: i toni del giallo fungono da tessitura di unione tra le due componenti. La figura è di difficile lettura per la complessità della costruzione; la resa materica e gli effetti pittorici delle grasse tacche di colore e delle intense zone d'ombra, concorrono a costruire una immagine di assoluta scioltezza plastica non naturalistica. *(M. F.)*

16
Costruzione spiralica (*Costruzione spiralica perpendicolare*; *Donna seduta*) (1913-1914)
olio su tela, 95 × 95 cm
firmato in basso a destra:
"Boccioni"
(inv. 5165)

Esposizioni: Milano, 1916-1917, n. 29; Ginevra, 1920-1921, n. 23; Milano, 1924, n. 5; Roma, 1925, n. 6; Milano, 1934[a]; Zurigo, 1950, n. 29; Venezia, 1966, n. 96, p. 13; Roma, 1968-1969, n. 5, p. 28; Los Angeles, 1971; Milano, 1973-1974, n. 182, p. 127; Düsseldorf, 1974, n. 19; Ginevra, 1977, n. 12; Milano, 1982-1983; Hannover-Monaco, 1983; Giappone, 1992, II, p. 112.
Bibliografia: Coen, Calvesi 1983, n. 899, p. 498; *Civico Museo…*, 1994, p. 42, ill. 17.

La figura femminile è dipinta, con i toni accesi del rosa del vestito, tra alcuni vasi di fiori ocra carichi di foglie verdi disposti circolarmente attorno alla donna. La composizione è incentrata sull'ocra della mano posta in grembo, il punto di vista è giocato su più fuochi, uno dei quali è posto all'altezza delle ginocchia che, come le spalle sono segnate da forme circolari e con queste suggeriscono la forma di un rombo. La circolarità dello spazio è accentuata, nel formato quadrato dell'opera, dal fondo turchese che si dispone a ventaglio attorno alla figura. L'interesse agli aspetti compositivi più che a quelli naturalistici è reso evidente dal taglio che lascia parte della testa della donna fuori dal quadro. *(M. F.)*

17
Dinamismo plastico+cavallo +caseggiato (1913-1914)
olio su tela, 37 × 100 cm
firmato in alto a sinistra:
"BOCCIONI"
(inv. 5163)

Esposizioni: Venezia, 1960, n. 46, p. 16; Milano, 1973-1974, n. 185, p. 128; Milano, 1982-1983, n. 129; Hannover-Monaco, 1983; New York, 1988-1989, n. 75a; Venezia, 1996.
Bibliografia: Calvesi, Coen 1983, n. 902, p. 500; *Civico Museo…*, 1994, p. 42, ill. 18.

Il tema del cavaliere è sviluppato con grande interesse da Boccioni in varie redazioni che prendono le mosse da *Elasticità* fino a giungere alla composizione tridimensionale polimaterica dello stesso soggetto di cui si conserva un solo esemplare alla collezione Guggenheim di Venezia.
Una articolata architettura di forme integra le figure del cavallo e del cavaliere in onde di volumi che si affastellano da destra a sinistra in un movimento che guida l'occhio dello spettatore. Due volumi di edifici dipinti in prospettiva accidentale sovrastano la composizione fortemente accentuata nella sua componente orizzontale.
(M. F.)

18
Composizione dinamica di una testa di donna (1914)
collage e tempera su tela, 35 × 35 cm
(inv. 5167)

Esposizioni: Zurigo, 1950; Roma, 1959[b], n. 83, p. 65; Venezia, 1960, n. 30, p. 15; Genova, 1968, n. 96; Milano, 1973-1974, n. 184, p. 127; Milano, 1982-1983, n. 132; Hannover-Monaco, 1983; Genova, 1997-1998; Milano, 1998[a].
Bibliografia: Calvesi, Coen 1983, n. 917, p. 514; *Civico Museo...*, 1994, p. 43, ill. 19.

L'opera è polimaterica: la presenza del giornale come fondo dell'immagine crea una forte ambiguità tra elementi realistici ed elementi di costruzione formale. Il volto composto da piani pittorici curvilinei comunica una forte intensità emotiva rafforzata dalla molteplicità di colori, di segni, di tratti a penna e matita colorate che ne accentuano la componente espressionista. L'uso del collage caratterizza anche altre opere di Boccioni eseguite nello stesso anno, quali la famosissima *Carica di lancieri* in cui il ritaglio di giornale ha una valenza pregnante poiché si tratta di un articolo relativo agli scontri tra francesi e tedeschi durante la guerra. *(M. F.)*

19
Composizione di una testa di uomo (*Dinamismo di una testa di uomo*) (1914)
collage e tempera su tela,
30 × 30 cm
(inv. 5170)

Esposizioni: Zurigo, 1950; Roma, 1959, n. 82; New York-Detroit-Los Angeles, 1961, n. 63; Venezia, 1966, n. 97, p. 13; Roma, 1968-1969, n. 4, p. 26; Parigi, 1973, n. 36; Milano, 1973-1974, n. 183, p. 127; Düsseldorf, 1974, n. 11; Milano, 1982-1983, n. 133; Hannover-Monaco, 1983, p. 128; Verona-Milano-Venezia, 1985-1986, n. 81; Venezia, 1987, p. 250; New York, 1988-1989, n. 77; Trento 1997-1998.
Bibliografia: Calvesi, Coen 1983, n. 918, p. 515; *Civico Museo...*, 1994, p. 43, ill. 20.

Il ritratto del 1914 appartiene alla ricerca sul volto umano che Boccioni ha iniziato dal 1912 con l'*Antigrazioso*: il rapporto tra figura e spazio, ancora fortemente presente nei lavori precedenti, è qui risolto nella concentrazione dell'immagine nella quale i tratti somatici occupano interamente la tela e sono essi stessi fondo alla presenza della realtà che entra nel dipinto come materia: il foglio di giornale ritagliato e incollato. Entro lo spazio quadrato della tela il ritratto frontale, molto ravvicinato, costruisce un triangolo che si innesta entro un cilindro srotolato; altri incastri di forme concorrono a restituire la resa plastica del viso. L'uso del collage si accompagna a raffinate astrazioni formali. *(M. F.)*

20
Sotto il pergolato a Napoli (1914)
olio e collage su tela, 83 × 83 cm
firmato in basso a sinistra:
"U. BOCCIONI"
(inv. 5162)

Esposizioni: Milano, 1916-1917, n. 11; Ginevra, 1920-1921, n. 19; Milano, 1924, n. 16; Roma, 1925, n. 10; Venezia, 1950, n. 15, p. 59; Roma, 1953, n. 22; Venezia, 1966, n. 101, p. 13; Milano, 1973-1974, n. 181, p. 126; Milano, 1982-1983, n. 135; Hannover-Monaco, 1983, n. 130; Verona-Milano-Venezia, 1985-1986, n. 83; New York, 1988-1989, n. 79; Napoli, 1996.
Bibliografia: Marinetti 1927, n. 9; Calvesi, Coen 1983, n. 922, p. 519; *Civico Museo...*, 1994, p. 43, ill. 21; Matino 1996, p. 17.

L'opera, eseguita con la suggestione della cromia solare mediterranea conosciuta da Boccioni nel viaggio a Napoli del maggio-giugno 1914, rappresenta una scena all'aperto: due persone, una delle quali è colta nell'attimo in cui porta un bicchiere alla bocca, conversano attorno a un tavolo con dei piatti, una bottiglia che funge da centro della com-

posizione, un mandolino, un inserto di una pagina di una rivista con una illustrazione raffigurante un paesaggio montano: i soggetti sono tipici della natura morta. Il collage è qui ridotto a presenza di se stesso: la pagina illustrata che rappresenta ciò che racconta.
Alla concitazione dei dipinti precedenti – di più stretta adesione ai dettami del manifesto futurista – succede un ritmo più lento: il tempo dipinto è quello della durata cézanniana. *(M. F.)*

21
Natura morta di terraglie, posate e frutti (*Natura morta con brocca e scodella*) (1915-1916)
olio su tela, 30 × 35 cm
firmato in basso a sinistra:
"Boccioni"
(inv. 5168)

Esposizioni: Milano, 1971[a]; Milano, 1973-1974; Bologna, 1985-1986, n. 145; Milano, 1995-1996[a].
Bibliografia: Calvesi, Coen 1983, n. 951, p. 341; *Civico Museo...*, 1994, p. 45, ill. 22.

La suggestione delle nature morte cézanniane è evidente in questa opera di Boccioni. Le tovaglie disordinate del maestro francese sono qui semplificate in un panno su cui sono segnate le pieghe della stiratura, gli oggetti: posate, brocca e pera sono in equilibrio sulle creste della tela. I volumi sono costruiti con maestria e il taglio lievemente rialzato della composizione guida l'occhio attraverso i dettagli puntualmente narrati: come l'orlo ripiegato e cucito a mano della tovaglia. La resa naturalistica si accompagna ad un uso magistrale del colore che costruisce colpi di luce fatti di aloni rosa, pennellate bianche e precise per i riflessi, blu profondi per le ombre. Un libro rosso si distingue tra gli altri oggetti che incorniciano nell'alto della tela i protagonisti della natura morta. *(M. F.)*

22
Testa di donna (*Ritratto della signora Busoni*; *Studio n. 2 di testa della signora Busoni*) (1916)
olio su tela, 38 × 46,5 cm
firmato in basso a sinistra:
"Boccioni"
(inv. 5169)

Esposizioni: Venezia, 1966, n. 111, p. 13; Milano, 1971[a]; Milano, 1973-1974, n. 228, p. 145.
Bibliografia: Calvesi, Coen 1983, n. 948, p. 539; *Civico Museo...*, 1994, p. 45, ill. 23.

La tela è stata eseguita da Boccioni a Pallanza negli ultimi mesi della sua vita trascorsi nella villa del maestro Busoni.
Nel dipinto vengono ripresi i problemi lasciati insoluti da Cézanne, la cui pittura è per Boccioni l'interlocutore più valido sul tema della modernità. I problemi da risolvere sono tutti pittorici: con Cézanne Boccioni condivide la ricerca dell'artista che con il pennello vuole rappresentare l'intangibile della durata, della percezione, di tutto ciò che, oltre la possibilità fotografica, ricrea l'immagine vissuta. Il ritratto costruisce con una evidente esasperazione volumetrica il viso della signora Busoni sotto l'ampia falda di un cappello chiaro. La testa è avvolta dall'ambiente naturale con cui intesse, pur nel campo ridottissimo, una evidente relazione spaziale. *(M. F.)*

Massimo Campigli
(Fiesole, Firenze, 1895 –
Saint Tropez, 1971)

23
Famiglia, 1929
olio su tela, 92 × 73 cm
firmato e datato in basso a destra:
"Massimo Campigli 1929"
(inv. 4691)

Esposizioni: Milano, 1931; San Pietroburgo, 1978; Milano, 1979[b], n. 89; Milano, 1982[c], n. 1; Padova, 1994; Milano, 1996[b].
Bibliografia: Caramel, Pirovano 1973, n. 53, tav. 37; *Civico Museo...*, 1994, p. 132, ill. 124; Matino 1996, p. 40.

Campigli , pur informando la sua ope-

ra all'antico, rifugge da classicismo ed ellenismo per riferirsi a un linguaggio che ha le sue radici nell'arte romana e nei sarcofagi etrusco-italici.
Nella *Famiglia* vi è un rifiuto programmatico della profondità risolvendosi il dipinto solo sulle due dimensioni. La frontalità e ieraticità delle figure sono evidenziate dall'assenza di reali piani prospettici e dalla assoluta prevalenza della linea sulla costruzione per masse. L'iconografia è ispirata al gruppo di famiglia della ritrattistica romana, un recupero poetico che l'artista riprende anche nella tecnica che simula l'effetto della pittura parietale antica. *(P. E.)*

24
La scala, 1929
olio su tela, 89 × 116 cm
firmato e datato in basso
a sinistra: "MASSIMO
CAMPIGLI 1929"
(inv. 7424)

Esposizioni: Ginevra, 1977, n. 69; San Pietroburgo, 1978; Milano, 1979[b], n. 90; Bologna, 1980[a], pp. 153, 192; Francoforte, 1985, pp. 74-75; Milano, 1996[b].
Bibliografia: Caramel, Pirovano 1973, n. 52, p. 153, p. 192, tav. 36; *Civico Museo...*, 1994, p. 132, ill. 125; Matino 1996, p. 41.

Nel dipinto, il gioco prospettico che l'artista inserisce ai due lati della composizione, soprattutto a sinistra con la scala che dà il titolo al quadro, è vanificato dai sette busti femminili dalla immobile fissità, sue tipiche figure, che accentuano gli elementi orizzontali della composizione. A destra, il busto classicheggiante di profilo, appena emerge dal bianco del fondo in un virtuosistico gioco di tonalità bianche e grigie che si sovrappongono.
Nel 1928 Campigli a Roma visita il Museo di Villa Giulia e da allora il suo interesse per l'arte etrusca diviene un riferimento preciso nella sua arte, caratterizzata da un arcaismo sempre in bilico tra la realtà e il mito.
(P. E.)

Giuseppe Capogrossi
(Roma 1900 – 1972)

25
Superficie 479, 1963
olio su tela, 165 × 150 cm
firmato, datato e titolato sul retro:
"Superficie 479 1963 Capogrossi
1963"
(inv. 8601)

Esposizioni: St. Gallen, 1965; New York, 1968; Roma, 1974-1975, p. 113, n. 107; Verona, 1982[a], p. 67; Francoforte, 1985, pp. 160-161; Milano, 1989[c], p. 32.
Bibliografia: Gualdoni 1988, p. 85; *Civico Museo...*, 1994, p. 277, ill. 296; Matino 1996, p. 69.

Dopo l'esperienza nell'École de Rome Capogrossi passa, alle soglie degli anni Cinquanta, alla pittura non figurativa. Questa opera del 1963 gioca sul rapporto serrato tra fondo bianco e segni neri: la variazione delle dimensioni del "logo", composto dal neologismo grafico di antica memoria rupestre, crea la profondità spaziale e sfonda il piano frontale del quadro verso cui le forme si affacciano con prepotenza. Il segno è caricato di una doppia valenza simbolica e formale. Anticipa l'icona-logo di Keit Haring.
(M. F.)

Carlo Carrà
(Quargento, Alessandria 1881 –
Milano 1966)

26
Il leccio, 1925
olio su tela, 33 × 45 cm
firmato e datato in basso
a destra: "C. CARRÀ – 925"
(inv. 3175)

Esposizioni: Acqui Terme, 1979; Milano, 1979[b], n. 18; Bologna, 1980[a], pp. 93 e 100; Verona, 1981-1982; Milano, 1987[c], n. 43, p. 253; Brescia, 1987, pp. 36-37.
Bibliografia: Carrà 1967-1968, I, p. 415; Caramel, Pirovano 1973, n. 73; *Civico Museo...*, 1994, p. 64, ill. 42.

I limpidi volumi dei casolari e dell'albero del leccio nel paesaggio collinare toscano, danno al quadro una ricchezza coloristica dalle calde e luminose tonalità. I valori pittorici che nell'opera sono espressi da un inseguirsi di ritmi di forme, colore e luce, in armonia con quelli spaziali. Il dipinto è uno dei più ispirati realizzati da Carrà durante il soggiorno a Coreglia degli Antelminelli nella Lucchesia, prima del suo trasferimento a Forte dei Marmi. Sono questi gli anni più intensi della meditazione su Cézanne e sulla rappresentazione del paesaggio. *(P. E.)*

27
La foce del Cinquale, 1928
olio su tela, 63 × 85,5 cm
firmato e datato in basso
a sinistra: "C. CARRÀ '28"
(inv. 4427)

Esposizioni: Roma, 1931; Budapest, 1936, n. 54; Milano, 1942; Losanna, 1947; Venezia, 1950, n. 9, p. 74; Milano, 1962[b], tav. 48; Firenze, 1966-1967, n. 856; Lecco, 1975; Ferrara, 1977, fig. 22; Milano, 1979[b], n. 19; Milano, 1987[c], n. 64; Roma, 1994-1995; Bergamo, 1996; Milano, 1996[b]; Milano, 1998[b].
Bibliografia: Carrà 1967-1968, I, p. 515; Caramel, Pirovano 1973, n. 74; *Civico Museo...*, 1994, p. 65, ill. 43.

Dal 1926 Carrà inizia i suoi soggiorni in Versilia e più volte sarà ispirato dal paesaggio in cui scorre il torrente Cinquale nei pressi di Forte dei Marmi, le cui foci furono di frequente dipinte dall'artista. I riferimenti del dipinto sono all'Ottocento lombardo per l'intensa densità atmosferica, e a quello toscano per la rigorosa distribuzione dei piani e l'essenzialità delle linee. In quest'opera i due influssi si fondono in una grande sintesi ove si esprimono con sapienza ed emozione le ragioni strutturali del quadro e l'incantata intuizione della natura. *(P. E.)*

28
Pescatori, 1929-1935
olio su tela, 136 × 111 cm
firmato e datato in basso
a sinistra: "929 C. CARRÀ 935"
(inv. 5431)

Esposizioni: Milano, 1935[b]; Berlino, 1977, n. 76; Bologna, 1980[a]; Parigi-Berlino 1980-1981, p. 108; Verona, 1981-1982, p. 16; Zagabria-San Pietroburgo, 1989, p. 159, ill. a p. 75; Milano-Torino-Piacenza, 1991-1992, n. 64, pp. 144-145; Roma, 1994-1995; Bergamo, 1996; Milano, 1996[b]; Parigi, 1997; Mantova, 1998.
Bibliografia: Carrà 1967-1968, II, p. 191; *Civico Museo...*, 1994, p. 65, ill. 44.

L'opera fu iniziata da Carrà nel 1929 e una prima versione di essa fu esposta nel 1932. Ritoccata ulteriormente dall'artista fu presentata nella stesura definitiva nel 1935 alla galleria milanese del Milione, ove venne acquistata dal Comune di Milano.
Il dipinto risale al periodo della partecipazione di Carrà al movimento di Novecento.
L'immobilità accentua il monumentalismo delle due figure, risolte sui primi piani del dipinto, colte in un muto dialogo misurato quasi sui ritmi della tragedia antica. Il mare di cobalto alla secca linea dell'orizzonte, si increspa con studiata misura di bianche striature verso la riva addolcita da sparsi fili d'erba. La barca a vela, pur spinta dal vento, sembra restare immobile. L'opera esprime una granitica staticità inscindibile dalla precedente adesione dell'artista alla corrente metafisica. *(P. E.)*

29
Estate, 1930
olio su tela, 166 × 121,5 cm
firmato e datato in basso
a sinistra: "C. CARRÀ 930"
(inv. 7583)

Esposizioni: Roma, 1931; Losanna, 1947; Venezia, 1950, n. 14, p. 74; Monaco, 1957; Milano, 1962[b], tav. 55; San Pietroburgo, 1978; Milano, 1979[b], n. 17; Parigi-Berlino, 1980-1981, p. 108; Verona, 1981-1982, p. 16; Milano, 1982[c], n. 2, p. 88; Francoforte, 1985, pp. 68-69; Milano, 1987[c], n. 67, p. 135; Bergamo, 1993-1994, n. 77.
Bibliografia: Carrà 1967-1968, I, p. 553; *Civico Museo...*, 1994, p. 67, ill. 45; Matino 1996, pp. 30-31.

Due figure femminili, una di profilo, l'altra china di scorcio il cui busto fa da raccordo tra i bruni del primo piano, i colori biancastri e verde-azzurrati del mare e quelli più bruni del promontorio che si staglia sul bianco della nuvolaglia. Pochi elementi compositivi per accentuare la monumentalità delle figure che trova le sue radici nel Quattrocento toscano, nella *gravitas* statuaria di Masaccio e Donatello. Lo spazio tra le due donne è scandito e riempito dal cane, macchia scura costruita sul cono che fa da fulcro alla composizione, inserita questa tra le geometrie della capanna e dell'albero della nave. Il tutto contribuisce a creare una atmosfera di sospensione tra l'eterno e il transeunte, colma di nostalgia che non nasconde una sottile inquietudine. Intensa ed elegiaca, l'opera trascende l'impianto monumentale che pur a prima vista la informa. *(P. E.)*

Felice Casorati
(Novara 1886 – Torino 1963)

30
Nudo seduto (*La poltrona verde*)
(1919 circa)
olio su cartone, 56,5 × 55,5 cm
firmato in basso a destra:
"CASORATI"
(inv. 7559)

Esposizioni: Milano, 1979[b].
Bibliografia: Carluccio 1958, pp. 60-61; Carluccio 1964, pp. 39, 73; Caramel, Pirovano 1973, n. 78, tav. 51; Valsecchi, Mascherpa 1976, p. 168; *Civico Museo...*, 1994, p. 67, ill. 46.

Figura languida molle e allungata dal forte contorno determinato dal contrasto marcato del chiaroscuro. In questo dipinto, il soggetto di un'acerba bellezza è ritratto in un momento di riposo in un ambiente di interno semplice e familiare, descritto con i toni colloquiali della poesia crepuscolare. Dalla soffusa pittoricità di ascendenza naturalistica, traspare la coeva ricerca di Casorati sulla pittura metafisica che costringe l'immagine in una superiore visione di immobilismo non empirico. Ciò è dovuto ai forti e "innaturali" contrasti tra le ombre e le luci che plasmano l'acerbo corpo della ragazza come una statua d'argilla. *(P. E.)*

31
Manichini (*Natura morta con manichini*) (1922-1924)
olio su tavola, 87 × 68 cm
firmato in basso a destra:
"F. CASORATI"
(inv. 4765)

Esposizioni: Venezia, 1924; Berlino, 1977; Milano, 1979[b]; Bologna, 1980[a], pp. 293, 312; Tokyo, 1982; Milano, 1983[c], n. 28, p. 277; Francoforte, 1985, pp. 56-57; Milano, 1990[d], n. 41, p. 84; Londra, 1990, n. 26, p. 66; Torino, 1997-1998.
Bibliografia: Nicodemi, Bezzola 1935-1939, I, n. 427; Caramel, Pirovano 1973, n. 79, tav. 263; Valsecchi, Mascherpa 1976, p. 166; *Civico Museo...*, 1994, p. 70, ill. 47; Matino 1996, p. 38.

L'opera si sviluppa dai primi piani con i manichini a quelli successivi, attraverso un misterioso gioco di specchi in cui si riflettono da una parte l'autoritratto del pittore al lavoro e dall'altra una scena di maternità. La nitida plasticità della natura morta e l'ambientazione enigmatica dell'opera si deve all'influenza della scuola metafisica, che Casorati interpreta secondo la sua sensibilità. Nella decorazione floreale della coperta, dipinta con minuzia, si avvertono reminiscenze legate ai trascorsi simbolisti delle prime fasi della produzione dell'artista. *(P. E.)*

Giorgio De Chirico
(Volos, Grecia 1888 – Roma 1978)

32
Il figliol prodigo, 1922
olio su tela, 87 × 59 cm
firmato e datato in basso a destra:
"MCMXXII G. de Chirico"
(inv. 7427)

Esposizioni: Ginevra, 1977-1978, n. 41, p. 58; San Pietroburgo, 1978; Milano, 1979[c], pp. 33, 190; Parigi-Berli-

no, 1980-1981, p. 57; Monaco-Parigi, 1982-1983, n. 83, p. 192; Francoforte, 1985, pp. 52-53; Milano, 1987[d], pp. 88-89; Venezia, 1988-1989, n. 35; Siena, 1989, p. 51; Tokyo-Kagawa-Osaka, 1989; Milano, 1992[c], p. 156; Milano, 1996[b].
Bibliografia: Caramel, Pirovano 1973, n. 97; Valsecchi, Mascherpa 1976, pp. 122-123; *Civico Museo...*, 1994, p. 71, ill. 49; Matino 1996, pp. 7, 22.

Agli inizi degli anni Venti De Chirico alterna i suoi soggiorni tra Roma e Firenze. La sua pittura è ispirata dall'interpretazione romantica del classicismo e dall'interesse per l'arte del Rinascimento. Egli lavora con un nuovo spirito sui motivi metafisici degli anni precedenti.
Il figliol prodigo è tra le opere più emblematiche di questo periodo. L'impianto spaziale del quadro ha l'effetto da scenografia teatrale delle precedenti *Piazze d'Italia* e si conclude in un minuzioso paesaggio, oltre la linea del primo orizzonte, che si ispira a quelli delle tavole quattrocentesche. L'abbraccio della statua di gesso, che rappresenta il padre, con il manichino, simbolizzante il figlio, crea una grande tensione e pathos che vibra ed è trasmessa a tutto il quadro. *(P. E.)*

33
Les fils d'Ebdomerus (1926 circa)
olio su tela, 92 × 65 cm
firmato in basso a sinistra:
"G. de Chirico"
(inv. 7564)

Esposizioni: Milano, 1979[b], n. 5.80; Bologna, 1980[a], pp. 79, 87; Milano, 1996[b].
Bibliografia: Caramel, Pirovano 1973, n. 99; *Civico Museo...*, 1994, p. 74, ill. 51.

Il dipinto risale al soggiorno parigino dell'artista alla metà degli anni Venti. De Chirico è a stretto contatto con il gruppo surrealista. Il quadro è di un periodo in cui sono forti le suggestioni letterarie ed è ispirato al romanzo *Hebdomeros* che De Chirico pubblicò in francese nel 1929 per le Edition du Carrefour. Nell'opera sono presenti gli elementi della sua precedente produzione: un paesaggio marino classicheggiante, le tavole del palcoscenico, la coppia di manichini paludati da un panneggio classico. In essa dominano le tonalità bianche e grigie con le quali si fondono i piani colorati da composizione astratta in grembo alle figure. *(P. E.)*

34
Le trouble du philosophe
(*Manichini in riva al mare*;
Le repos du philosophe), 1926
olio su tela, 92 × 72,5 cm
firmato e datato in basso a destra:
"G. de Chirico 1926"
(inv. 7565)

Esposizioni: Ginevra, 1977-1978, n. 42, p. 58; San Pietroburgo, 1978; Milano, 1979[b], pp. 23, 190; Roma, 1981-1982, n. 55; Verona, 1985, p. 113; Milano, 1987[d], pp. 112-113; Milano, 1996[b]; Mantova, 1998.
Bibliografia: Caramel, Pirovano 1973, n. 98, tav. 61; Valsecchi, Mascherpa 1976, p. 123; *Civico Museo...*, 1994, p. 74, ill. 52.

Quasi versione definitiva e più matura del quadro precedente del quale ripete in parte il modello compositivo dei due manichini accostati con il ventre ricolmo di oggetti vari che riflettono il soggetto dell'opera, in questo caso figure di solidi geometrici. L'opera assume un tono monumentale e onirico che la avvicina alla coeva produzione del fratello Savinio e a quella dei surrealisti che videro in De Chirico uno degli ispiratori del loro movimento. *(P. E.)*

35
Combattimento (1928)
olio su tela, 90 × 117 cm
firmato in basso a destra:
"G. de Chirico"
(inv. 4560)

Esposizioni: Milano, 1932[b]; Milano, 1982[c], n. 3, p. 89; Milano, 1992[c]; Londra, 1995-1996; Barcellona, 1996[b]; Berlino, 1996; Roma, 1998.

Bibliografia: Nicodemi, Bezzola 1935-1939, I, n. 680; Caramel, Pirovano 1973, n. 100, tav. 63; *Civico Museo...*, 1994, p. 77, ill. 56; Matino 1996, p. 24.

Nel 1928-1929 De Chirico è impegnato a Parigi nella decorazione della casa del mercante e mecenate Léonce Rosenberg, dove realizza la serie dei combattimenti tra gladiatori, un tema che egli elaborerà con numerose varianti anche negli anni successivi. Le figure sono compresse in una stanza e perdono anche la loro eroicità assumendo un aspetto da manichini animati. Il dramma, espresso dal groviglio di corpi umani, animali, corazze e scudi, si scioglie nel sogno e nell'esercizio mentale. Non è rievocazione mitica né storica, anche se il riferimento ai bassorilievi romani risulta evidente, ma pura rappresentazione onirica. *(P. E.)*

36
L'autunno, 1935
olio su cartone applicato
su tela, 73 × 60 cm
firmato e datato in basso
a destra: "G. de Chirico 1935"
(inv. 5703)

Esposizioni: Milano, 1936; Parigi-Berlino, 1980-1981, p. 64; Roma, 1981-1982, n. 81, pp. 168-169; Zagabria-San Pietroburgo, 1989, p. 160, p. 113; Rovereto-Milano, 1991-1992, p. 27; Roma, 1992; Verona, 1998-1999.
Bibliografia: Nicodemi, Bezzola 1935-1939, II, n. 2519; Caramel, Pirovano 1973, n. 102, tav. 270; *Civico Museo...*, 1994, p. 147, ill. 140.

Questo suggestivo titolo fu dato dall'autore al ritratto della sua compagna Isabelle Packsver, più nota con lo pseudonimo di Far, conosciuta da De Chirico nel 1929 e da allora più volte ritratta dall'artista. Una profonda sensualità traspare dalla figura di una bellezza in declino ma non ancora sfiorita e circondata in maniera soffusa da colori e atmosfere autunnali, forte richiamo alla età matura e alla ineluttabilità dello scorrere della vita. Stilisticamente il dipinto trova i suoi riferimenti nella pittura tonale dei veneti del Cinquecento e in quella barocca. Infatti, nelle opere di questo periodo dell'artista, si trovano spesso citazioni quasi testuali da dipinti dei grandi maestri del Seicento. *(P. E.)*

Angelo Del Bon
(Milano 1898 –
Desio, Milano 1952)

37
Casetta bianca (1932 circa)
olio su tela, 59 × 82,5 cm
firmato in basso a sinistra:
"A. Del Bon"
(inv. 4964)

Esposizioni: Milano, 1997.
Bibliografia: Nicodemi, Bezzola 1935-1939, I, n. 689; Caramel, Pirovano 1973, n. 115, tav. 67; Valsecchi, Mascherpa 1976, p. 196; *Civico Museo...*, 1994, p. 79, ill. 59.

Del Bon fu tra i più validi esponenti del gruppo dei chiaristi lombardi che negli anni Trenta si dedicarono per lo più alla pittura di paesaggio, impiegando toni chiari e luminosi. Essi furono sostenuti dal critico Edoardo Persico in opposizione alla monumentalità del linguaggio novecentista. Nel dipinto il rettangolo bianco della facciata della casa e il muro obliquo perdono la loro consistenza volumetrica e la loro profondità schiacciati contro le quinte degli alberi. La leggera stesura del colore crea evanescenze atmosferiche generate dai misurati rapporti luminosi. *(P. E.)*

Fortunato Depero
(Fondo Val di Non, Trento 1892 –
Rovereto, Trento 1960)

38
Figura seduta a un tavolino di caffè
(*Ritrato di Gilbert Clavel*), 1918
olio su tela, 59 × 59 cm
firmato e datato in basso a destra:
"Roma DEPERO 1918"
(inv. 5183)

Esposizioni: Roma, 1959[b]; Bassano, 1970,

n. 146; Francoforte, 1985, pp. 36-37; Rovereto, 1988-1989, pp. 92-93, n. 9; Düsseldorf, 1989; Milano-Modena, 1989.
Bibliografia: Nicodemi, Bezzola 1935-1939, II; Caramel, Pirovano 1973, n. 120, tav. 69; *Civico Museo...*, 1994, p. 47, ill. 26.

L'opera è eseguita da Depero negli anni del primo dopoguerra, quando inizia la stagione del secondo futurismo. Depero cerca per i suoi dipinti una funzione affine a quella dell'arte applicata dentro lo spazio del vissuto quotidiano. Come nei mosaici di stoffe degli anni Venti, così nel ritratto i colori netti, i contorni precisi, creano piani cromatici e piccoli giochi di incastri di volumi. Il quadro raffigura l'intellettuale svizzero Gilbert Clavel con tinte piatte che disegnano trame e fondi che anticipano i tappeti e gli arazzi prodotti dal maestro nel laboratorio aperto a Rovereto nel 1920. Sullo sfondo una sagoma e la sua ombra evocano il ritratto evidenziando il difetto fisico dell'amico. *(M. F.)*

Filippo De Pisis
(Filippo Tibertelli)
(Ferrara 1896 – Milano 1956)

39
Strada di città, 1939
olio su tela, 82 × 50,5 cm
firmato e datato in basso
a destra: "Pisis 39"
(inv. 7552)

Esposizioni: Milano, 1968; Brugherio, 1980, n. 34; Brescia, 1987, pp. 44-45; Zagabria-San Pietroburgo, 1989, p. 103; Milano, 1991[d].
Bibliografia: Caramel, Pirovano 1973, n. 73; Milano, 1991[d], II, p. 465, n. 32; *Civico Museo...*, 1994, p. 151, ill. 145.

L'opera appartiene all'ultima fase del suo soggiorno a Parigi, iniziato nel 1925, dove fu tra i maggiori esponenti della scuola italiana
De Pisis rimane fedele ai modi della sua pittura di paesaggio e delle vedute urbane degli anni precedenti in cui il rapido tocco impressionista si fonde con la raffinata tecnica del vedutismo veneto del Settecento, soprattutto delle liquide e luminose gamme dei grigi proprie del Guardi.
In questa opera, le pennellate nervose, sovrapposte al solido impianto prospettico centrale, bene esprimono il brulichio della vita cittadina, creando un'ambientazione in cui domina la tonalità grigia della metropoli, resa vivace dalle macchiette nere della folla che riempie la strada. *(P. E.)*

40
Grande natura morta, 1944
olio su tela, 188 × 215,5 cm
firmato e datato in basso
a destra: "Pisis 44"
(inv. 7546)

Esposizioni: Venezia, 1954, n. 9; Verona, 1969, n. 237; Milano, 1979[b], n. 51; Brugherio, 1980, n. 42; Milano, 1991[d], p. 190.
Bibliografia: Caramel, Pirovano 1973, n. 71; Briganti 1991, II, n. 35, p. 648; *Civico Museo...*, 1994, p. 154, ill. 147; Matino 1996, p. 43.

Il quadro nasce dalla fusione di due generi: è infatti insieme una natura morta e un paesaggio marino che si compenetrano e dialogano tra loro. Alla stessa maniera, l'artista rappresenta, nel medesimo spazio, un interno e un esterno. La marina è vista in lontananza, mentre la natura morta con i suoi radi oggetti sempre sul punto di frantumarsi a contatto con l'atmosfera occupa i primi piani. Il fondo ha le sembianze, a un tempo, di cielo nuvoloso e di muro scrostato. Una profonda inquietudine traspare dal dipinto che risale al 1944, all'epoca del definitivo ritorno in Italia dell'artista, dopo il lungo soggiorno parigino. *(P. E.)*

Piero Dorazio
(Roma 1927)

41
Styx, 1958
olio su tela, 195 × 130 cm
firmato, datato e titolato sul retro:
"PIERO DORAZIO STYX 1958"
(inv. 8555)

Esposizioni: Berlino, 1959; Rimini, 1959; Roma, 1961[a]; Kamakura, 1961; Roma, 1964; Todi, 1975; Modigliana-Forlì, 1976, ripr.; Trissino, 1981; Ravenna, 1985, p. 30; Francoforte, 1985, pp. 158-159; Milano, 1989[c], p. 37; Grenoble-Bologna, 1990, n. 19; Milano, 1996[b]; Mantova, 1998.
Bibliografia: Volpi Orlandini 1977, n. 312; *Civico Museo...*, 1994, p. 236, ill. 248; Matino 1996, p. 69.

Il dipinto risale al 1958, periodo in cui Dorazio subisce una notevole trasformazione, con il ricorso a una nuova tecnica a pennellate lunghe e sottili. Nell'opera dell'artista, l'astrattismo europeo e le ricerche dei divisionisti e futuristi si compenetrano con quelle delle correnti informali americane, con cui l'artista italiano fu a stretto contatto durante i frequenti soggiorni negli Stati Uniti. In questa opera le varie ascendenze si fondono in una originale invenzione. Nel dipinto, la coltre plumbea e filamentosa della superficie è rischiarata ritmicamente dalle velature superstiti dei precedenti strati. *(P. E.)*

Gerardo Dottori
(Perugia 1884 – 1978)

42
Trittico (*Aurora umbra*) (1931 circa)
olio su tela, tre pannelli,
rispettivamente: 90 × 80; 75,5 × 80
e 90 × 80 cm
firmato in basso a destra nel pannello centrale: "Dottori"
(inv. 5179a, b, c)

Esposizioni: Rovereto-Milano, 1991-1992, n. 33, pp. 88-89; Seravezza, 1996.
Bibliografia: Nicodemi, Bezzola 1935-1939, II, n. 2566; Ballo 1970, nn. 33, 34; Caramel, Pirovano 1974, n. 505, tav. 505; *Civico Museo...*, 1994, p. 159, ill. 155; Matino 1996, p. 19.

Gerardo Dottori è tra i firmatari del manifesto dell'aeropittura del 1939, redatto dagli artisti del secondo futurismo alla ricerca degli intensi stimoli offerti dalla modernità. L'opera, che precede di poco l'elaborazione teorica, traduce sulla tela le sensazioni spaziali date dalla recente conquista del cielo. Il colore acceso e divertente con cui è dipinto il trittico rispetta i più elementari canoni dell'aeropittura espressi nel manifesto. L'uso epico della prospettiva centrale, dove la linea di orizzonte è al centro dei raggi solari, descrive il paesaggio italiano con il suo bel paese tra la campagna. *(M. F.)*

Lucio Fontana
(Rosario di Santa Fè 1899 –
Comabbio, Varese 1968)

43
Ritratto di fanciulla
(1929-1930)
terracotta colorata,
altezza 22 cm
(inv. 4740)

Esposizioni: Milano, 1931-1932; Milano, 1978-1979, n. 1; Milano, 1979[b], n. 49; Bologna, 1989; Francoforte, 1996; Vienna, 1996-1997.
Bibliografia: Nicodemi, Bezzola 1935-1939, n. 282; Caramel, Pirovano 1973, n. 134; Crispolti 1974, p. 10 (n. 29-30SC2); Crispolti 1986[a], p. 43; *Civico Museo...*, 1994, p. 160, ill. 155; Matino 1996, p. 57.

La terracotta colorata è una tecnica che porta Fontana al limite del mondo dell'artigianato, là dove è la qualità a conferire al materiale la dignità della grande opera d'arte.
Fontana ceramista rivela in questo lavoro degli anni Trenta un rigore compositivo e formale che si dissolverà nelle ricerche più materiche di un paio di anni dopo.
L'iconografia novecentesca del volto rivela la raffinatezza del segno di Fontana che si sofferma con delicatezza a definire il profilo delle labbra, il contorno degli occhi, i fili che tracciano i capelli.
L'opera entra nelle Civiche Raccolte d'arte nel 1976 quando viene acquistata presso gli eredi dell'artista insieme ad altri pezzi come *Signorina seduta* e *Busto femminile*. *(M. F.)*

44
Busto femminile, 1931
terracotta colorata,
29,5 × 34,5 cm
(inv. 4741)

Esposizioni: Milano, 1931-1932; Firenze, 1966-1967, n. 1850 (gesso); Milano, 1978-1979, n. 3; Milano, 1985[c], p. 69; Düsseldorf, 1987, p. 244; Bologna, 1991, p. 15; Londra, 1995-1996; Barcellona, 1996[b]; Berlino, 1996; Milano, 1998[b]; Milano, 1999[b]; Londra, 1999-2000.
Bibliografia: Persico 1936, ripr.; Nicodemi, Bezzola 1935-1939, n. 284; Pirovano 1968, tav. 66; Crispolti 1971, p. 19; *Milano 70/70*, 1971, p. 135; Caramel, Pirovano 1973, n. 135; Crispolti 1974, p. 14 (32SC9); Valsecchi, Mascherpa 1976, p. 221; Anzani, Caramel 1981, p. 196; *Civico Museo...*, 1994, p. 160, ill. 156; Matino 1996, p. 57.

Il colore innaturale del ritratto pone quest'opera al limite tra le varie tecniche: scultura e pittura si scambiano i loro tratti peculiari in una commistione che rende questo pezzo un capolavoro di equilibrio, dove la forma è creata dalla plasticità della cromia.
Fontana usa la sua esperienza di ceramista per realizzare un piccolo gruppo di ritratti femminili in terracotta colorata. Nell'opera in questione il materiale povero è profondamente inciso nella superficie dai segni ancora freschi della mano e della spatola, ed è impreziosita dall'oro che la ricopre, come nell'antica tecnica a foglia degli sfondi dorati della pittura due-trecentesca italiana. Il volto assume la valenza di una icona, ma la sua ieraticità è messa in dubbio dalla leggera torsione del capo il cui sguardo è rapito da un richiamo o da una visione.
(M. F.)

45
Signorina seduta, 1934
bronzo colorato,
84 × 103 × 83 cm
firmato sulla base: "l. Fontana"
(inv. 8235)

Esposizioni: Milano, 1934[b], n. 318 (gesso); Ginevra, 1934, ripr. (gesso); Genova, 1937, ripr. (gesso); Milano, 1972[c], p. 78; Bruxelles, 1972, n. 5; Caracas, 1974-1975, n. 29; New York, 1977, n. 12; Milano, 1978-1979, n. 5; Rimini, 1982, n. 20; Milano, 1985[e], p. 68; Toyama-Seibu Takanawa-Tokyo-Fukuchima-Amagasaki, 1986, n. 11; Parigi, 1987-1988, n. 116; Barcellona, 1988, p. 139; Amsterdam, 1988, n. 13; Londra, 1989[b], n. 13; Milano, 1995[b]; Francoforte, 1996; Vienna, 1996-1997; Milano, 1998[b]; Milano, 1999[b]; Londra, 1999-2000.
Bibliografia: Persico 1936, ripr.; *El temperamento en el arte argentino. Lucio Fontana*, 1943, p. 2 (gesso); Zocchi 1946, n. 19; Ballo 1970, pp. 42-43; Crispolti 1971, n. 33; Crispolti 1974, p. 14 (n. 34SC1); Tempesti 1976 fig. 67; Crispolti 1986[a], pp. 54, 64; Direzione Civiche Raccolte d'Arte 1989, p. 96; *Italia Anni Trenta...*, 1989, p. 10; *Civico Museo...*, 1994, p. 160, ill. 157; Matino 1996, p. 57.

Seduta sopra un drappo di tela nera che ne prolunga il vestito, la giovane donna alza le mani verso il viso come per riflettersi in uno specchio invisibile. La scultura in bronzo, che rappresenta una figura femminile dorata, compendia pittura e scultura in un'unica opera d'arte.
Dai dettagli delle unghie rosse al lieve giro di matita che disegna il profilo del vestito attorno al collo, le suggestioni grafiche si infittiscono e dialogano con l'intensità dei segni della manualità della modellazione. La plasticità evidente della scultura non rifinita ma lasciata alla fase di studio è negata dalla cromia irreale del corpo d'oro e dell'abito nero.
È qui *in nuce* quel contrasto bicromatico e quell'ininterrotto fluire tra le tecniche artistiche che guiderà le ricerche di Fontana agli esiti astratti degli anni Trenta.
L'antinaturalismo è evidente già in questi ritratti così come una sopravvivenza di aspetti organici caratterizzerà le soluzioni astratte pressoché coeve.
(M. F.)

46
Fiocinatore, 1934
bronzo, altezza 173 cm
(inv. 5185)

Esposizioni: Milano, 1978-1979; Milano, 1982[c]; Milano-Torino-Piacenza, 1991-1992; Vienna, 1994; Londra, 1995-1996; Barcellona, 1996; Berlino, 1996.
Bibliografia: *Art and Power...*, 1995, p. 158 ripr.; Matino 1996, p. 57.

L'opera, databile all'inizio degli anni Trenta, è una fusione eseguita nel 1934 dall'originale in gesso colorato di collezione privata. Sopra una base di massa informe su cui fluttuano dei pesci si erge il fiocinatore dallo sguardo concentrato sul fondo dell'acqua; il corpo è sbilanciato in avanti, il peso caricato sulla gamba sinistra sulla quale si compie il passo che prepara, con tensione, l'attesa del gesto. La fiocina ritta, verticale, è puntata ad angolo retto verso la presunta superficie dell'acqua, là dove si spinge lo sguardo dell'uomo. *(M. F.)*

47
Concetto spaziale (*Il Golgota; Forme nello spazio*), 1956
olio, tecnica mista e vetri
su truciolato, 125,5 × 175,5 cm
firmato e datato in basso a destra:
"l. fontana/56; firmato, datato
e titolato anche sul retro: "N. 24
Concetto spaziale lucio fontana 56"
donazione Boschi-di Stefano, 1974
(inv. 912)

Esposizioni: Venezia, 1958, n. 15, tav. 7; Milano, 1974, p. 250; Zurigo, 1976, n. 33; New York, 1977, n. 43; Milano, 1978-1979, n. 31; Rimini, 1982, n. 49; Milano, 1999[a].
Bibliografia: Rossi 1961, p. 11; Crispolti 1971, n. 147; Crispolti, van de Marck 1974, p. 49; Crispolti 1974, p. 48 (56BA9); Caramel, Fiorio, Pirovano 1980, n. 967; Crispolti 1986[a], p. 169; *Civico Museo...*, 1994, p. 239, ill. 251; Matino 1996, p. 58.

L'iconografia della Crocifissione si carica dell'intensità tragica dell'evento in questa monumentale opera di Fontana, dove il linguaggio informale e materico costruisce entro il buio del fondo un'apparizione di una forma organica, la colonna vertebrale su cui brilla una pietra scarlatta come sangue che stilla. Più sotto si erge una scala, scomposta in una intensa macchia di materia rossa che si staglia nel rettangolo nero sul nero dell'opera. La fascia più esterna accoglie pietre gialle e nere: lampi di luci e percorsi su cui lo sguardo si appiglia. L'opera è datata 1954 e appartiene al periodo in cui Fontana usa i vetri colorati sul supporto di truciolato. La grande composizione ha la potenza di una pala d'altare per le sue dimensioni e la sua forte presenza scultorea. *(M. F.)*

48
Concetto spaziale, 1956
olio e tecnica mista su tela,
80 × 65 cm
firmato e datato in basso
a destra: "l. fontana '56"
donazione Boschi-di Stefano, 1974
(inv. 913)

Esposizioni: Torino, 1970, p. 58, n. 115; Milano, 1974, p. 248; Milano, 1978-1979, p. 88, n. 35; Rimini, 1982, n. 50; Toyama-Seibu Takanawa-Tokyo-Fukushima-Amagasaki, 1986, n. 47, ripr.; Milano, 1999[b].
Bibliografia: Ballo 1970, p. 174; Crispolti 1974, p. 38 (56P8); Caramel, Fiorio, Pirovano 1980, n. 972; Crispolti 1986[a], p. 141; *Civico Museo...*, 1994, p. 240, ill. 252; Matino 1996, p. 58.

La galassia di pietre colorate crea una visione di spazio ampio e dilatato su una piccola superficie di 80 centimetri per 65. La tela è bucata affinché il buio dello spazio trapeli come colore sul fronte dell'immagine; il polimaterismo fa della pittura un altorilievo reso ancora più scultoreo dalla presenza di questa dimensione celata. L'opera degli anni Cinquanta introduce il periodo dei tagli dove gli aspetti informali lasceranno campo aperto alla concettualizzazione del tema della lacerazione.
(M. F.)

49
Concetto spaziale, attesa (1960)
tecnica mista su tela, 100 × 80 cm
firmato e titolato sul retro:
"l. 'fontana' 'attesa' 1+1 805 alle 9
è venuto il facchino"; impronta
digitale dell'autore
donazione Boschi-di Stefano, 1974
(inv. 300)

Esposizioni: Milano, 1978-1979, n. 81; Lione, 1988, p. 159; Vienna, 1992, ripr.; Milano, 1999[b].
Bibliografia: Crispolti 1974, p. 92 (60T12); Caramel, Fiorio, Pirovano 1980, n. 994; Schulz-Hoffmann 1983, p. 131; Crispolti 1986[a], p. 315; *Civico Museo...*, 1994, p. 243, ill. 261; Matino 1996, p. 58.

Celebre per i suoi tagli, Fontana ha messo in atto con questa operazione una intuizione del rapporto tra lo spazio e il tempo i cui assunti filosofici innegabili sono completamente risolti nell'evidenza visiva della carica del gesto creatore. Il fatto che all'atto creatore del taglio sia associata l'annotazione sul retro di pensieri, date, situazioni che registrano il momento contingente dell'azione, rende ancora più affascinante il rapporto tra il l'istante e il flusso, tra l'assoluto e la durata, tra la caducità della vita e il potere immortale dell'arte: dove anche il manufatto è deperibile ma non lo sono l'idea e l'attimo magico della creazione che restano eterni.
La tela grezza su cui è inciso il nero dell'assenza della superficie è da considerarsi, tra le molte versioni del tema, un'opera-capolavoro per la purezza formale raggiunta. *(M. F.)*

Achille Funi
(Ferrara 1890 – Appiano Gentile, Como 1972)

50
Uomo che scende dal tram, 1914
olio su tela, 117,5 × 132 cm
firmato e datato in basso
a sinistra: "A. Funi 1914
Milano"
(inv. 5177)

Esposizioni: Zurigo, 1950, n. 57; Roma, 1959[b], n. 145; Venezia, 1960, n. 85, p. 19; Milano, 1973[b], n. 3, p. 59; Milano, 1980[b], n. 147, p. 91; Milano, 1982-1983, n. 214; Francoforte, 1985; Milano, 1989[i], n. 97; Giappone, 1992, II-16, p. 130; Tokyo, 1996; Genova, 1997-1998; Milano, 1998[a].
Bibliografia: Nicodemi, Bezzola 1935-1939, II, n. 2605; Caramel, Pirovano 1973, n. 139, tav. 288; *Civico Museo...*, 1994, p. 50, ill. 28; Matino 1996, pp. 16-17.

Il dipinto del 1914 appartiene al periodo dell'adesione di Funi al futurismo nel cui ambito, nello stesso anno, si forma il gruppo milanese di Nuove Tendenze.
Il maestro ferrarese racconta una azione quotidiana di vita moderna: la discesa da un tram nella città. Il corpo dell'uomo ruota proiettandosi in una spirale che si srotola fuori dal colore del veicolo. La faccina stilizzata e il cappello dell'uomo sono dipinti con un divertimento pari a quello delle luci rosa, rosse e gialle delle casette verdi e blu sullo sfondo. È un'opera divertente resa seria dall'efficacia con cui è affrontato il tema del movimento. Appartiene come molti dei pezzi in collezione alla donazione di opere del futurismo fatta da Anusonio Canavese nel 1934. *(M. F.)*

51
Composizione futurista, 1926
olio su tavola, 64,5 × 58 cm
firmato e datato in basso a sinistra:
"A. Funi 1926 Milano"
(inv. 5178)

Esposizioni: Milano, 1973[b], n. 25, p. 81; Milano, 1980[b], p. 123.
Bibliografia: Caramel, Pirovano 1973, n. 140; *Civico Museo...*, 1994, p. 82, ill. 63.

È un pezzo dipinto alla metà degli anni Venti, risente di una intensa ricerca pittorica che introdurrà Funi alle problematiche di rivalutazione della tradizione italiana classicheggiante. La natura morta di bicchieri è posta su più strati di tessuti e su un fondo anch'esso ar-

ricchito da una trama. L'opera dialoga sia con l'attività futurista del maestro sia con tutta la diffusa cultura cubista.
(M. F.)

52
Venere innamorata, 1928
olio su tela, 90 × 74 cm
firmato e datato in basso
a destra: "1928 A. Funi"
(inv. 4258)

Esposizioni: Venezia, 1928, n. 3, p. 79, tav. 108; Budapest, 1936; Como, 1937; New York, 1939; Il Cairo, 1949; Firenze, 1966-1967, n. 1066; Milano, 1973[b], n. 30, p. 86; Bergamo, 1976; Milano, 1979[c], n. 64; Bologna, 1980[a], pp. 110-111; Milano, 1982[d], n. 2.
Bibliografia: Nicodemi, Bezzola 1935-1939 I, n. 870; Caramel, Pirovano 1973, n. 141; Valsecchi, Mascherpa 1976, pp. 162-163; *Civico Museo...*, 1994, p. 82, ill. 64.

Opera di Funi del periodo dell'adesione a Novecento, movimento di cui l'artista fu esponente del gruppo fondatore, e membro del Comitato direttivo dal 1926.
Il dipinto mostra le peculiarità del novecentismo di Funi che, oltre alla classicità, si ispira alle opere dei maestri del Rinascimento maturo e di Ingres. La figura, con gli occhi abbassati e dall'aria sognante, si stacca dal fondo neutro conferendo alla massa l'effetto del rilievo. La posa classicheggiante conferisce alla figura un aspetto statuario; la luce che piove dall'alto crea ampie zone di chiaroscuro che immerge la dea in una atmosfera patetica e sentimentale dalle forti tinte romantiche.
(P. E.)

53
Malinconia, 1930
olio su tela, 110 × 90 cm
firmato e datato in alto
a sinistra: "A. FUNI 1930"
(inv. 4493)

Esposizioni: Venezia, 1930; Budapest, 1936; Milano, 1973[b], n. 50, p. 106; Bologna, 1980[a], pp. 111, 128; Milano, 1982[d], n. 3, p. 83.
Bibliografia: *Civico Museo...*, 1994, p. 84, ill. 65.

Questa figura allegorica risale al 1930, quando Funi abbandona il Comitato direttivo del gruppo di Novecento senza tuttavia rinnegarne le poetica. Infatti il dipinto non si distacca dalla precedente *Venere*, condividendo la stessa concezione classicheggiante e statuaria della figura, ma rispetto alla precedente il nudo è maggiormente immerso nell'atmosfera ed è informato a un più evidente pittoricismo dovuto a una stesura più rapida e corsiva del colore. Questa tendenza fu favorita nell'artista dal suo impegno nel campo della pittura murale, attività alla quale egli si dedicò in maniera intensa a partire da questo periodo. *(P. E.)*

Virgilio Guidi
(Roma 1892 – Venezia 1984)

54
La visita (1925 circa)
olio su tela, 175 × 145,5 cm
firmato in basso a destra:
"V. GUIDI"
(inv. 7548)

Esposizioni: Venezia, 1954, n. 4, p. 89; Milano, 1979[b], n. 70; Parigi-Berlino, 1980-1981, p. 91; Francoforte, 1985, pp. 70-71; Londra, 1990, n. 69, p. 125; Venezia, 1995[a]; Milano, 1996[b].
Bibliografia: Caramel, Pirovano 1973, n. 153, tav. 92; Valsecchi, Mascherpa 1976, pp. 178-179; *Civico Museo...*, 1994, p. 87, ill. 69; Matino 1996, p. 28.

Il pittore, come in una fotografia, coglie l'attimo. Due donne che si scambiano uno sguardo come una intesa e che lasciano lo spettatore pieno di perplessità e interrogativi.
La luce che entra dalla finestra, calda e crepuscolare, si irradia nella stanza, raggiungendo la maggiore intensità sui lividi volti delle astanti.
La protagonista di questo momento magico è la donna seduta, vestita di bian-

co e resa ancor più brillante dalla luce serale che la colpisce completamente, è ripresa con gli strumenti quotidiani del suo lavoro di cucito e di ricamo.
Il paesaggio campestre che si intravede dalla finestra, è risolto con una essenzialità di linee e volumi che risente della lezione di Cézanne. Guidi, romano, scelse Venezia come sua patria di elezione.
Il dipinto risale agli anni a ridosso del suo primo lungo soggiorno nella città lagunare dove realizzerà numerose vedute, abbandonando gradatamente la monumentalità pierfrancescana delle opere legate a Novecento per una stesura del colore più liquida, privilegiando la trasparenza coloristica rispetto alla composizione per masse plastiche.
(P. E.)

Jannis Kounellis
(Pireo 1936)

55
Senza titolo (*Rosa nera*),
1964
smalto su tela, 260 × 223 cm
firmato e datato sul retro:
"KOUNELLIS '64"
(inv. 8616)

Esposizioni: Francoforte, 1985, pp. 180-181; Milano, 1989[c], p. 62; Milano, 1991[a]; Mantova, 1998.
Bibliografia: Celant 1981, p. 165; Garberi 1989, p. 12; *Civico Museo...*, 1994, p. 285, ill. 307.

L'artista greco usa più volte il tema della rosa, negli anni Sessanta quando la sua poetica dalle declinazioni pop assurge a valenze più simboliche.
L'uso dell'immagine contrastata e polarizzata negli estremi del bianco e del nero ricorda le origini classiche delle figure della pittura vascolare greca.
L'uso essenziale degli strumenti pittorici ridotti alle due cromie è la prima tappa di un processo di riduzione dei materiali che avvicinerà Kounellis alle tematiche e problematiche dell'arte povera. La rosa si ritrova in una installazione tridimensionale del 1967.
(M. F.)

Osvaldo Licini
(Monte Vidon Corrado,
Ascoli Piceno 1894 – 1958)

56
Obelisco (1932)
olio su tela, 32 × 27 cm
(inv. 6004)

Esposizioni: Milano, 1937, n. 18; Genova, 1937; Venezia, 1958, p. 35, n. 11; Livorno, 1958; Torino, 1968-1969[a], n. 59; Bologna, 1969, tav. 46; Dortmund, 1974-1975, tav. 22; Roma, 1980[b], p. 74; Milano, 1982[c], p. 635; Francoforte, 1985, pp. 106-107; Düsseldorf, 1987, p. 245; Fermo-Monte Vidon Corrado, 1988, p. 69; Rovereto-Milano, 1991-1992, p. 121; Locarno, 1992-1993, pp. 104-105; Milano, 1996[b]; Mantova, 1998.
Bibliografia: Nicodemi, Bezzola 1935-1939, II, n. 2693; Marchiori 1959, p. 63; Marchiori 1968, p. 49; Caramel, Pirovano 1973, n. 159; *Licini*, 1988, p. 11; Garberi 1989, p. 163; Pirovano 1992, p. 936; *Civico Museo...*, 1994, p. 164, ill. 162; Vernizzi 1994, tav. XLVII; Matino 1996, pp. 53-54.

Acquistata alla Galleria del Milione nel 1937 l'opera documenta uno dei passaggi essenziali della situazione artistica milanese: la nascita dell'astrattismo che nella galleria diretta da Persico pone la base operativa del movimento.
L'*Obelisco* è un'opera che gioca con sottili contrapposizioni cromatiche che bilanciano il rapporto della figura e del fondo. Un piccolo marchingegno il cui corpo è reso pesante da tasselli di colore contrafforta il lungo braccio verticale nero teso verso l'alto.
L'equilibrio dei vuoti e dei pieni pare retto da raffinate leggi geometriche e matematiche. *(M. F.)*

57
Angelo ribelle su fondo giallo
(1950-1952)
olio su tavola, 92,5 × 114,5 cm
(inv. 8068)

Esposizioni: Milano, 1961[b], n. 45; Firenze, 1963; Bergamo, 1969, n. 37;

Dortmund, 1974-1975, n. 50; Milano, 1975[b], n. 58; Francoforte, 1985, pp. 108-109; Londra, 1989[b], p. 419, fig. 162; Firenze, 1994; Milano, 1994[a]; Milano, 1996[b].
Bibliografia: Bellonzi 1963, p. 204, ripr.; *L'Arte Moderna,* 1967, vol. VI, p. 261; Marchiori 1968, tav. LXV, p. 103; Direzione Civiche Raccolte d'Arte 1989, p. 100; De Vecchi, Cerchiari 1991, vol. III, p. 556; Pirovano 1993, p. 17, n. 7; *Civico Museo...*, 1994, p. 246, ill. 265; Meneguzzo 1994; Matino 1996, p. 61.

Gli *Angeli ribelli* con le *Amalasunte* sono i soggetti cui Licini si dedica dopo le ricerche geometrico-formali degli anni Trenta. Il ritorno al soggetto caratterizza il recupero di un lirismo esplicito a cui il colore aggiunge intensità emotiva. Usato a tinta piatta, il giallo del fondo lascia libero il bianco dell'angelo tracciato con leggeri segni neri dove il gesto pittorico è di inconscia e fluida libertà. I numeri e il cuore disegnati sull'angelo valgono come simboli e organi. L'artista esprime con levità poetica un mondo archetipo e fantastico dove cifrate profezie guidano la fantasia. *(M. F.)*

Alberto Magnelli
(Firenze 1888 – Parigi 1971)

58
Opération magique, 1947
olio su tela, 97 × 130 cm
firmato e datato in basso
a destra: "Magnelli 47";
sul retro: "MAGNELLI OPERATION MAGIQUE PARIS 1947"
(inv. 8024)

Esposizioni: Torino, 1968, n. 9; Bergamo, 1968-1969, n. 16; Milano, 1975[b], p. 60; Francoforte, 1985, pp. 138-139; Milano, 1996[b].
Bibliografia: Caramel, Pirovano 1973, n. 167; Direzione Civiche Raccolte d'Arte 1989, p. 101; *Civico Museo...*, 1994, p. 247, ill. 266; Matino 1996, p. 60.

L'opera risale al 1947, al secondo periodo astratto del pittore, che venne definito "mediterraneo", in quanto la ricerca di Magnelli per l'astratto concede alle forme maggiore libertà rispetto alle coeve esperienze riferibili all'arte concreta internazionale. La sovrapposizione di figure geometriche l'una dentro l'altra, arricchisce l'opera di volume. Le geometrie sono dipinte su uno sfondo che ha caratteristiche sensibili e luminose. *(P. E.)*

Piero Manzoni
(Soncino, Cremona 1933 –
Milano 1963)

59
Achrome (*Ipotesi prima. Rettangolo interrotto*), 1958
gesso grezzo su tela, 130 × 80 cm
donazione Boschi-di Stefano, 1974
(inv. 879)

Esposizioni: Milano, 1958[a]; Roma, 1971, n. 11; Milano, 1984[b], p. 55; Rivoli, 1992, ripr. p. 65, p. 216; Milano, 1996[b]; Londra, 1998.
Bibliografia: Celant 1975, p. 104, nn. 5 e sgg.; Caramel, Fiorio, Pirovano 1980, n. 1191; Battino, Palazzoli 1991, n. 286, p. 257; *Civico Museo...*, 1994, p. 247, ill. 267; Matino 1996, p. 74.

L'opera in gesso grezzo su tela appartiene alla collezione Boschi-di Stefano, donazione che entra nelle collezioni civiche nel 1974. L'artista la realizza nel 1958, negli anni in cui scopre il monocromo: il bianco che caratterizza molti dei suoi *Achrome*, probabilmente suggestionati dalle coeve esperienze di Kline.
Manzoni, prima ancora della sua fase artistica concettuale, sancisce con questa serie di tele l'abbandono degli strumenti tradizionali (il pennello, la spatola, i tubetti di colore) per avvalersi del gesso e di procedure più manuali come l'immersione della stessa nel caolino o, in questo caso, la frattura della superficie con una lunga fenditura, quasi una crepa, un cretto, che spezza la trama della parete cui l'opera allude.
(M. F.)

Giacomo Manzù
(Bergamo 1991 – Ardea,
Roma 1991)

60
Testa di donna (*Anna*) (1936)
bronzo, altezza 20 cm; base
di pietra, altezza 18 cm
(inv. 7697)

Esposizioni: San Pietroburgo, 1978; Milano, 1979-1980[a]; Milano, 1988-1989, n. 44; Zagabria-San Pietroburgo, 1989, p. 104.
Bibliografia: Caramel, Pirovano 1973, n. 171, tav. 101; Valsecchi, Mascherpa 1976, pp. 197-198; *Civico Museo...*, 1994, p. 168, ill. 167; Matino 1996, p. 48.

La piccola scultura rappresenta la moglie dell'artista. Risale a un periodo di passaggio nell'opera di Manzù, quando egli si stacca dal classicismo novecentista per recuperare la visione luministica di Medardo Rosso e dell'impressionismo. Una vibrante naturalezza emana dalla figura, dall'acconciatura dei capelli risolta con una liquidità impressionista, che impegna la luce sulle superfici creando morbidi effetti pittorici. Alla fine degli anni Trenta Manzù entrò a far parte del gruppo di Corrente e la sua opera fu presa a riferimento dai giovani aderenti al gruppo che scorsero in lui uno dei loro maestri. *(P. E.)*

Marino Marini
(Postoia 1901 – Viareggio,
Lucca 1980)

61
Danzatrice (1949)
bronzo, altezza 117 cm
sulla parte posteriore sinistra,
impresso: "MM"
(inv. 7422)

Esposizioni: Roma, 1966[b]; Hannover-Würzburg-Kiel-Colonia, 1970, p. 162; Milano, 1971[c], ripr.; Hakone, 1972, p. 207, n. 67; Bruxelles, 1973; Hong Kong, 1974; Parigi, 1975; Francoforte, 1985, pp. 80-81.
Bibliografia: Apollonio 1958, p. 39, tav. 93; Trier 1961, pp. 88-91; Busignani 1968, tav. 147; Pirovano 1968, tav. 81; *L'opera completa di Marino Marini*, 1970, n. 243; Pirovano 1972, n. 250; Caramel, Pirovano 1973, n. 200; *Civico Museo...*, 1994, p. 250, ill. 271; Matino 1996, p. 48.

In questa scultura il corpo femminile dal ventre pronunciato e dalle forme tornite, si piega in una posa dolente che ricorda quella dei famosi cavalieri disarcionati, soggetti ricorrenti nelle opere dell'artista. L'effetto drammatico di movimento della *Danzatrice* è in contrasto con i lineamenti del volto distesi e sereni, marcati da segni incisi nella materia scultorea.
Marini rappresenta le figure femminili come personificazione della fertilità, simboleggianti l'opulenza e la prosperità, attributi della dea italica Pomona.
La *Danzatrice* è una scultura di un periodo dell'artista, in bilico tra le forme piene e sinuose delle *Pomone* degli anni Trenta e le opere del secondo dopoguerra dalle linee ruvide e spigolose. *(P. E.)*

Arturo Martini
(Treviso 1889 – Milano 1947)

62
Busto di ragazzo (*Testa di ragazzo*), 1921
bronzo, 42 × 40,5 × 6,5 cm
firmato e datato: "A. MARTINI 1921"
(inv. 7426)

Esposizioni: Treviso, 1967, n. 47; San Pietroburgo, 1978; Milano, 1979[b], n. 24; Bologna, 1980[a], pp. 139, 260; Carrara-Pietrasanta, 1981, p. 144; Francoforte, 1985, pp. 62-63; Londra, 1990, n. 107, p. 170; Macerata, 1991, n. 55; Parigi, 1991; Milano, 1996[b].
Bibliografia: Perocco 1966, n. 68; Caramel, Pirovano 1973, n. 215, tav. 140; Valsecchi, Mascherpa 1976, p. 149; *Civico Museo...*, 1994, p. 88, ill. 72; Matino 1996, p. 35.

L'opera risale agli anni dell'adesione di Martini a Valori Plastici, che per l'artista si traduce in una maggiore e rinnovata attenzione per la grande scultura del Tre-Quattrocento italiano. Approda sotto tale influenza, a una concezione della forma plastica sintetica e austera, che consente alla luce di scivolare sulla figura, dal busto alle ciocche stilizzate dei capelli, senza creare coni d'ombra sui volumi lisci. Questi elementi accostano l'opera ai modelli della scuola metafisica. *(P. E.)*

63
Torso di giovanetto (1928)
bronzo, 77 × 20 × 28 cm
(inv. 7531)

Esposizioni: Treviso, 1967, n. 68; Milano, 1979[b], n. 21; Bologna, 1980[a], pp. 120, 261; Francoforte, 1985, pp. 64-65; Parigi, 1991.
Bibliografia: Perocco 1962, n. 34; Perocco 1966, nn. 165-167; Caramel, Pirovano 1973, n. 219, tav. 146; *Civico Museo...*, 1994, p. 91, ill. 77; Matino 1996, p. 36.

Si tratta in realtà solo di un dorso, in quanto l'opera è cava ed è rappresentata solo la schiena. Il lavoro dell'artista è svolto con minuzia e con grande attenzione ai particolari. La superficie increspata impegna la luce creando contrasti chiaroscurali più intensi all'altezza delle scapole e più lievi sulla superficie porosa di pelle acerba del dorso in cui è ben evidenziato l'incavo della colonna vertebrale.
Nel 1926 Martini aderisce a Novecento ed è impegnato in grandi opere pubbliche, spesso risolte in chiave di neoclassicismo; tuttavia l'artista non tralascia la lezione del verismo ottocentesco. Visione naturale e astrazione classicista trovano in questo dorso una delle più valide sintesi raggiunte dall'artista. *(P. E.)*

Piero Marussig
(Trieste 1879 – Pavia 1937)

64
Donne al caffè (1924 circa)
olio su tela, 100 × 80 cm
firmato in basso a sinistra:
"P. Marussig"
(inv. 7406)

Esposizioni: Como, 1937; Venezia, 1938, n. 25, n. 73, p. 85; Firenze, 1966-1967, n. 608; Milano, 1971[a], n. 238; Bologna, 1978, tav. 342; Milano, 1979[b]; Bologna, 1980[a], pp. 112, 132; Parigi-Berlino, 1980-1981, p. 101; Milano, 1981[a]; Milano, 1983[c], n. 86; Francoforte, 1985, pp. 72-73; Iseo-Trieste, 1986-1987, n. 35, p. 71; Milano, 1996[b].
Bibliografia: Caramel, Pirovano 1973, n. 230, tav. 153; *Italia Anni Trenta...*, 1989, p. 25; *Civico Museo...*, 1994, p. 97, ill. 85; Matino 1996, p. 27.

L'opera risale agli anni della fondazione di Novecento, di cui Marussig fu tra i promotori. L'artista, triestino, risente nella sua prima produzione dell'ambiente della Secessione viennese da cui eredita la resa sinuosa della linea e un delicato cromatismo. Con l'adesione a Novecento le masse si definiscono in una rinnovata solidità plastica e una più decisa consistenza dei volumi e le tonalità divengono generalmente più scure, come in questo quadro. Il tema delle due figure femminili accostate, già affrontato dall'artista, è qui risolto con maestria. Grande attenzione è data ai particolari, dalla natura morta sul tavolino con la resa minuziosa dei dolci e il prezioso riflesso del bicchiere sulla scollatura della donna, all'abbigliamento borghese delle due figure colte dall'artista in un atteggiamento di indolente attesa. *(P. E.)*

Fausto Melotti
(Rovereto, Trento 1901 –
Milano 1986)

65
Scultura n. 14, 1935
acciaio inox, 100 × 35 × 28 cm
(inv. 8364)

Esposizioni: Milano, 1935[a]; Milano, 1971[a], n. 524, p. 145; Dortmund, 1971; Venezia, 1972, n. 59; Milano, 1979[d], n. 24, p. 30; Prato, 1980, p. 75; Francoforte, 1985, pp. 102-103; Fermo-Monte Vidon Corrado, 1988, n. 9; Milano, 1989[c], p. 21; Kassel-Valencia, 1990, n. 27, p. 334.

Bibliografia: Hammacher 1969, n. 3; Celant 1994, p. 29, ill. 135/9; *Civico Museo...*, 1994, p. 173, ill. 171; Matino 1996, pp. 55-56.

La scultura appartiene alla prima fase astrattista dell'artista: Melotti applica alla scultura le regole della musica dove sul ritmo e sul rigore appare lo scherzo, la variazione. I principi posti in atto sono quelli dell'astrattismo geometrico su cui influisce la sua esperienza di musicista per il lirismo che riesce a infondere al mondo razionale dei numeri e delle forme. La scultura ricorda visivamente un esile pentagramma verticale realizzato in filo di acciaio. Tre gruppi di linee modulano lo spazio con lievi ondulazioni dei fili di acciaio che da due raddoppiano a quattro. Così come in una esecuzione musicale non trapela il rigore dello spartito, nella scultura di Melotti non si avverte la rigidità della perfezione formale.
L'opera arriva alle Civiche Raccolte d'Arte con la preziosa donazione fatta dal maestro nel 1979 in occasione della personale allestita a Palazzo Reale. *(M. F.)*

66
Scultura n. 16, 1935
gesso, 90 × 90 cm
(inv. 8368)

Esposizioni: Milano, 1935[a]; Venezia, 1966, n. 41, p. 19; Firenze, 1966-1967, n. 1610; Milano, 1969; Milano, 1971[a], n. 522, p. 145; Dortmund, 1971; Torino, 1972[a], n. 5; Parma, 1976[a]; Trento, 1977, n. 3; Milano, 1979[d], n. 28; Prato, 1980, p. 77; Firenze, 1981, p. 28; Milano, 1982[c], n. 1; Matera, 1987, n. 7; Londra, 1989[b], n. 135; Milano, 1989[c], p. 23.
Bibliografia: Hammacher 1969, n. 5; *Fausto Melotti...*, 1987, p. 14; *Italia Anni Trenta...*, 1989, p. 60; Celant 1994, p. 30, ill. 11; *Civico Museo...*, 1994, p. 173, ill. 173; Matino 1996, pp. 55-56.

Una sequenza di cerchi su doppia fila, un gioco di bottoni in negativo, creano una base di rigorosa scansione geometrica. Nella superficie monocromatica di gesso un ovale inciso funge da ombra a un ovale di cerchi a rilievo. L'opera è risolta nella modulazione bianca delle ombre: piccolissime note di variazione luminosa.
L'opera appartiene agli anni Trenta quando, superata la fase figurativa, l'artista usa il linguaggio astratto-geometrico nella sua accezione lirico musicale. *(M. F.)*

67
Scultura n. 23, 1935
gesso, 90 × 90 cm
(inv. 8369)

Esposizioni: L'Aquila, 1963, n. 396, p. 205; Venezia, 1966, n. 44, p. 19; Firenze, 1966-1967, n. 1613; Milano, 1969; Dortmund, 1971, tav. 16; Torino, 1972[a], tav. 9; Parma, 1976[a]; Trento, 1977, n. 6; Milano, 1979[d], n. 29; Prato, 1980, p. 78; Firenze, 1981, p. 29; Milano, 1982[c], n. 2, p. 161; Matera, 1987, n. 10; Fermo-Monte Vidon Corrado, 1988, n. 10; Milano, 1989[c], p. 26; Rovereto-Milano, 1991-1992, tav. p. 89.
Bibliografia: Hammacher 1969, n. 6; *Fausto Melotti...*, 1987, p. 10; Celant 1994, p. 32, ill. 14; *Civico Museo...*, 1994, p. 177, ill. 176; Matino 1996, pp. 55-56.

La scultura in gesso di forma quadrata è un bassorilievo costruito sul rapporto tra positivo e negativo. La parte sinistra dell'opera è ritmata da un giro di scanalature di colonna, piccole piramidi in negativo si accoppiano a quadrati dalle diagonali incise che percorrono dall'alto in basso tutta la superficie e, a poca distanza dalla base, scorrono in orizzontale fuori dal campo, sulla destra. Due ovali, di cui uno a rilievo, costituiscono la variazione alla norma: con la loro suggestione di circolarità conducono a una lettura non più bidimensionale dell'intera superficie, che si muove nella luce con la stessa modulazione classica di un tempio. *(M. F.)*

68
Scultura n. 24, 1935
gesso, 90 × 90 cm
(inv. 8370)

Esposizioni: L'Aquila, 1963, n. 397, p. 205; Venezia, 1966, n. 45, p. 19; Firenze, 1966-1967, n. 1612; Milano, 1969; Torino, 1972[a], tav. 10; Parma, 1976[a]; Trento, 1977, n. 7; Milano, 1979[d], n. 30; Firenze, 1981, p. 27; Milano, 1982[c], n. 3, p. 161; Matera, 1987, n. 11; Londra, 1989[b], n. 316; Milano, 1989[c], p. 27; Milano, 1999[b].
Bibliografia: Hammacher 1969, n. 8; *Fausto Melotti...*, 1987, p. 10; *Italia Anni Trenta...*, 1989, p. 60; Celant 1994, p. 33, ill. 15; *Civico Museo...*, 1994, p. 177, ill. 177; Matino 1996, pp. 55-56.

Nel campo quadrato esili trame a rilievo o incise creano due campi, uno negativo e uno positivo, su cui si innesta in altorilievo la variazione, l'artificio, il ghiribizzo di tre linee curve che scorrono parallele e disegnano sul fondo una alterazione della geometria cartesiana. Le regole matematiche non sono mai freddo calcolo o meccanicità: la manualità dell'artefice si evince dalla raffinatezza con cui sono modulati i metalli piegati dal tocco caldo delle dita. L'opera arriva alle collezioni, come tutto il cospicuo gruppo di rilievi, nel 1979. *(M. F.)*

Umberto Milani
(Milano 1912 – 1969)

69
Composizione n. 3, 1964
olio su tela, 150 × 150 cm
firmato in basso a destra:
"MILANI"; firmato e datato
sul retro "MILANI 1964"
deposito, 1970
(inv. 8050)

Bibliografia: Caramel, Pirovano 1973, n. 257; *Civico Museo...*, 1994, p. 287, ill. 309.

Testimonianza dell'opera pittorica di Milani, più noto come scultore, che riprende una caratteristica degli indirizzi della sua ultima produzione scultorea costituita da opere in bronzo eseguite su calchi di sagome di cartone stracciato. Nel dipinto, il ritmo è scandito dalle figure dei quadrati che si sovrappongono, spesso fortemente contornate e smussate con segni neri. Esse richiamano le sottili lastre bronzee della sua opera plastica del periodo Informale, che si sviluppa sulle due dimensioni. *(P. E.)*

Amedeo Modigliani
(Livorno 1884 – Parigi 1920)

70
Ritratto di Paul Guillaume, 1916
olio su tela, 81 × 54 cm
firmato a sinistra verso il basso:
"MODIGLIANI"; in alto la scritta:
"PAUL GUILLAUME 1916"
(inv. 7431)

Esposizioni: Milano, 1946, n. 6; Amsterdam, 1950, p. 20; Bruxelles, 1950, p. 31; Cleveland-New York, 1951, p. 51; Roma, 1951[b]; Berna, 1955, n. 11; Marsiglia, 1958, n. 10; Milano, 1958[c], n. 118; Città del Messico, 1965; Firenze, 1966-1967, n. 444; Tel Aviv, 1971; Venezia, 1972, pp. 154-155; San Pietroburgo, 1978; Liegi, 1980; Parigi, 1981, n. 29, p. 117; Madrid-Barcellona, 1983, p. 86; Francoforte, 1985, n. 6, pp. 50-51; Tokyo-Aichi, 1985, n. 62; Verona-Milano, 1988-1989, p. 43; Milano, 1996[b]; Milano, 1998-1999.
Bibliografia: Pfannstiel 1956, n. 86; Caramel, Pirovano 1973, n. 259, tav. 172; Valsecchi, Mascherpa 1976, pp. 116-117; *Civico Museo...*, 1994, p. 54, ill. 31; Matino 1996, pp. 16-17.

Il ritratto rappresenta il collezionista e mecenate Paul Guillaume più volte ritratto da Modigliani negli anni parigini tra il 1915 e il 1916. Fu tra i primi mercanti ad apprezzare l'opera dell'artista livornese oltre ad essere sostenitore del giovane De Chirico, anch'egli nella capitale francese in quegli anni. Il volto, che dà il tono al dipinto, è largo e spigoloso, dagli occhi di colore diverso l'uno dall'altro, celeste quello di sinistra, come cucito da una pezza verde – scuro quello di destra. Lo spazio a mala pena contiene la figura che si riversa sul primo piano e sovrasta la composizione stessa. In questo dipinto Modigliani coniuga con grande maestria, la tradizione toscana del disegno e la scomposizione cubista dell'avanguardia dell'epoca. *(P. E.)*

Giorgio Morandi
(Bologna 1890 – 1964)

71
Natura morta, 1929
olio su tela, 54 × 64 cm
firmato in basso a sinistra:
"Morandi"
(inv. 4494)

Esposizioni: Venezia, 1930; Ancona, 1964; Milano, 1971[a], n. 26; Ferrara, 1978, n. 13; Milano, 1979[b]; Monaco, 1981; San Francisco-New York-Des Moines, 1981-1982; Francoforte, 1985; Tampere, 1988-1989; San Pietroburgo-Mosca, 1989; Locarno, 1989; Giappone, 1989-1990, n. 20; Milano, 1990-1991, n. 21; Rovereto-Milano 1991-1992; Bruxelles, 1992, n. 19; Venezia, 1995[a].
Bibliografia: Caramel, Pirovano 1973, n. 260; Vitali 1977, n. 146; *Civico Museo...*, 1994, p. 182, ill. 182.

Concluso il breve ma significativo periodo metafisico, Morandi affronta negli anni Venti lo studio delle forme nello spazio empirico. Non abbandona gli oggetti di cui si era servito per le anteriori nature morte metafisiche, ma li ricontestualizza nel nuovo spazio gonfio di atmosfera e di vapori. Sarà questa nelle linee essenziali, la ricerca che lo impegnerà tutta la vita. Emblematica del passaggio è questa *Natura morta* del 1929 che risale al definitivo distacco dell'artista dalle esperienze precedenti: tra gli oggetti che si fondono nell'ambiente vi è, rovesciato, il manichino che Morandi aveva impiegato in alcuni suoi dipinti metafisici. *(P. E.)*

72
Natura morta (1948)
olio su tela, 37,5 × 45 cm
firmato in alto a destra:
"Morandi"
(inv. 7405)

Esposizioni: Ancona, 1964; Città del Messico, 1965; America Centrale, 1967; Ferrara, 1978, n. 45; Monaco, 1981; Francoforte, 1985; Milano, 1996[b].
Bibliografia: Caramel, Pirovano 1973, n. 262; Vitali 1977, n. 607; *Civico Museo...*, 1994, p. 190, ill. 193; Matino 1996, p. 37.

Nel secondo dopoguerra Morandi rimane fedele alle tematiche degli anni precedenti. In questa fase egli schiarisce la sua tela, i contorni degli oggetti tendono a essere meno pronunciati e a sfumare nell'atmosfera. In questa opera gli oggetti si trovano su piani differenti secondo una scala volumetrica che va dal più piccolo al più grande. La scansione spaziale tra di essi tende a comprimersi progressivamente: la distanza che separa le piccole ciotole dalla bottiglia e dalle scatole al centro, è maggiore di quella da questi oggetti rispetto all'alzata che, a sua volta, è quasi stampata contro il piano di fondo. *(P. E.)*

73
Natura morta (1949)
olio su tela,
35,5 × 50 cm
(inv. 7436)

Esposizioni: Ancona, 1964; Monaco, 1981; Giappone, 1989-1990, n. 59; Milano, 1996[b]; Parigi, 1996-1997; San Paolo, 1997.
Bibliografia: Caramel, Pirovano 1973, n. 262; Vitali 1977, n. 663; *Civico Museo...*, 1994, p. 190, ill. 194.

In uno spazio curvo, determinato da semplici tonalità, che si schiariscono verso il fondo, quattro oggetti si affollano quasi sullo stesso piano creando brevi scarti prospettici. Il dipinto acquista una evanescenza ottenuta dalla preminenza degli elementi orizzontali su quelli della profondità. In questa opera Morandi sembra preludere a esiti informali, ma nella sua pittura la forma, anche quando è sul punto di disfarsi nell'ambiente, non rinuncia ad affermare se stessa e la propria presenza. *(P. E.)*

Gastone Novelli
(Vienna 1925 – Milano 1968)

74
Il viaggio di Grog, 1966
tecnica mista su tela, 280 × 160 cm
firmato, datato e titolato sul retro:
"Novelli '66 IL VIAGGIO DI GROG"
deposito degli eredi, 1984

Bibliografia: Birolli 1976, n. 435; *Civico Museo...*, 1994, p. 290, ill. 313; Matino 1996, p. 71.

In contatto con il gruppo astrattista romano di Forma 1, Gastone Novelli dipinge questa tela dopo le esperienze informali, quando la sua poetica arriva alla definizione di un sistema di pittura-scrittura sollecitato da un rapporto di interscambio con i poeti del Gruppo 63. Pagine squadernate su cui sono tracciati gli elementi della narrazione si stendono sulla tela: successioni di segni elementari, complessi come i disegni dell'infanzia, raccontano di un viaggio. *(M. F.)*

Manlio Rho
(Como 1901 – 1957)

75
Composizione 8, 1934
disegno a carbone
su cartone, 53,5 × 42 cm
firmato in basso a sinistra:
"MANLIO RHO"
(inv. 8178)

Esposizioni: Venezia, 1973; Milano, 1975[b], n. 62; Como, 1977; Milano, 1979[d]; Modena, 1983, p. 311; Zagabria-San Pietroburgo, 1989, p. 140; Kassel-Valencia, 1990, n. 25, p. 347; Milano, 1991[b], n. 109.
Bibliografia: *Civico Museo...*, 1994, p. 196, ill. 202; Matino 1996, p. 53.

76
Composizione 9, 1934
disegno a carbone
su cartone, 53,5 × 42 cm
firmato in basso a sinistra:
"MANLIO RHO"
(inv. 8180)

Esposizioni: Genova, 1966; Venezia, 1973; Milano, 1975[b], n. 63; Como, 1977; Milano, 1979[a]; Milano, 1982[c], p. 636; Modena, 1983, p. 312 (indicato erroneamente come n. 10); Fermo-Monte Vidon Corrado, 1988, n. 39; Milano, 1991[b], n. 111, p. 114.
Bibliografia: *Civico Museo...*, 1994, p. 196, ill. 205.

Manlio Rho appartiene al gruppo di astrattisti italiani di Como che ebbero come punto di riferimento l'architettura razionalista di Giuseppe Terragni. Con questi, nel 1938 egli fu fra i fondatori della rivista "Valori primordiali" tra gli organi più importanti dell'astrattismo italiano.
Le due composizioni esprimono un rigore geometrico e costruttivista reso ancor più evidente dalla tecnica del carboncino che riduce le tonalità al nero, al bianco e alla gamma dei grigi sgranati sulla carta come in una stampa fotografica. Inediti. *(P. E.)*

Ottone Rosai
(Firenze 1895 – Ivrea, Torino 1957)

77
In perlustrazione, 1937
olio su tela, 70 × 55 cm
firmato e datato in basso
a destra: "O. ROSAI XV"
(inv. 6737)

Esposizioni: Firenze, 1960; Milano, 1979[b], n. 32; Milano, 1987[e]; Zagabria-San Pietroburgo, 1989, p. 99; Prato, 1995; Milano, 1995-1996[b].
Bibliografia: Caramel, Pirovano 1973, n. 287, tav. 192; Valsecchi, Mascherpa 1976, p. 164; *Civico Museo...*, 1994, p. 101, ill. 91; Matino 1996, p. 39.

Verso il tramonto, in una città vuota due impettiti carabinieri svolgono il loro compito di perlustratori. Il paesaggio cittadino è costituito da due cortine di case, citazione quasi letterale da Masaccio trasportata in un'atmosfera cupa scandita dai segni neri di porte e finestre più da carceri che da abitazioni civili. Le massicce e statiche figure dei due militi ripresi di spalle impegnano

gran parte del primo piano e occupano la strada che si chiude a cuneo in una improbabile prospettiva. Le due macchie scure ingentilite dal rosso e dal blu dei pennacchi sono immagini inquietanti e allo stesso tempo farsesche, tanto che sembrano ispirate all'autore dalle illustrazioni popolari del *Pinocchio* di Collodi. La beffarda ironia che traspare dal quadro riconduce l'opera nell'ambito di Strapaese, a cui l'artista aderì, collaborando anche all'organo del movimento, il periodico satirico "Il selvaggio" diretto da Mino Maccari.
(P. E.)

78
Mulino, 1938
olio su tela, 70 × 50 cm
firmato e datato in basso
a destra: "O. ROSAI XVI"
(inv. 6733)

Esposizioni: Zagabria-San Pietroburgo, 1989, p. 98; Prato, 1995; Milano, 1995-1996[b].
Bibliografia: Caramel, Pirovano 1973, n. 288, tav. 193; Valsecchi, Mascherpa 1976, p. 166; *Civico Museo...*, 1994, p. 101, ill. 92; Matino 1996, p. 39.

Il terso paesaggio toscano vibrante di luci è dipinto dall'artista a piani salienti, inoltrantisi dal fiume, alla collina coltivata, punteggiata dai radi casolari, fino ai primi contrafforti dell'Appennino. Lo strato dell'azzurro biancastro del cielo si rispecchia più torbido e scuro nelle acque del fiume. Soggetto e fulcro della composizione è l'edificio del mulino, di una essenzialità volumetrica quattrocentesca. Sulla facciata si distende una larga tonalità gialla che continua nell'argine assumendo toni aranciati, in contrasto con i freddi impasti blu-violacei del terrapieno che formano un'ampia zona di scuro nel riflesso dell'acqua. Tutto è misurato, senza bruschi salti; ciò che domina è la fusione coloristica dei piani. I dintorni di Firenze furono di sovente dipinti da Rosai, che in esso si riconosceva, riversandovi i motivi arcaici e strapaesani tipici del suo universo poetico.
(P. E.)

79
Omino seduto (1930)
olio su tela, 101,5 × 71,5 cm
firmato in basso a destra: "O. ROSAI"
(inv. 7551)

Esposizioni: Firenze, 1960; Prato, 1995; Milano, 1995-1996[b].
Bibliografia: Caramel, Pirovano 1973, n. 289, tav. 191; Valsecchi, Mascherpa 1976, p. 166; *Civico Museo...*, 1994, p. 101, ill. 95.

Questa figura di anziano contadino, dall'aspetto nervoso, è peculiare della ritrattistica di Rosai. Seduto con espressione di umile fierezza, è ritratto su uno sfondo giocato sull'accostamento dei grigi e dei bruni, da cui si stagliano i volumi della sedia e della figura disegnata con scrupolo minuzioso. L'opera fu eseguita nel pieno della esperienza di Strapaese dell'artista. Il ritratto rappresenta un personaggio fra i tanti "omini" di Rosai, che popolano l'umile universo della provincia e dei rioni popolari della sua Firenze, colti dal pittore nelle loro attività quotidiane. *(P. E.)*

Mimmo Rotella
(Catanzaro 1918)

80
Decisioni al tramonto, 1961
décollage su tela, 81 × 140 cm
firmato e datato in basso
a sinistra: "Rotella '61"
(inv. 8546)

Esposizioni: Milano, 1989[c], p. 59; Mantova, 1998.
Bibliografia: *Civico Museo...*, 1994, p. 296, ill. 322; Matino 1996, p. 80.

Rotella informa la sua produzione alla tecnica del "decollage": un manifesto cinematografico strappato da cui compaiono frammenti di altri già esposti nello stesso luogo. L'artista riprende una immagine piuttosto comune sui muri della città, che sarà una costante della sua opera. Rotella è l'esponente italiano più importante del "Nouveau realisme", corrente francese di ispirazione neo-dadaista che riprende gli oggetti d'uso della società dei consumi e li inserisce in un contesto artistico: il trash che acquista dignità di arte attraverso l'intervento estetico-gestuale dell'artista. *(P. E.)*

Aligi Sassu
(Milano 1912)

81
Diana e Atteone (1938-1939)
opera non esposta
olio su tela, 60 × 80 cm
sul retro le scritte: "Aligi Sassu Diana e Atteone" e "Sassu"
donazione Boschi-di Stefano, 1974
(inv. 1069)

Esposizioni: Milano, 1974, p. 181; Zagabria-San Pietroburgo, 1989, p. 151.
Bibliografia: Caramel, Fiorio, Pirovano 1980, II, n. e tav. 1610; *Civico Museo...*, 1994, p. 199, ill. 206.

L'artista affronta il tema classico della dea Diana sorpresa al bagno dal cacciatore Atteone e per questo trasformato in cervo e dilaniato dai suoi stessi cani. La sensualità che emana dal quadro, viene esaltata dalle tonalità acidule dei rosa dei corpi delle ninfe e da quelle blu e giallastre della natura circostante. I colori definiscono l'ambiente e tramite essi il pittore crea un'atmosfera magica e un paesaggio surreale che rimandano alla favola. L'opera risale al periodo dell'adesione di Sassu al gruppo di Corrente e trova affinità con le coeve ricerche di Birolli e di altri che si riferivano al movimento di opposizione milanese. *(P. E.)*

Alberto Savinio (Andrea De Chirico)
(Atene 1891 – Roma 1952)

82
Autoritratto (1930)
tempera all'uovo su tela, 50 × 40 cm
firmato in basso a sinistra: "Savinio"
(inv. 5804)

Esposizioni: Roma, 1935, p. 39; Milano, 1936; Roma, 1978; Milano, 1984[a]; Zagabria-San Pietroburgo, 1989, pp. 114 e 160; Milano, 1992[a]; Milano, 1992[c], p. 149.
Bibliografia: Nicodemi, Bezzola 1935-1939, II, n. 3002; Caramel, Pirovano 1974, n. 1064, tav. 1048; *Civico Museo...*, 1994, p. 322, ill. 369.

Autoritratto piuttosto accademico di Savinio, fratello minore di De Chirico, artista e scrittore teorico della pittura metafisica. Nel 1927, a Parigi, a stretto contatto con il gruppo surrealista, tenne la sua prima esposizione dove presentò le sue tipiche immagini metamorfiche. Di lui, le Raccolte d'arte milanesi possiedono nella collezione Boschi-di Stefano anche l'*Annunciazione* del 1932, opera tra i capolavori assoluti del surrealismo internazionale. *(P. E.)*

Emilio Scanavino
(Genova 1922 – Milano 1986)

83
Evoluzione, 1958
olio su tela, 146 × 114 cm
firmato e datato in basso a destra: "Scanavino 58"
(inv. 7849)

Esposizioni: Milano, 1963, ripr.; Mantova, 1998.
Bibliografia: Caramel, Pirovano 1973, n. 294; Mascherpa 1976, pp. 243-244; *Civico Museo...*, 1994, p. 259, ill. 283; Matino 1996, pp. 64-65.

Il monocromo grigio di Scanavino è risolto con segni secchi e nervosi che lo rendono una declinazione estremamente lirica della poetica informale. La materia è rarefatta nel fondo neutro su cui compaiono strisciate di colore, graffi, sgocciolature, abrasioni. La figurazione antinaturalistica non trascura suggestioni materiche che avvicinano i dettagli a presenze fossili. *(M. F.)*

Mario Schifano
(Homs, Libia 1934 – Roma 1998)

84
Particolare di esterno, 1962
smalto su carta intelata,
200 × 149,5 cm

firmato, datato e titolato sul retro: "Schifano 62 Particolare di esterno" (inv. 8617)

Esposizioni: Genova, 1967; Francoforte, 1985, pp. 182-183; Milano, 1989[c], p. 60; Milano, 1991[a]; Mantova, 1998.
Bibliografia: Gualdoni 1988, p. 101; *Civico Museo...*, 1994, p. 298, ill. 324; Matino 1996, p. 80.

Il dipinto appartiene al periodo di adesione dell'artista alla pop-art e rappresenta un tema, diverse volte replicato, che ha come bersaglio il logo dei manifesti pubblicitari della Coca Cola. Originale è anche il procedimento tecnico, smalto su carta poi intelata. Schifano fu riconosciuto come uno dei maggiori esponenti europei della pop-art, che in Italia ebbe uno sviluppo precoce, ancor prima dello straordinario successo del movimento americano alla esposizione della Biennale di Venezia del 1964. *(P. E.)*

Scipione (Gino Bonichi)
(Macerata 1904 – Arco, Trento 1933)

85
La meticcia (1929)
opera non esposta
olio su tavola, 46,5 × 42,5 cm
(inv. 7428)

Esposizioni: Roma, 1935, n. 1; Milano, 1979[b], n. 95; Milano, 1982[b], p. 634; Macerata, 1985, n. 20; Milano, 1996[b].
Bibliografia: Caramel, Pirovano 1973, n. 296, tav. 199; Valsecchi, Mascherpa 1976, p. 202; *Civico Museo...*, 1994, p. 103, ill. 95.

Le morbide stesure di colore inseriscono la figura in un'atmosfera di intenso pittoricismo, interrotto dalle spezzature dei rapidi segni grafici che si sovrappongono ai caldi impasti tonali che informano il ritratto.
Scipione fu esponente di rilievo della "Scuola Romana", il gruppo di artisti che si formò nella capitale alla fine degli anni Venti, spesso in polemica con l'insistito plasticismo di Novecento, traendo ispirazione dalla pittura barocca e dalle correnti espressioniste contemporanee. *(P. E.)*

Gino Severini
(Cortona, Arezzo 1883 – Parigi 1966)

86
Natura morta (*Natura morta con cocomero*) (1930-1934)
olio su tela, 61 × 50 cm
firmato in basso a destra: "G. Severini"
(inv. 5721)

Esposizioni: Venezia, 1936, n. 15, p. 41; Milano, 1979[b], n. 42.
Bibliografia: Caramel, Pirovano 1973, n. 299, tav. 202; *Civico Museo...*, 1994, p. 107, ill. 99.

L'opera risale al periodo di più stretto contatto di Severini con il movimento di Novecento, al quale l'artista, che risiedeva quasi stabilmente in Francia, non aderì, pur essendo egli stesso tra i precursori del ritorno all'ordine nel primo dopoguerra.
Questa natura morta dai volumi ben evidenziati non è esente dalla scomposizione spaziale cubista. Gli oggetti sono inseriti in uno spazio ristretto che esalta la plasticità dei volumi dei reperti archeologici, in strano contrasto con la frutta nei primi piani. Non manca l'ironia surreale che contraddistingue molte tele di Severini di questo periodo. *(P. E.)*

Mario Sironi
(Sassari 1885 – Milano 1961)

87
Autoritratto (*Testa futurista*), 1913
olio su tela, 52,5 × 49 cm
firmato e datato in basso a sinistra: "SIRONI 1913"
(inv. 7439)

Esposizioni: Roma, 1914[a], n. 9 (?); Venezia, 1952, n. 790; San Paolo, 1953; Roma, 1959[b], n. 122; Venezia, 1960, n. 128, p. 23; Venezia, 1962, n. 3; Los Angeles, 1971; Milano, 1973[a], n. 7; Milano, 1973-1974, n. 253, p. 156;

Milano, 1982-1983, n. 315, pp. 272, 357; Francoforte, 1985, p. 41; Milano, 1985[f], n. 4; Düsseldorf-Baden Baden, 1988, tav. 5; Roma, 1993-1994, pp. 108-109; Milano, 1996[b]; Genova, 1997-1998; Milano, 1998[a].
Bibliografia: Valsecchi 1962, fig. 2; *L'Arte Moderna*, 1967, vol. VI, p. 166; Caramel, Pirovano 1973, n. 300, tav. 204; Anzani, Caramel 1981, p. 121; Crispolti 1986[b], tav. 19; *Divisionismo romano*, 1989; Pirovano 1992, fig. 180; *Civico Museo...*, 1994, p. 56, ill. 34; Matino 1996, pp. 32-34.

L'opera è dipinta dopo il ritorno in Italia dal viaggio fatto con Boccioni in Germania. Con questo artista Sironi condivise il primo approccio ai temi della città industriale, orientandosi ben presto verso soluzioni molto diverse dal punto di vista cromatico e formale.
Il ritratto, dipinto negli anni della guerra, è di difficile datazione: la firma reca accanto la notazione 1913 ma la critica è concorde nel postdatare l'opera di almeno cinque anni, o almeno dopo il trasferimento di Sironi a Milano nel 1914.
Il volto è scomposto in piani bidimensionali tra i quali si percepisce lo spazio, le altre parti della figure sono risolte in termini più pittorici dove la pennellata è quasi materica. *(M. F.)*

88
Paesaggio urbano (1924)
olio su tela, 80,5 × 71,5 cm
(inv. 4257)

Esposizioni: Venezia, 1928; Budapest, 1933; Milano, 1973[a]; Verona, 1982[b]; Milano, 1985[f]; Düsseldorf-Baden Baden, 1988; Milano, 1990[c].
Bibliografia: Scheiwiller 1930, tav. VIII; Nicodemi, Bezzola 1935-1939, I, n. 2072; Pica 1962, pp. 27-69; Caramel, Fiorio, Pirovano 1980, n. 301; *Mario Sironi...*, 1990, p. 41, ill. 19; Matino 1996, pp. 32-34.

Il tema del paesaggio urbano di matrice futurista è qui tradotto in una dimensione desolata e cupa. Le periferie sono uno dei temi più cari alla pittura sironiana prima del definitivo interesse per il recupero delle tecniche tradizionali dell'arte italiana – scultura, affresco, mosaico – che lo porteranno a trascurare la pittura da cavalletto.
L'intensità delle pennellate prefigura già la pittura di grandi dimensioni con la sua serrata sintesi formale.
I volumi sono incisi da segni neri che marcano le finestre come vuoti. Non esiste un rapporto con una dimensione umana ma solo tra architettura e atmosfera, entrambe risolte con pennellate pastose che circondano di segni le forme. I profili neri degli edifici sono esaltati dal chiarore del cielo, il contrasto tra luci e ombre è l'unico elemento costruttivo delle masse.
(M. F.)

89
Figura (*Donna seduta e paesaggio*; *Malinconia*) (1925 circa)
olio su carta, 81 × 60 cm
(inv. 4735)

Esposizioni: New York, 1939, p. 59; Milano, 1973[a], n. 51, p. 61; Milano, 1979[b], n. 22; Bologna, 1980[a], p. 122; Parigi-Berlino, 1980-1981, p. 100; Verona, 1982[b], p. 20; Milano, 1985[f], n. 75, p. 89; Düsseldorf-Baden Baden, 1988, tav. 98; Milano, 1990[c], tav. 24; Milano, 1992[c], p. 215; Roma, 1993-1994, pp. 192-193; Milano, 1996[b].
Bibliografia: Scheiwiller 1930, tav. II; Nicodemi, Bezzola 1935-1939, I, n. 2073; Anceschi 1944, tav. 38; Sartoris 1946, tav. IX; Caramel, Pirovano 1973, n. 302, tav. 207; Valsecchi, Mascherpa 1976, tav. 144; Caramel, Fiorio, Pirovano 1980, vol. II, n. 302; Anzani, Caramel 1983, p. 170; Bellonzi 1985, n. 57; Pirovano 1992, fig. 224; *Civico Museo...*, 1994, p. 112, ill. 106; Matino 1996, pp. 32-34.

L'opera è entrata molto presto nelle collezioni civiche, che ne posseggono anche un disegno preparatorio.
È uno dei più noti dipinti di Sironi e appartiene agli anni Venti, quando la sua definizione poetica scuote il panorama artistico nazionale con molti argomenti di riflessione sui modi, sui te-

mi e sugli scopi dell'operare artistico. La resa spaziale dell'ambiente e il plasticismo della figura sono da ascriversi alla ricerca nell'ambito del Novecento a cui Sironi ha dato un contributo essenziale, ma la cupezza dei colori e l'atmosfera greve la caricano di una poetica malinconica e meditativa. Il tema simbolico della donna discinta entro un paesaggio naturale e architettonico di scala monumentale si arricchisce della presenza di una balaustra classicheggiante su cui è appoggiata una sfera di pietra.
(M. F.)

90
Bevitore con tazza (1930?)
olio su tela, 70 × 55 cm
firmato in basso a sinistra:
"SIRONI"
(inv. 7816)

Esposizioni: Venezia, 1962; Brescia, 1963, tav. 30; Milano, 1973[a], n. 94, p. 83; Milano, 1974-1975, n. 68, fig. 68; Francoforte, 1985, pp. 46-47; Milano, 1985[f], n. 87, p. 98.
Bibliografia: Valsecchi 1962, fig. 50; Caramel, Pirovano 1973, n. 304, tav. 212; Valsecchi, Mascherpa 1976, p. 143; *Civico Museo...*, 1994, p. 116, ill. 109; Matino 1996, pp. 32-34.

L'opera è di ardua definizione cronologica: la critica è incerta se collocarla negli anni Trenta o addirittura negli anni Cinquanta. Lontana dalla pacatezza del Novecento ma, per tema, anche dalle periferie degli anni successivi, si avvicina al primo per il soggetto e alle seconde per la materia cromatica.
Il ritratto di esasperata carica espressionista è dipinto con colore a pasta. Il cupo spazio che circonda la figura è prospetticamente definito solo dalla inclinazione del tavolo su cui si appoggiano un bicchiere e il piattino da cui viene sollevata la tazza. Una profonda riga nera tracciata con il pennello denso di colore racchiude il corpo dell'uomo e stacca il viso rendendolo come una maschera. Il volto è quasi martoriato dai segni incisi. *(M. F.)*

91
Cavallo in fuga e caduto (1934)
olio su tela, 144 × 178 cm
firmato al centro: "Sironi"
(inv. 8677)

Esposizioni: Ferrara, 1972; Roma, 1980[a]; Sassari, 1985, tav. 33; Düsseldorf-Baden Baden, 1988, n. 162; Milano, 1989[c], p. 18; Roma, 1993-1994, pp. 290-291.
Bibliografia: *Civico Museo...*, 1994, p. 205, ill. 215; Matino 1996, pp. 32-34.

Il tema del cavallo è sicuramente di matrice futurista ma l'elemento drammatico del corpo del cavaliere disteso a terra ricorda le vicende più tragiche che hanno segnato il movimento, come la morte di Umberto Boccioni. Le figure si inseriscono con una potenza tutta scultorea nello sfondo della tela risolto con un uso del colore steso per campiture di valenza materica. Le zampe anteriori del cavallo sono rese con pennellate più insistite, il resto della tela è dipinto con segni decisi. Il corpo del cavaliere è scontornato dalle veloci pennellate nere con cui è colorato il selciato: si accentua così il carattere di bassorilievo e di sovrapposizione di piani non ortogonali.
(M. F.)

92
Cariatide (1940)
gesso patinato, 188 × 28 × 50 cm
(inv. 7636)

Esposizioni: Milano, 1973[a], n. 118; p. 96; Milano, 1982[c], n. 1, p. 86; Milano, 1990[c], n. 41, p. 58; Milano, 1994-1995.
Bibliografia: Caramel, Pirovano 1973, n. 306, tav. 203; *Civico Museo...*, 1994, p. 206, ill. 217; Matino 1996, pp. 32-34.

È il bozzetto di un particolare del vasto altorilievo posto sul Palazzo dei Giornali in piazza Cavour. La ieraticità dell'immagine è da ascrivere al recupero sia tecnico sia figurativo degli aspetti classicisti della tradizione italiana.
La destinazione pubblica dell'opera d'arte porta Sironi lontano dalla prima adesione al movimento di Novecento, di cui fu uno dei fondatori, avvicinandolo al-

la corrente razionalista dell'architettura italiana. Negli anni Quaranta Sironi si interroga sulla questione del rapporto tra arti e architettura, per lui unite dalla stessa idea di forza costruttiva.
La figura in questione più che sostenere, come vorrebbe il suo titolo, è contenuta da uno spazio entro cui si insinua con il fianco sinistro. La frontalità è spezzata e accentuata dal braccio in primo piano che crea una equivoca simmetria nella figura. Il volto ha l'intensità del ritratto. *(M. F.)*

Ardengo Soffici
(Rignano sull'Arno, Firenze 1879 – Poggio a Caiano, Firenze 1964)

93
Linee e volumi di una persona
(1912-1913)
olio su tela, 65 × 48 cm
(inv. 7558)

Esposizioni: Los Angeles, 1971; Milano, 1973-1974, n. 206, p. 153; Düsseldorf, 1974; Milano, 1982-1983, n. 316; Giappone, 1992, II-15, p. 129; Milano, 1996[b].
Bibliografia: Caramel, Pirovano 1973, n. 311, tav. 213; Valsecchi, Mascherpa 1976, pp. 78-79; *Civico Museo...*, 1994, p. 56, ill. 35; Matino 1996, p. 18.

L'opera non è datata ma risente sia dell'esperienza francese, sia dell'adesione al futurismo per cui una sua collocazione a metà degli anni Dieci o poco dopo è più che plausibile. La tela pare una riduzione bidimensionale di un organismo plastico costruito con lastre che si pongono su piani diversi. La posa frontale e un dialogo molto semplificato con il fondo, reso con zone geometriche di colore che ne suggeriscono la profondità, ricorda più di un precedente francese – da Delaunay a Léger – per la commistione di forme geometriche e di giustapposizioni ortogonali di piani. *(M. F.)*

94
Bottiglia e bicchiere
(*Bottiglia e giornale*), 1915
collage e tempera su cartone,
45 × 37 cm
firmato e datato sul retro: "SOFFICI 1915"
(inv. 7560)

Esposizioni: Milano, 1973-1974, n. 294, p. 154; Prato, 1979, n. 115; Milano, 1982-1983, n. 317; Francoforte, 1985, pp. 32-33.
Bibliografia: Caramel, Pirovano 1973, n. 312; Valsecchi, Mascherpa 1976, p. 80; *Civico Museo...*, 1994, p. 56, ill. 36.

L'inserimento di una pagina del "Corriere della sera" dedicata alla situazione bellica in Africa associa il riferimento al contenuto testuale del foglio alla sua valenza di superficie colorata. Il ricorso al collage rende evidente la problematizzazione delle nuove tecniche pittoriche su cui si sono confrontati e scontrati cubisti e futuristi, di cui Soffici tenta una conciliazione formale e poetica.
La tela è composta da due parti: un fondo uniforme davanti al quale una bottiglia e un bicchiere tracciati a carboncino sono sagomati con la carta di giornale. Altre lettere sulla bottiglia e sul foglio arricchiscono la composizione che risulta comunque di una singolare semplicità. *(M. F.)*

Atanasio Soldati
(Parma 1896 – 1953)

95
Pittura n. 4 (1933)
olio su tela, 66 × 48 cm
firmato in basso a destra:
"Soldati"
(inv. 5519)

Esposizioni: Milano, 1936, n. 110; Torino, 1969-1970, n. 93 bis; Parma, 1970; Milano, 1996[b].
Bibliografia: Nicodemi, Bezzola 1935-1939, II, n. 3056; Caramel, Pirovano 1973, n. 317, tav. 334; *Civico Museo...*, 1994, p. 212, ill. 226.

L'opera risale all'epoca della seconda mostra personale del pittore presentata dal teorico Carlo Belli alla galleria milanese del Milione nel 1933, allora tra i centri più vitali dell'astrattismo italiano.

La pittura di questi anni di Soldati approda a soluzioni aniconiche e sempre più forti sono nella sua pittura le influenze dell'astrattismo europeo, da Mondrian a Kandinskj. Il risultato è un astrattismo geometrico dalle misurate stesure timbriche che formano suggestivi accordi cromatici. *(P. E.)*

96
Composizione (1946-1947)
olio su tela, 48 × 30 cm
firmato in basso a destra: "SOLDATI"
(inv. 8444)

Esposizioni: Ivrea, 1966, p. 60, ill. 25; Torino, 1969-1970; Ginevra, 1977; Milano, 1989[c], p. 111; Parma, 1996-1997.
Bibliografia: Santini 1965, p. 60, ill. 25; *Civico Museo...*, 1994, p. 212, ill. 223.

In questa opera, Soldati recupera gli elementi figurativi che si ritrovano nei quadri a soggetto marino a cui il pittore si dedicò a partire dagli anni Trenta. Nel dipinto l'artista unisce sia l'esperienza della metafisica, dovuta all'influenza di Morandi e Carrà, sia quella astratta; infatti la rigorosa scansione dei motivi geometrici non impedisce al pittore di inserire le forme in una limpida atmosfera rarefatta e quasi senza aria. *(P. E.)*

Tancredi (Tancredi Parmeggiani)
(Feltre, Belluno 1927 –
Roma 1964)

97
Ricordo di Raoul (1953)
tecniche miste su carta,
102,5 × 149,5 cm
firmato in basso a destra:
"Tancredi"
sul retro è riportato il titolo
(inv. 8460)

Esposizioni: Milano, 1973[c], n. 47, fig. 47; Roma, 1976[a], ripr.; Ferrara, 1981-1982, n. 18, fig. 18.
Bibliografia: *Civico Museo...*, 1994, p. 262, ill. 285; Dalai Emiliani 1996, n. 398.

Il dipinto fu esposto dall'artista alla personale tenuta alla milanese Galleria del Naviglio nel 1953, alla quale Tancredi diede il titolo di *Natura = Spazio*. L'opera fu dedicata a un suo amico, il pittore Raoul Schulze.
Nel quadro le stesure di colore sono puntellate da veloci segni grafici neri a forma di "R" (che in Tancredi è sinonimo di spazio) dall'identico disegno, ma di varie dimensioni, La cifra è ripetuta più volte come una notazione musicale su un pentagramma dalla variopinta ed esplosiva gamma coloristica, quintessenza della natura nel pieno del suo furore misterioso, motivo sviluppato più volte dall'artista, e che trova il suo culmine nella serie delle "Primavere" degli anni Cinquanta.
(P. E.)

98
Fiori dipinti da me e da altri
al 101% N. 8 (1962)
olio e collage su tela, inserito
un disegno a matita nera e pastelli
a cera, 136 × 106 cm
firmato e datato: "Tancredi 1959"
(inv. 8462)

Esposizioni: Venezia, 1962; Firenze, 1963; Milano, 1967[b], n. 23; Venezia, 1968, n. 17; Milano, 1973[c], n. 106, fig. 106; Ferrara, 1981-1982, n. 102, fig. 102; Francoforte, 1985, p. 137; Milano, 1989[c], p. 40, ripr.
Bibliografia: Pirovano 1992, I, p. 318; *Civico Museo...*, 1994, p. 300, ill. 327; Dalai Emiliani 1996, n. 1099; Matino 1996, p. 72.

Il dipinto appartiene all'ultimo periodo di Tancredi , prima della sua tragica fine nel 1964. In questa fase appaiono nelle sue composizioni elementi figurativi. Con questa opera egli vuole denunciare la sopraffazione del mercato dell'arte sulla libera espressione creativa.
L'opera è costituita dall'unione di due quadri ad incastro, come se molteplici mani avessero partecipato alla sua composizione. I fiori, intesi come l'essenza della carica inventiva, vengono recisi per essere sostituiti da grotteschi nudi femminili. *(P. E.)*

Mario Tozzi
(Fossombrone, Pesaro-Urbino 1895 – Parigi 1978)

99
Mattutino (1927)
olio su tela, 116 × 118 cm
firmato in basso a destra:
"M. TOZZI"
(inv. 4262)

Esposizioni: Parigi, 1928; Venezia, 1928, n. 57, p. 130; Milano, 1979[b], n. 86; Bologna, 1980[a], p. 186; Milano, 1989[i], p. 196; Verbania-Pallanza, 1995; Milano, 1996[b]; Brescia, 1998.
Bibliografia: D'Ors 1932; Nicodemi, Bezzola 1935-1939, II, n. 2130; Caramel, Pirovano 1974, n. 1224, tav. 1196; Valsecchi, Mascherpa 1976, pp. 188-189; *Civico Museo...*, 1994, p. 121, ill. 114; Matino 1996, p. 47.

La luce del giorno mattutino invade l'ambiente e sorprende gli astanti nei loro gesti consueti. La luce piove dall'esterno su un ambiente cubico in cui le due figure occupano lo stesso spazio su due piani differenti, informata l'una a statica indolenza, l'altra a un movimento pacato, suggerito dal particolare del piede inarcato nella ciabatta.
L'autore imprime alle masse fortemente squadrate un ritmo monumentale calandole però in una situazione non eroica ma fatta di quotidiano. La rigorosa impaginazione prospettica e spaziale opera una sintesi in cui la riduzione geometrica va dai pochi oggetti alla costruzione delle figure, in particolare di quella del volto in primo piano.
Tozzi aderì a Valori Plastici e a Novecento. Fu tra gli esponenti di spicco della schiera di artisti italiani che tra gli anni Venti e trenta operavano a Parigi dove questo dipinto fu eseguito. *(P. E.)*

Giulio Turcato
(Mantova 1912)

100
La bava, 1958
olio e tecnica mista
su tela, 195 × 114 cm
firmato in basso a sinistra e sul lato sinistro in basso: "TURCATO"
(inv. 8458)

Esposizioni: Aschaffenburg, 1960-1961; Roma, 1965[a], n. 2, p. 222; Francavilla al Mare, 1969, p. 96; Roma, 1972[a]; Roma, 1974, n. 72; Roma, 1986, n. 47; Milano, 1989[c], p. 35; Venezia, 1990, n. 28, p. 65; Milano, 1996[b]; Modena, 1998; Mantova, 1998.
Bibliografia: De Marchis 1971, tav. 18, p. 33; Pirovano 1993, p. 203, n. 262; *Civico Museo...*, 1994, p. 267, ill. 290; Matino 1996, pp. 66-67.

Dopo la partecipazione al gruppo degli Otto e al Fronte Nuovo delle Arti, Turcato esplora il terreno dell'informale. Il "dripping" usato per dare forma sulla tela a una presenza antinaturalistica è realizzato con materiali polverosi come grossi grani di graffite o di terra. La vischiosità del collante su cui si rapprende il pulviscolo di colore traspare dal titolo e dalla suggerita fluidità dell'impregnante.
La tela non ha un orientamento predefinito nello spazio, tanto che viene firmata dall'artista su due lati. *(M. F.)*

Gianfilippo Usellini
(Milano 1903 – Arona, Novara 1971)

101
Il coro a tre voci, 1931
tempera grassa su tavola,
122 × 82 cm
firmato e datato in basso a destra:
"Usellini Gian Filippo Milano X"
deposito dell'Accademia di Belle Arti di Brera (1934)
(inv. 5022)

Esposizioni: Milano, 1932[b], ill. 55; Milano, 1977, ripr.; Milano, 1979[b], n. 105; Bologna, 1980[a], p. 305; Milano, 1982[c], p. 94; Zagabria-San Pietroburgo, 1989, p. 110; Sansepolcro, 1991, pp. 128-129; Milano, 1991[c], n. 10; Sondrio, 1994; Milano, 1996[a].
Bibliografia: Costantini 1932, p. 182; Nicodemi, Bezzola 1935-1939, I, n. 2141; Pica 1959, n. 11; Caramel, Piro-

vano 1974, n. 1232; Di Genova 1986, pp. 160-161, n. 162; Pirovano 1992, p. 1099; *Civico Museo...*, 1994, p. 217, ill. 250; Matino 1996, p. 46.

L'impianto prospettico rinascimentale domina la scena e le tre figure emanano un candore simile a quello degli angeli musicanti delle cantorie quattrocentesche. La composizione è riportata con sapienza dai primissimi piani, con il leggio e le figure, all'ampio spazio della cupola dalla atmosfera rarefatta, tutta mentale, raccolta dalla architettura. Tuttavia l'effetto straniante del quadro non è privo di ironia sognante, tratto piuttosto comune nelle opere di Usellini, che formatosi nell'ambiente di Novecento, andò in seguito elaborando una propria vena poetica ingenua e surreale che avvicina la sua opera a quella di Henri Rousseau il doganiere. *(P. E.)*

Emilio Vedova
(Venezia 1919)

102
Sopraffazione n. IV, 1960
tecnica mista, 145 × 145 cm
firmato, datato e titolato
sul retro: "EMILIO VEDOVA SOPRAFFAZIONE N. IV 1960"
(inv. 7742)

Esposizioni: Venezia, 1960, p. 72, n. 9; Francoforte, 1985, pp. 120-121.
Bibliografia: Caramel, Pirovano 1973, n. 339; *Civico Museo...*, 1994, p. 304, ill. 332; Matino 1996, pp. 62-63.

Il pittore, formatosi nel gruppo di Corrente, promotore del Fronte Nuovo delle Arti e del gruppo degli Otto pittori italiani (1952), dipinge quest'opera nel suo momento informale alle soglie degli anni Sessanta. La gestualità evidente non circoscrive gli esiti di Vedova alla poetica del movimento artistico che ha caratterizzato la pittura italiana tra il Cinquanta e il Sessanta, ma rivela la relazione che il maestro di origine veneziana ha avuto con i vari aspetti dell'avanguardia internazionale. L'opera è stata acquistata alla Biennale di Venezia del 1960. *(M. F.)*

Esposizioni

1906
Roma, Società degli Amatori e Cultori, *LXXVI Esposizione internazionale di belle arti.*
1907
Venezia, *VII Biennale Internazionale d'Arte* (cat. Venezia 1907).
1909
Milano, Permanente, *Esposizione riservata agli artisti lombardi e ai soci.*
1912
Berlino, der Sturm, *Die Futuristen* (cat. Berlin 1912).
Bruxelles, Galerie Georges Giroux, *Les peintres futuristes italiens* (cat. Bruxelles 1912).
Londra, The Sackville Gallery, *Italian Futurist Painters* (cat. London 1912).
Parigi, Chez Bernheim, *Les peintres futuristes italiens* (cat. Paris 1912).
1913
Berlino, der Sturm, *Erster Deutscher Herbstsalon* (cat. Berlin 1913) (cit. 1913[a]).
Berlino, der Sturm, *Gemälde und Zeichnungen des Futuristen Gino Severini* (cat. Berlin 1913) (cit. 1913[b]).
Londra, Marlborough Gallery, *The futurist painter Severini* (cat. London 1913).
Parigi, Galerie la Boetie, *Sculpture futuriste* (cat. Paris 1913).
Roma, Galleria Sprovieri, *Scultura futurista* (cat. Roma 1913) (cit. 1913[a]).
Roma, Ridotto del teatro Costanzi, *Pittura futurista* (cat. Roma 1913) (cit. 1913[b]).
Rotterdam, Rotterdamsche Kunstring, *Les peintres et les sculpteurs futuristes* (cat. Rotterdam 1913).
1913-1914
Firenze, Galleria Gonnelli, *Esposizione di pittura futurista di "Lacerba"* (cat. Firenze 1913).
1914
Bologna, Hotel Baglioni, *Giovani artisti bolognesi* (cat. Bologna 1914).
Firenze, Galleria Gonnelli, *Scultura futurista* (cat. Firenze 1914).
Londra, The Doré Galleries, *Italian futurist* (cat. London 1914).
Milano, Famiglia Artistica, *Prima esposizione d'arte del gruppo Nuove Tendenze* (cat. Milano 1914).

Napoli, Galleria Sprovieri, *Pittura futurista* (cat. Napoli 1914).
Roma, Galleria Sprovieri, *Esposizione libera futurista internazionale* (cat. Roma 1914) (cit. 1914[a]).
Roma, Galleria Sprovieri, *Pittura futurista* (cat. Roma 1914) (cit. 1914[b]).

1915

San Francisco, Palace of Fine Arts, *Panama-Pacific International Exposition* (cat. San Francisco 1915).

1916

Parigi, Galerie Boutet de Monvel, *Gino Severini* (cat. Paris 1916).

1916-1917

Milano, Galleria centrale d'arte Palazzo Cova, *Grande esposizione Boccioni* (cat. Milano 1916).

1917-1918

Milano, Galleria Paolo Chini, *Carrà* (cat. Milano 1917).

1918

Roma, Casa d'arte Bragaglia, *Carrà* (cat. Roma 1918).

1920-1921

Ginevra, *Exposition Internationale d'Art Moderne.*

1924

Milano, Bottega di poesia, *Boccioni* (cat. Milano 1924).
Venezia, *XIV Biennale Internazionale d'Arte* (cat. Venezia 1924).

1925

Milano, Galleria Pesaro, *Mostra degli artisti combattenti* (cat. Milano 1925).
Roma, Palazzo delle Esposizioni, *III Biennale Romana. Mostra retrospettiva di Umberto Boccioni* (cat. Roma 1925).

1926

Milano, *Prima Mostra del Novecento Italiano.*

1928

Parigi, Salon de l'Escalier, *Les Artistes Italiens de Paris* (cat. Paris 1928).
Venezia, *XVI Biennale Internazionale d'Arte* (cat. Venezia 1928).

1929

Milano, Galleria Bardi, *I Sei di Torino.*
Nizza, *Exposition du Novecento Italiano.*

1929-1930

Parigi, Galerie 23, *Peintres futuristes italiens* (cat. Paris 1929).

1930

Venezia, *XVII Biennale Internazionale d'Arte* (cat. Venezia 1930).

1931

Milano, Galleria Milano, *Poligono* (cat. Milano 1931).
Roma, *I Quadriennale Nazionale d'Arte* (cat. Roma 1931).
Stoccolma, *Mostra d'Arte Moderna Italiana.*

1931-1932

Milano, Galleria Il Milione, *Lucio Fontana.*

1932

Milano, Galleria Il Milione, *Birolli, Cortese, Grosso, Manzù, Sassu, Tomea* (cit. 1932[a]).
Milano, Permanente, *III Mostra d'Arte del Sindacato Regionale Fascista Belle Arti di Lombardia (Biennale di Brera)* (cat. Milano 1932) (cit. 1932[b]).
Roma, Galleria di Roma, *Dieci pittori.*
Venezia, *XVIII Biennale Internazionale d'Arte* (cat. Venezia 1932).

1933

Budapest, *Arte italiana.*
Milano, Castello Sforzesco, *Umberto Boccioni* (cat. Milano 1933) (cit. 1933[a]).
Milano, Galleria Milano, *Arturo Martini* (cit. 1933[b]).
Milano, Galleria Milano, *Alberto Savinio* (cat. Milano 1933) (cit. 1933[c]).
Milano, Triennale, *V Triennale d'Arte* (cat. Milano 1933) (cit. 1933[d]).

1934

Ginevra, Athénée, *Exposition d'art italien.*
Milano, Permanente, *Mostra commemorativa per il cinquantenario* (cat. Milano 1934) (cit. 1934[a]).
Milano, Permanente, *V Mostra Sindacale Interprovinciale di Lombardia* (cat. Milano 1934) (cit. 1934[b]).

1935

Milano, Galleria Il Milione, *Fausto Melotti* (cat. Milano 1935) (cit. 1935[a]).
Milano, Galleria Il Milione, *Carrà* (cat. Milano 1935) (cit. 1935[b]).
Pittsburgh, Carnegie Institute, *The 1935 International Exhibition of Paintings.*
Roma, Palazzo delle Esposizioni, *Seconda Quadriennale d'Arte Nazionale.*
Torino, Studio di Casorati e Paolucci, *Prima mostra collettiva d'arte astratta italiana.*

1936

Budapest, *Esposizione d'Arte Italiana.*
Milano, Permanente, *VII mostra del*

sindacato interprovinciale fascista di Belle Arti di Milano (cat. Milano 1936).
Venezia, *XX Biennale Internazionale d'Arte* (cat. Venezia 1936).

1937

Como, Villa Olmo, *Mostra di pittura moderna della Scuola di Milano.*
Genova, Galleria Genova, *20 firme in una mostra collettiva* (bollettino 50, n. 18, Milano 1937).
Milano, Galleria Il Milione.

1938

Venezia, *XXI Biennale Internazionale d'Arte* (cat. Venezia 1938).

1939

New York, Esposizione Universale, *Padiglione italiano* (cat. Milano 1939).
Roma, Palazzo delle Esposizioni, *III Quadriennale Nazionale d'Arte. Mostra personale di Giorgio Morandi* (cat. Roma 1939).

1942

Milano, Pinacoteca di Brera, *Carlo Carrà* (cat. Milano 1942).
Venezia, *XXIII Biennale Internazionale d'Arte* (cat. Venezia 1942).

1945

Milano, Galleria Santa Radegonda, *Gino Severini* (cat. Milano 1945).

1946

Milano, Associazione fra gli amatori e i cultori delle arti figurative contemporanee, *Modigliani* (cat. Milano 1946).

1947

Losanna, Musée Cantonal des Beaux-Arts, *40 ans d'art italien* (cat. Lausanne 1947).
Milano, Galleria Borromini, *Modigliani* (cat. Milano 1947).
Parigi, *Severini, œuvres anciennes et récentes* (cat. Paris 1947).

1948

Milano, Villa Reale, *I Mostra Nazionale d'Arte Contemporanea Aprile Milanese.*
Venezia, Galleria del Cavallino, *Giorgio Morandi* (cat. Venezia 1948) (cit. 1948[a]).
Venezia, *XXIV Biennale Internazionale d'Arte* (cat. Venezia 1948) (cit. 1948[b]).

1949

Catania-Palermo, *Mostra d'Arte Italiana Contemporanea.*
Il Cairo, E.A. La Biennale di Venezia, *Mostra di pittura italiana moderna al Cairo* (cat. Venezia 1949).
New York, Museum of Fine Art, *Twentieth Century Italian Art* (cat. New York 1949).
Salsomaggiore, Galleria Gianferrari, *Cinquant'anni di pittura italiana* (cat. Milano 1949).

1950

Amsterdam, Stedelijk Museum, *Figuren uit de Italiaanse Schilderkunst na 1910* (cat. Amsterdam 1950).
Bruxelles, Palais des Beaux-Arts, *Art Italien Contemporain* (cat. Bruxelles 1950).
Londra, Tate Gallery, *Modern Italian Art* (cat. London 1950).
Parigi, Musée d'Art Moderne, *Exposition d'art moderne italien* (cat. Paris 1950).
Roma, Galleria lo Zodiaco, *Severini* (cat. Roma 1950).
Venezia, *XXV Biennale Internazionale d'Arte* (cat. Venezia 1950).
Zurigo, Kunsthaus, *Futurismo e pittura metafisica* (cat. Zürich 1950).

1951

Cleveland, Museum of Art-New York, Museum of Modern Art, *Modigliani* (cat. New York 1951).
Ferrara, Castello Estense, *De Pisis.*
Roma, Galleria Nazionale d'Arte Moderna, *Arte astratta e concreta in Italia* (cat. Roma 1951) (cit. 1951[a]).
Roma, Palazzo delle Esposizioni, *IV Quadriennale Nazionale d'Arte. Modigliani* (cat. Roma 1951) (cit. 1951[b]).

1952

Milano, Galleria dell'Annunciata, *Carlo Carrà* (cat. Milano 1952).
Venezia, *XXVI Biennale Internazionale d'Arte* (cat. Venezia 1952).

1953

Roma, Palazzo delle Esposizioni, *L'arte nella vita del mezzogiorno d'Italia* (cat. Roma 1953).
San Paolo del Brasile, Museo de arte, *Futuristas y Artistas Italianos de Hoye* (cat. Sao Paulo 1953).

1954

Den Haag, Gemeentemuseum-Londra, New Burlington Galleries, *Giorgio Morandi* (cat. Den Haag-London 1954).

Kassel, Landesmuseum, *Documenta I* (cat. Kassel 1954).
New York, Sidney Janis Gallery, *Futurism* (cat. New York 1954).
Venezia, *XXVII Biennale Internazionale d'Arte* (cat. Venezia 1954).

1955

Berna, Kunsthalle, *Modigliani, Campigli, Sironi* (cat. Bern 1955).
Madrid, Palacio del Buen Retiro, *Arte Italiano Contemporàneo* (cat. Madrid 1955).
Toulon, Musée d'Art et d'Histoire, *L'art italien contemporain* (cat. Toulon 1955).

1955-1956

Roma, Palazzo delle Esposizioni, *VII Quadriennale Nazionale d'Arte. Antologia della pittura e scultura italiane dal 1910 al 1930* (cat. Roma 1955).

1956

Winterthur, Kunstverein, *Giorgio Morandi e Giacomo Manzù* (cat. Winterthur 1956).
Venezia, *XXVIII Biennale Internazionale d'Arte* (cat. Venezia 1956).

1957

Londra, Marlborough Gallery, *XIX & XX Century European Masters* (cat. London 1957).
Monaco, Haus der Kunst, *Italienische Kunst nach 1910 bis Heute* (cat. München 1957).
New York, Rose Fried Gallery, *Piero Dorazio.*
Torino, Galleria Galatea, *Giorgio Morandi* (cat. Torino 1957).

1958

Amsterdam, Stedelijk Museum, *De Renaissance der XXeeuw* (cat. Amsterdam 1958).
Bruxelles, Palais des Beaux-Arts, *50 ans d'art moderne* (cat. Bruxelles 1958).
Livorno, Galleria Amedeo Modigliani, *Osvaldo Licini.*
Marsiglia, Musée Cantini, *Modigliani* (cat. Marseille 1958).
Milano, Galleria Pater, *Piero Manzoni* (cat. Milano 1958) (cit. 1958[a]).
Milano, Galleria Pater, *Collettiva* (cit. 1958[b]).
Milano, Palazzo Reale, *Modigliani* (cat. Milano 1958) (cit. 1958[c]).
Osaka, *Osaka International Festival* (cat. Kyoto 1958).
Parigi, Galerie Charpentier, *Cent tableaux de Modigliani* (cat. Paris 1958).
Roma, Galleria La Tartaruga, *Scarpitta* (cat. Roma 1958).
Venezia, *XXIX Biennale Internazionale d'Arte* (cat. Venezia 1958).

1959

Berlino, Galerie Springer.
Berlino, Haus am Waldsee-Mannheim, Städtische Kunsthalle-Braunschweig, Haus Salve Hospes-Darmstadt, Kunstverein-Düsseldorf, Kunstverein, *Birolli.*
Rimini, Palazzo dell'Arengo, *Premio Morgan's Paint. biennale per la pittura un bianco e nero.*
Roma, Galleria La Tartaruga, *Giovane pittura di Roma* (cat. Roma 1959) (cit. 1959[a]).
Roma, Palazzo Barberini, *I Futuristi. Mostra nel cinquantenario del primo manifesto* (cat. Roma 1959) (cit. 1959[b]).
Winterthur, Kunstmuseum, *Futuristen* (cat. Winterthur 1959).

1960

Basilea, Galerie Beyeler, *La femme* (cat. Basel 1960).
Firenze, Palazzo Strozzi, *L'opera di Ottone Rosai* (cat. Firenze 1960).
Milano, *Premio Edoardo Rancati.*
Venezia, *XXX Biennale Internazionale d'Arte* (cat. Venezia 1960).

1960-1961

Aschaffenburg, Galerie 59, *Internationale Malerei.*
Parigi, Musée National d'Art Moderne, *Les arts en Europe de 1884 à 1914* (cat. Paris 1960).

1960-1962

Zurigo, Kunsthaus-Düsseldorf, Kunsthaus-Torino, Galleria Civica d'Arte Moderna-New York, Solomon Guggenheim Museum-Den Haag, Gemeentemuseum, *The Thompson Collection.*

1961

Düsseldorf, Kunstverein für die Rheinlande und Westfalen, Städtische Kunsthalle, *Jahresgaben 1961.*
Kamakura, Museo d'Arte Moderna, *Esposizione di arte contemporanea italiana.*
Milano, Finarte, *Mostra della critica italiana* (cat. Milano 1961) (cit. 1961[a]).
Milano, Galleria Lorenzelli, *Licini* (cat. Milano 1961) (cit. 1961[b]).

New York, Museum of Modern Art-Detroit, Institute of Art-Los Angeles, County Museum, *Futurism* (cat. New York 1961).
Roma, Galleria Odyssia, *Consagra, Dorazio, Novelli, Perilli, Turcato* (cit. 1961[a]).
Roma, Galleria La Salita, *Miriorama 10* (cat. Roma 1961) (cit. 1961[b]).
Roma, Palazzo Venezia *Gino Severini* (cat. Roma 1961) (cit. 196[c]).
Torino, Galleria Civica d'Arte Moderna *Pittori d'oggi. Francia-Italia* (cat. Torino 1961).

1962

Colonia, Wallraf Richartz Museum, *Europäische Kunst 1912* (cat. Köln 1962).
Firenze, Galleria Il Quadrante, *Angelo Savelli* (cat. Firenze 1962).
Milano, Galleria Blu, *I pittori della Galleria Blu: Afro, Canonico, Morlotti, Burri, Moreni, Vedova* (cit. 1962[a]).
Milano, Palazzo Reale, *Carrà* (cat. Milano 1962) (cit. 1962[b]).
Milano, *Premio Edoardo Rancati* (cit. 1962[c]).
Venezia, *XXXI Biennale Internazionale d'Arte* (cat. Venezia 1962).

1963

Brescia, *Sironi.*
Firenze, Palazzo Strozzi, *Mostra Mercato Nazionale d'Arte Contemporanea.*
L'Aquila, Castello Cinquecentesco, *Aspetti dell'arte contemporanea: omaggio a Cagli, omaggio a Fontana, omaggio a Quaroni* (cat. Roma 1963).
Londra, Tate Gallery, *Modigliani* (cat. London 1963).
Milano, Permanente, *XXIII Biennale Nazionale d'Arte* (cat. Milano l963).
Rotterdam, Museum Boymans von Beuningen, *Gino Severini* (cat. Rotterdam 1963).
San Marino, Palazzo Kursaal, *IV Biennale d'Arte Repubblica di San Marino. Oltre l'Informale* (cat. Rimini 1963).
Torino, Galleria Civica d'Arte Moderna, *Giacomo Balla* (cat. Torino 1963).
Verona, Palazzo della Gran Guardia, *Renato Birolli 1931-1959* (cat. Milano 1963).

1963-1964

Amburgo, Kunstverein-Francoforte, Frankfurter Kunstverein, *Italien 1905-1925. Futurismus und Pittura Metafisica* (cat. Frankfurt 1963).

1964

Ancona, Mostra Nazionale d'Arte Figurativa, *Premio Marche. Morandi* (cat. Ancona 1964).
Baltimora, Museum of Art, *1914. An Exhibition of paintings, drawings and sculptures created in 1914* (cat. Baltimore 1964).
Milano, Palazzo Reale, *Pittura a Milano dal 1945 al 1964* (cat. Milano 1964) (cit. 1964[a]).
Milano, *Premio San Fedele 1964* (cat. Milano 1964) (cit. 1964[b]).
Napoli, *Mostra della Natura Morta.*
Roma, Marlborough Galleria d'Arte, *Piero Dorazio.*
Saint Etienne, Musée d'art et d'industrie, *50 ans de collage* (cat. Saint Etienne 1964).
Venezia, *XXXII Biennale Internazionale d'Arte* (cat. Venezia 1964).

1965

Berna, Kunsthalle, *Giorgio Morandi* (cat. Bern 1965).
Città del Messico, *L'arte italiana a Città del Messico.*
New York, Marlborough-Gerson Gallery, *Piero Dorazio.*
Roma, Marlborough Galleria d'Arte, *Turcato* (cat. Roma 1965) (cit. 1965[a]).
Roma, Palazzo delle Esposizioni, *V Rassegna delle arti figurative di Roma e del Lazio* (cat. Roma 1965) (cit. 1965[b]).
St. Gallen, Galerie Im Erker, *Capogrossi. Gemälde und Guaches.*

1966

Bologna, Archiginnasio, *Giorgio Morandi* (cat. Bologna 1966).
Ivrea, Centro Culturale Olivetti, *Soldati.*
Roma, Galleria Nazionale d'Arte Moderna *Aspetti dell'arte italiana contemporanea* (cat. Roma 1966) (cit. 1966[a]).
Roma, Palazzo Venezia, *Marino Marini* (cit. 1966[b]).
Torino, Galleria Gissi, *Omaggio torinese a de Pisis* (cat. Torino 1966).
Venezia, *XXXIII Biennale Internazionale d'Arte* (cat. Venezia 1966).
Verona, Palazzo della Gran Guardia, *Sei artisti milanesi.*

1966-1967

Firenze, Palazzo Strozzi, *Arte moderna in Italia* (cat. Firenze 1966).

1967
America Centrale, *Mostra itinerante di arte italiana.*
Bologna, Galleria Le Muse, *Giulio Turcato* (cat. Bologna 1967).
Genova, Galleria La Bertesca, *Mario Schifano.*
Milano, Palazzo Reale, *Massimo Campigli* (cat. Milano 1967) (cit. 1967[a]).
Milano, Permanente, *XXV Biennale Nazionale d'Arte Città di Milano* (cat. Milano 1967) (cit. 1967[b]).
Parigi, Musée d'Art Moderne, *Gino Severini* (cat. Paris 1967).
Tokyo, National Museum of Modern Art, *Exhibition of contemporary Italian Art* (cat. Tokyo 1967).
Treviso, Ex chiesa di Santa Caterina, *Arturo Martini.*

1968
Bochum-Berlino-Colonia, *Italienische Kunst des XX. Jahrhunderts.*
Bologna, *Mostra di arte sacra contemporanea.*
Firenze, Galleria Michaud, *Mostra cubofuturista* (cat. Firenze 1968).
Genova, *Umberto Boccioni.*
Milano, Galleria del Naviglio, *Mostra documentaria di De Pisis* (cat. Milano 1968).
New York, The Jewish Museum, *Recent Italian Painting and Sculpture.*
Reggio Emilia, Sala Comunale delle Esposizioni, *Fausto Melotti. Sculture, disegni, pitture.*
Torino, Galleria Notizie 1 e 2, *Melotti, profezia della scultura.*
Venezia, *XXXIV Biennale Internzionale d'Arte* (cat. Venezia 1968).

1968-1969
Bergamo, Galleria Lorenzelli, *Alberto Magnelli* (cat. Bergamo 1968).
Francavilla al Mare, Fondazione Michetti, *XXII edizione Premio Nazionale di pittura* (cat. Francavilla al Mare 1968).
Roma, Galleria Nazionale d'Arte Moderna, *Cento opere italiane dal Futurismo a oggi* (cat. Roma 1968).
Torino, Galleria Civica d'Arte Moderna, *Licini* (cat. Torino 1968) (cit. 1968-1969[a]).
Torino, Galleria Martano, *Alberto Magnelli* (cat. Torino 1968) (cit. 1968-1969[b]).

1969
Bergamo, Galleria Lorenzelli, *Omaggio ad Osvaldo Licini* (cat. Bergamo 1969).
Bologna, Archiginnasio, *Licini.*
Francavilla al Mare, Fondazione Michetti, *XXIII Mostra d'Arte Contemporanea* (cat. Francavilla al Mare 1968).
Milano, Galleria dell'Ariete, *Melotti.*
Torino-Toronto, *Il sacro e il profano nell'arte dei Simbolisti.*
Verona, Palazzo della Gran Guardia, *De Pisis* (cat. Verona 1969).

1969-1970
Pontedera, Scuola media-Ferrara, Palazzo dei Diamanti-Milano, Palazzo Reale, *I pittori italiani dopo il Novecento* (cat. Milano 1969).
Torino, Galleria Civica d'Arte Moderna, *Soldati* (cat. Torino 1969).

1970
Bassano del Grappa, Palazzo Sturm, *Fortunato Depero.*
Ferrara, Palazzo dei Diamanti-Mantova, Palazzo Te, *Renato Birolli* (cat. Ferrara 1970).
Firenze-Budapest-Rio de Janeiro-Montevideo-Giappone-Germania Federale, *Scultura Italiana Contemporanea.*
Hannover, Kunstverein-Würzburg, Städtische Galerie-Kiel, Warleberger Hof-Colonia, Italienisches Kulturinstitut, *Italienische Bildhauer* (cat. Roma 1970).
Milano, Museo Poldi Pezzoli, *Milano 70/70, un secolo d'arte. 1. Dall'Unità al 1914*, (cat. Milano 1970) (cit. 1970[a]).
Milano, Palazzo Reale, *Giorgio De Chirico* (cat. Milano 1970) (cit. 1970[b]).
Milano, Permanente, *Divisionismo italiano* (cat. Milano 1970) (cit. 1970[c]).
Parma, Palazzo della Pilotta, *Soldati.*
Torino, Galleria Civica d'Arte Moderna, *Lucio Fontata* (cat. Torino 1970).

1970-1971
Londra, Royal Academy of Arts, *Giorgio Morandi* (cat. London 1970).

1971
Dortmund, Museum am Ostwall, *Melotti.*
Londra, Royal Academy, *Giorgio Morandi.*
Los Angeles, County Museum, *The Cubist Epoch* (cat. Los Angeles 1971).
Milano, Museo Poldi Pezzoli, *Milano*

70/70, un secolo d'arte. Dal 1915 al 1945 (cat. Milano 1971) (cit. 1971[a]).
Milano, Palazzo Reale, *Aspetti dell'informale* (cat. Milano 1971) (cit. 1971[b]).
Milano, Palazzo Reale, Sala delle Cariatidi, *Scultori italiani contemporanei* (cat. Milano 1971) (cit. 1971[c]).
Milano, Rotonda di via Besana, *Giorgio Morandi* (cat. Milano 1971) (cit. 1971[d]).
Parigi, Musée National d'Art Moderne, *Giorgio Morandi* (cat. Paris 1971).
Roma, Galleria Nazionale d'Arte Moderna, *Piero Manzoni* (cat. Roma 1971).
Tel Aviv, *Maestri ebraici nell'arte moderna*.

1971-1972

Roma, Galleria Nazionale d'Arte Moderna, *Giacomo Balla* (cat. Roma 1971).

1972

Bruxelles, Palais des Beaux-Arts, *Lucio Fontana* (cat. Bruxelles 1972).
Ferrara, Palazzo dei Diamanti, *Sironi, mostra antologica* (cat. Ferrara 1972).
Genova, Palazzo Reale e Accademia Ligustica, *Immagine per la città* (cat. Genova 1972).
Hakone, The Hakone Open-air Museum, *Scultori italiani contemporanei* (cat. Hakone 1972).
Milano, Galleria Annunciata, *Angelo Del Bon. Un purosangue della pittura* (cat. Milano 1972) (cit. 1972[a]).
Milano, Museo Poldi Pezzoli, *Milano 70/70, un secolo d'arte. Dal 1946 al 1970* (cat. Milano 1972) (cit. 1972[b]).
Milano, Palazzo Reale, *Lucio Fontana* (cat. Milano 1972) (cit. 1972[c]).
Milano, Palazzo Reale, *Metamorfosi dell'oggetto* (cat. Milano 1972) (cit. 1972[d]).
Parigi, Musée d'Art Moderne de la Ville de Paris, *Balla* (cat. Roma 1972).
Roma, Galleria Editalia *Giulio Turcato* (cat. Roma 1972) (cit. 1972[a]).
Roma, Palazzo delle Esposizioni, *Aspetti dell'Arte Figurativa. X Quadriennale Nazionale d'Arte* (cat. Roma 1972) (cit. 1972[b]).
Torino, Galleria Civica d'Arte Moderna, *Melotti* (cit. 1972[a]).
Torino, Galleria Civica d'Arte Moderna, *Gastone Novelli* (cat. Torino 1972) (cit. 1972[b]).
Venezia, *XXXVI Biennale Internazionale d'Arte. Capolavori della pittura del XX secolo 1900-1945* (cat. Venezia 1972).

1972-1973

Londra, Hatton Gallery-Newcastle, University-Edimburgo, Royal Scottish Academy, *Italian Futurism* (cat. London 1972).

1973

Bonn-Saarbrücken-Hannover, *Fortunato Depero* (cat. Trento 1973).
Bruxelles, Musée Royal d'Art et d'Histoire, *Scultura Italiana Contemporanea* (cat. Bruxelles 1973).
Milano, Palazzo Reale, *Mario Sironi* (cat. Milano 1973) (cit. 1973[a]).
Milano, Permanente, *Achille Funi* (cat. Milano 1973) (cit. 1973[b]).
Milano, Rotonda di via Besana, *Tancredi* (cat. Milano 1973) (cit. 1973[c]).
Monza, Villa Reale, *Pittori in Lombardia dal 1945 al 1973* (cat. Monza 1973).
Parigi, Musée National d'Art Moderne, *Le futurisme 1905-1925* (cat. Paris 1973).
Roma, Galleria Nazionale d'Arte Moderna, *Giorgio Morandi* (cat. Roma 1973).
Spoleto, Palazzo Ancaiani, *Turcato* (cat. Spoleto 1973).
Venezia, Galleria del Cavallino, *Astrattisti di Como dagli anni Trenta ad oggi* (cat. Venezia 1973).

1973-1974

Milano, Palazzo Reale, *Boccioni e il suo tempo* (cat. Milano 1973).

1974

Düsseldorf, Städtische Kunsthalle, *Der Futurismus* (cat. Düsseldorf 1974).
Hong Kong, City Museum and Art Gallery, *Scultori italiani contemporanei.*
Milano, Palazzo Reale, *Cinquant'anni di pittura italiana nella collezione Boschi-Di Stefano donata al Comune di Milano* (cat. Milano 1974).
Roma, Palazzo delle Esposizioni, *Turcato* (cat. Roma 1974).

1974-1975

Caracas, Museo de Arte Contemporaneo, *Lucio Fontana* (cat. Milano 1974).
Dortmund, Museum am Ostwall, *Osvaldo Licini* (cat. Dortmund 1974).
Milano, Palazzo Reale, *La ricerca dell'identità* (cat. Milano 1974).

Roma, Galleria Nazionale d'Arte Moderna, *Giuseppe Capogrossi* (cat. Roma 1974).

1975

Arcumeggia, *Lombardia dipinta.*

Bassano del Grappa, Palazzo Sturm, *Depero* (cat. Bassano 1975).

Berlino, *Scultura italiana contemporanea.*

Lecco, *Aspetti del naturalismo italiano.*

Milano, Galleria Il Milione, *Piero Dorazio* (cit. 1975[a]).

Milano, Palazzo Reale, *Civiche Raccolte d'Arte: acquisizioni del triennio 1972-75* (cat. Milano 1975) (cit. 1975[b]).

Parigi, Salon d'Automne, *Scultori italiani contemporanei.*

Poggio a Caiano, Villa Medicea, *Ardengo Soffici. L'artista e lo scrittore nella cultura del Novecento* (cat. Firenze 1975).

Todi, Palazzo del Popolo, *Piero Dorazio.*

Trieste, Sala comunale d'arte, *Fortunato Depero* (cat. Trieste 1975).

1976

Bergamo, Accademia Carrara, *I maestri della Carrara* (cat. Bergamo 1976).

Dortmund, Museum am Ostwall, *Gino Severini* (cat. Dortmund 1976).

Helsinki-Stoccolma-Copenhagen, *Scultura Italiana Contemporanea.*

Milano, Palazzo Reale, *Alberto Savinio* (cat. Milano 1976).

Modigliana, Scuole elementari comunali-Forlì, Palazzo Albertini, *Colore. Premio Silvestro Lega* (cat. Modigliana 1976).

Parma, Palazzo della Pilotta, *Melotti* (cit. 1976[a]).

Parma, Università degli Studi, *Renato Birolli* (cit. 1976[b]).

Roma, Galleria Editalia, *Tancredi* (cit. 1976[a]).

Roma, Istituto italo-latino americano, *I colori della pittura* (cat. Roma 1976) (cit. 1976[b]).

Verona, Museo di Castelvecchio, *Le metamorfosi di Renato Birolli 1936-37* (cat. Verona 1976).

Zurigo, Kunsthaus, *Lucio Fontana. Concetti spaziali* (cat. Zürich 1976).

1976-1977

Roma, Marlborough Galleria d'Arte, *Gastone Novelli* (cat. Roma 1976).

1977

Berlino, *Tendenzen der Zwanziger Jahre* (cat. Berlin 1977).

Château de Ratilly, *Du cubisme à nos jours.*

Como, Biblioteca Comunale, *Manlio Rho.*

Ferrara, Galleria d'arte moderna, *Mostra antologica di Carlo Carrà.*

Ginevra, Musée Rath, *Pittura italiana della prima metà del Novecento* (cat. Genève 1977).

Milano, Permanente, *Gianfilippo Usellini* (cat. Milano 1977).

New York, The Solomon R. Guggenheim Museum, *Lucio Fontana 1899-1968: a retrospective* (cat. New York 1977).

Roma, Galleria Seconda Scala, *Pittura Scrittura. Area 60/1* (cat. Roma 1977).

Torino, Galleria Civica d'Arte Moderna, *Arte in Italia 1960-1977* (cat. Torino 1977).

Trento, Castello del Buonconsiglio, *Sculture di Fausto Melotti dal 1935 al 1977.*

1977-1978

Ginevra, Galerie Jeanneret, *Giorgio Morandi* (cat. Genève 1977).

1978

Bologna, *Metafisica del quotidiano.*

Ferrara, Palazzo dei Diamanti, *Giorgio Morandi* (cat. Ferrara 1978).

Ginevra, Galerie Rath, *Du Futurisme au Spatialisme* (cat. Genève 1978).

Palermo, Palazzo Arcivescovile, *Seconda Rassegna Nazionale del Sacro nell'Arte Contemporanea* (cat. Palermo 1978).

Roma, Galleria d'Arte Moderna, *Alberto Savinio* (cat. Roma 1978).

San Pietroburgo, Museo dell'Ermitage, *Arte italiana moderna.*

Venezia, *Biennale Internazionale d'Arte* (cat. Venezia 1978).

1978-1979

Milano Palazzo Reale, *La Donazione Lucio Fontana* (cat. Milano 1978).

1979

Acqui Terme, Liceo Saracco, *Carlo Carrà* (cat. Acqui Terme 1979).

Ferrara, Palazzo dei Diamanti, *Campigli* (cat. Ferrara 1979).

Milano, Galleria Vismara, *Manlio Rho* (cit. 1979[a]).

Milano, Padiglione d'Arte Contemporanea, *Il Novecento nelle Collezioni Ci-*

viche (cat. Milano 1979) (cit. 1979[b]).
Milano, Padiglione d'Arte Contemporanea, *Letteratura-Arte. Miti del '900* (cat. Milano 1979) (cit. 1979[c]).
Milano, Palazzo Reale, *Melotti* (cat. Milano 1979) (cit. 1979[d]).
Prato, *Mostra antologica celebrativa di Ardengo Soffici.*
Venezia, Palazzo Grassi, *La pittura metafisica* (cat. Venezia 1979).

1979-1980

Buffalo, Albright-Knox Art Gallery, *Piero Dorazio.*
Londra-Washington, *Post-impressionism.*
Milano, Fondazione Corrente, *Gli scultori di Corrente* (cat. Milano 1979) (cit. 1979-1980[a]).
Milano, Palazzo Reale, *Origini dell'astrattismo. Verso nuovi orizzonti del reale* (cat. Milano 1979) (cit. 1979-1980[b]).

1980

Bologna, Galleria d'Arte Moderna, *La metafisica: gli anni Venti* (cat. Bologna 1980) (cit. 1980[a]).
Bologna, Galleria Comunale d'Arte Moderna, *Dieci anni dopo, i nuovi nuovi* (cat. Bologna 1980) (cit. 1980[b]).
Brugherio, Villa Fiorita, *Omaggio a De Pisis* (cat. Brugherio 1980).
Liegi, *Modigliani.*
Londra, Tate Gallery, *Towards a new art* (cat. London 1980).
Milano, Galleria San Fedele, *Arte Nucleare 1951-1957* (cat. Milano 1980) (cit. 1980[a]).
Milano, Padiglione d'Arte Contemporanea, *Nuove tendenze. Milano e l'altro futurismo* (cit. 1980[b]).
Milano, Padiglione d'Arte Contemporanea, *Umberto Milani* (cat. Milano 1980) (cit. 1980[c]).
Milano, Palazzo Reale-Roma, Palazzo delle Esposizioni, *L'altra metà dell'avanguardia. 1910-1940* (cat. Milano 1980).
Prato, Palazzo Novelucci, *Anni creativi al Milione 1932-39.*
Roma, Galleria L'Attico, *Mario Sironi* (cat. Roma 1980) (cit. 1980[a]).
Roma, Galleria Nazionale d'Arte Moderna, *Arte astratta italiana 1909-1959* (cat. Roma 1980) (cit. 1980[b]).
Torino, Mole Antonelliana, *La ricostruzione futurista dell'universo* (cat. Torino 1980).
Venezia, *Biennale Internazionale d'Arte* (cat. Venezia 1980).

1980-1981

Parigi, Centre Pompidou-Berlino, Staatliche Kunsthalle, *I realismi* (cat. Paris-Berlin 1980).
Roma, Galleria Nazionale d'Arte Moderna, *Apollinaire e l'avanguardia* (cat. Roma 1980).

1981

Carrara-Pietrasanta, *Scultura, marmo, lavoro* (cat. Roma 1981).
Ferrara, Palazzo dei Diamanti, *Felice Casorati* (cat. Ferrara 1981).
Firenze, *Mostra antologica di Fausto Melotti.*
Lecco, Villa Manzoni, *30 anni d'arte italiana 1950-1980* (cat. Lecco 1981).
Milano, Castello Sforzesco, *Il materiale delle arti* (cat. Milano 1981) (cit. 1981[a]).
Milano, Permanente, *Angelo Del Bon* (cat. Milano 1981) (cit. 1981[b]).
Monaco, Haus der Kunst, *Giorgio Morandi* (cat. Milano 1981).
Parigi, Musée d'Art Moderne de la ville de Paris, *Modigliani* (cat. Paris 1981).
Roma, Palazzo delle Esposizioni, *Linee della ricerca artistica in Italia 1960-1980* (cat. Roma 1981).
Saint Paul de Vence, Fondation Maeght, *Sculpture du XX siècle.*
Trissino, Palazzo delle scuole, *Dorazio* (cat. Trissino 1981).
Verona, Palazzo della Gran Guardia, *Campionario 60-68. Alternative alla Pop Art e al Nouveau Réalisme* (cat. Verona 1981).

1981-1982

Ferrara, Galleria d'arte moderna, *Tancredi* (cat. Ferrara 1982).
Roma, Galleria Nazionale d'Arte Moderna, *Giorgio De Chirico* (cat. Roma 1981).
San Francisco, Museum of Modern Art-New York, Guggenheim Museum-Des Moines, Art Centre, *Morandi* (cat. San Francisco 1981).
Verona, Galleria dello Scudo, *Carlo Carrà* (cat. Verona 1981).

1982

Bottrop, Quadrat Moderne Galerie, *Piero Dorazio.*
Ferrara, Palazzo dei Diamanti, *Tancredi* (cat. Ferrara 1982).

Milano, Circolo della Stampa, *Renato Birolli* (cat. Milano 1982) (cit. 1982[a]).
Milano, Padiglione d'Arte Contemporanea, *La sovrana inattualità. Ricerche plastiche in Italia negli anni Settanta* (cat. Milano 1982) (cit. 1982[b]).
Milano, Palazzo Reale, *Gli Anni Trenta. Arte e cultura in Italia* (cat. Milano 1982) (cit. 1982[c]).
Milano, Permanente, *Il Novecento italiano* (cat. Milano 1982) (cit. 1982[d]).
Paternò, Galleria d'arte moderna, *Mario Sironi. Opere su carta.*
Ravenna, Loggetta Lombardesca, *Turcato* (cat. Ravenna 1982).
Rimini, Sala Comunale d'Arte Contemporanea, *Lucio Fontana* (cat. Rimini 1982).
Roma, Mura Aureliane, *Avanguardia e Transavanguardia* (cat. Milano 1982).
Sidney, Power Gallery-Brisbane, University Art Museum, *Spelt from Sybil's leaves. Esplorazione dell'arte italiana del dopoguerra* (cat. Milano 1982).
Tokyo, *Cento anni di arte italiana 1880-1980.*
Verona, Galleria d'Arte Moderna e Contemporanea, *Un profilo di Giuseppe Capogrossi in 30 lavori* (cat. Bologna 1982) (cat. 1982[a]).
Verona, Galleria dello Scudo, *Sironi* (cit. 1982[b]).

1982-1983

Londra, Hayward Gallery, *Arte Italiana 1960-1982* (cat. Milano 1982).
Milano, Palazzo Reale, *Boccioni a Milano* (cat. Milano 1982).
Monaco, Haus der Kunst-Parigi, Centre Pompidou, *De Chirico* (cat. München 1982-Paris 1983).

1983

Acqui Terme, Liceo Saraceo, *Massimo Campigli* (cat. Acqui Terme 1983).
Hannover-Monaco, *Boccioni a Milano.*
Madrid, Sala de Exposiciones Caja de Pensiones-Barcellona, Caixa de pensiones, *Modigliani* (cat. Barcelona 1983).
Milano, Padiglione d'Arte Contemporanea, *Le tue parole inciampano nelle mie estasi. Novelli. Opere su carta* (cat. Milano 1983) (cit. 1983[a]).
Milano, Permanente, *Il segno della pittura e della scultura* (cat. Milano 1983) (cit. 1983[b]).
Milano, Permanente, *Il Novecento italiano* (cat. Milano 1983) (cit. 1983[c]).
Modena, Civica Galleria d'Arte Moderna, *Disegno italiano tra le due Guerre.*
Reggio Calabria, Museo Nazionale, *Boccioni prefuturista* (cat. Milano 1983).
Roma, Galleria Nazionale d'Arte Moderna, *Melotti* (cat. Roma 1983).
Venezia, Palazzo Grassi, *De Pisis* (cat. Milano 1983) (cit. 1983[a]).
Venezia, Palazzo Grassi, *Marino Marini* (cat. Firenze 1983) (cit. 1983[b]).
Venezia, San Samuele, *30 artisti italiani contemporanei 1950-1983* (cat. Milano 1983) (cit. 1983[c]).

1984

Milano, Civico Archivio Storico, *Mostra sugli occhiali* (cat. Milano 1984) (cit. 1984[a]).
Milano, Padiglione d'Arte Contemporanea, *Azimuth e azimut* (cat. Milano 1984) (cit. 1984[b]).
Milano, Padiglione d'Arte Contemporanea, *Installazioni. Giulio Turcato* (cat. Milano 1984) (cit. 1984[c]).
Milano, Padiglione d'Arte Contemporanea, *Tancredi. Il mio vocabolario è l'universo* (cat. Milano 1984) (cit. 1984[d]).
Rovereto, Palazzo dell'Istruzione, *Fausto Melotti, Luigi Figini, Gino Pollini, Renata Melotti* (cat. Rovereto 1984).

1984-1985

Bruxelles, *Le Temps regarde sur la quatrième dimension.*
Madrid, Sala de Exposiciones Caja de Pensiones-Barcellona, Caixa de pensiones, *Giorgio Morandi* (cat. Barcelona 1984).
Roma, Accademia di San Luca-Macerata, Palazzo Ricci-Milano, Galleria d'Arte Moderna, *Scipione. Disegni* (cat. Roma 1984).

1985

Bologna, Pinacoteca Nazionale, *Giorgio Morandi.*
Francoforte a. M., Frankfurter Kunstverein, *Italienische Kunst 1900-1980* (cat. Milano 1985).
Macerata, Palazzo Ricci, *Scipione 1904-1933.*
Marsiglia, Musée Cantini, *Giorgio Morandi* (cat. Marseille 1985).
Milano, Padiglione d'Arte Contemporanea, *De Pisis. Opere su carta* (cat. Milano 1985 (cit. 1985[a]).

Milano, Padiglione d'Arte Contemporanea, *I maestri del Guggenheim* (cat. Milano 1985) (cit. 1985[b]).
Milano, Padiglione d'Arte Contemporanea, *Nuovi argomenti 1. Acquisizioni di giovane arte italiana* (cat. Milano 1985) (cit. 1985[c]).
Milano, Palazzo Reale, *Arturo Martini* (cat. Milano 1985) (cit. 1985[d]).
Milano, Palazzo Reale, *Corrente: il Movimento di Arte e Cultura di Opposizione 1930-1945* (cat. Milano 1985) (cit. 1985[e]).
Milano, Palazzo Reale, *Sironi* (cat. Milano 1985) (cit. 1985[f]).
Milano, Palazzo Reale-Portogruaro, *Luigi Russolo, l'arte dei rumori* (cat. Milano 1985).
Ravenna, Loggetta Lombardesca, *Dorazio* (cat. Ravenna 1985).
Rieti, Palazzo Vescovile, *III Biennale Nazionale d'Arte Contemporanea. Generazione del primo decennio* (cat. Bologna 1985).
Sassari, Padiglione dell'Artigianato Sardo, *Sironi, opere 1902-60.*
Tokyo, National Museum of Modern Art-Aichi, Prefectural Art Gallery, *Modigliani* (cat. Tokyo 1985).
Verona, Galleria dello Scudo, *De Chirico. Gli anni Venti* (cat. Milano 1985).

1985-1986

Bologna, *Morandi e il suo tempo* (cat. Milano 1985).
Verona, Galleria dello Scudo-Milano, Accademia di Brera-Venezia, San Stae, *Boccioni a Venezia* (cat. Milano 1985).

1986

Milano, Galleria d'Arte Moderna, *Osvaldo Licini, i cieli della fantasia. Opere su carta 1926-1958* (cat. Milano 1986) (cit. 1986[a]).
Milano, Padiglione d'Arte Contemporanea, *Alberto Savinio. Opere su carta 1925-1952* (cat. Milano 1986) (cit. 1986[b]).
Milano, Padiglione d'Arte Contemporanea, *Nuovi argomenti 2. Acquisizioni di giovane arte italiana* (cat. Milano 1986) (cit. 1986[c]).
Milano, Padiglione d'Arte Contemporanea, *Otto pittori italiani* (cat. Milano-Roma) (cit. 1986[d]).
Monaco, Haus der Kunst, *Aligi Sassu* (cat. München 1986).
Roma, Galleria Nazionale d'Arte Moderna, *Giulio Turcato* (cat. Roma 1986).
Toyama, The Museum of Modern Art-Seibu Takanawa, The Museum of Modern Art-Tokyo, The Seibu Museum of Art-Fukushima, Iwaki City Art Museum-Amagasaki, Seibu Tsukashin Hall, *Lucio Fontana Exhibition* (cat. Tokyo 1986).
Venezia, Palazzo Grassi, *Futurismo e futurismi* (cat. Milano 1986) (cit. 1986[a]).
Venezia, *XLII Biennale d'Arte Internazionale, Wunderkammer* (cat. Venezia 1986) (cit. 1986[b]).

1986-1987

Iseo, Palazzo Arsenale-Trieste, Museo Revoltella, *Piero Marussig* (cat. Milano 1986).
Milano, Padiglione d'Arte Contemporanea, *Il cangiante* (cat. Milano 1986).
Milano, Palazzo Bagatti Valsecchi-Mantova, Casa del Mantegna, *Il chiarismo lombardo* (cat. Milano 1986).

1987

Alessandria, *Gino Severini.*
Brescia, Sala ex Cavallerizza, *Ambiente-Immagine-Paesaggio* (cat. Brescia 1987).
Düsseldorf, Städtische Kunsthalle, *Die Axt hat geblüht...* (cat. Düsseldorf 1987).
Edimburgo, Scottish National Gallery of Modern Art-Londra, Riverside Studios Oxford, Museum of Modern Art, *Balla the Futurist* (cat. Milano 1987).
Lucerna, Kunstmuseum, *L'Informale in Italia. Italienische Malerei der 50er Jahre* (cat. Milano 1987).
Matera, Chiese rupestri Madonna delle Virtù e San Nicola dei Greci, Palazzo Lanfranchi, *Fausto Melotti* (cat. Roma 1987).
Milano, Padiglione d'Arte Contemporanea, *Dalla Pop art americana alla Nuova Figurazione. Opere dal Museo d'Arte Moderna di Francoforte* (cat. Milano 1987) (cit. 1987[a]).
Milano, Padiglione d'Arte Contemporanea, *Fausto Melotti l'acrobata invisibile* (cat. Milano 1987) (cit. 1987[b]).
Milano, Palazzo Reale, *Carrà* (cat. Milano 1987) (cit. 1987[c]).
Milano, Palazzo Reale, *De Chirico. Gli anni Venti* (cat. Milano 1987) (cit. 1987[d]).
Milano, Permanente, *Pirandello* (cat. Milano 1987) (cit. 1987[e]).

Monaco, Haus der Kunst, *Marino Marini Zeichnungen* (cat. Milano 1987).
Parigi, Hôtel de Ville, *Giorgio Morandi* (cat. Milano 1987).
Pistoia, Convento del Tau, *Marino pittore* (cat. Milano 1987).
Venezia, Palazzo Grassi, *Effetto Arcimboldo* (cat. Milano 1987).

1987-1988

Parigi, Musée National d'Art Moderne, Centre Georges Pompidou, *Lucio Fontana* (cat. Paris 1987).
Saint Etienne, Musée d'art moderne, *L'art en Europe 1945-50* (cat. Paris 1987).

1988

Amsterdam, Stedelijk Museum-Londra, Withechapel Art Gallery, *Lucio Fontana* (cat. Amsterdam 1988).
Barcellona, Fundaciò Caixa de Pensiones, *Lucio Fontana* (cat. Barcelona 1988).
Bari, Castello Svevo, *De Pisis. Gli anni di Parigi* (cat. Milano 1988).
Düsseldorf, Städtische Kunsthalle-Baden Baden, Staatliche Kunsthalle, *Mario Sironi.*
Fermo, Palazzo dei Priori-Monte Vidon Corrado, Centro Studi Osvaldo Licini, *Il Milione e l'Astrattismo 1932-1938. La Galleria, Licini e i suoi amici* (cat. Milano 1988).
Francavilla al Mare, Fondazione Michetti, *XL Premio Michetti. L'astratto vissuto e i suoi maestri italiani degli anni Cinquanta.*
Lione, Musée Saint Pierre Art Contemporain, *La couleur seule. L'experience du monochrome* (cat. Lyon 1988).
Londra, Royal Academy of Arts, *Italian Art in the Twentieth Century* (cat. London 1988).
Milano, Accademia di Brera, *Dal futurismo alla maniera grande* (cat. Milano 1988) (cit. 1988[a]).
Milano, Padiglione d'Arte Contemporanea, *Il futurismo e la moda* (cat. Venezia 1988) (cit. 1988[b]).
Monaco, Haus der Kunst, *Mithos Italien* (cat. München 1988).
Riva del Garda, Museo Civico, *Scipione e il Garda 1931-33* (cat. Riva del Garda 1988).
Sartirana, Castello, *Umberto Milani* (cat. Milano 1988).

1988-1989

Milano, Palazzo Reale, Arengario e Museo del Duomo, *Manzù* (cat. Milano 1988) (cit. 1988-1989).
New York, Metropolitan Museum of Art, *Boccioni* (cat. New York 1988).
Rovereto, Mart, *Depero* (cat. Milano 1988).
Tampere, Sara Hildénin Taide-Museo, *Prima presentazione del Progetto Morandi Europa.*
Venezia, *Mostra personale di De Chirico.*
Verona, Galleria dello Scudo-Milano, Permanente, *Modigliani a Montparnasse* (cat. Roma 1988).

1989

Aosta, Centro Saint Benin, *Arturo Martini. Il gesto e l'anima* (cat. Milano 1989).
Bologna, Galleria d'Arte Moderna, *Scultura e ceramica in Italia nel Novecento* (cat. Milano 1989).
Como, Palazzo Volpi, *L'Europa dei razionalisti* (cat. Milano 1989).
Düsseldorf, Städtische Kunsthalle, *Depero* (cat. Milano 1988).
Locarno, Casa Rusca, *Quinta presentazione del Progetto Morandi Europa.*
Londra, Accademia italiana delle arti, *Quarta presentazione del Progetto Morandi Europa* (cit. 1989[a]).
Londra, Royal Academy of Arts, *Italian Art in the 20th Century* (cat. München 1989) (cit. 1989[b]).
Matera, Chiese rupestri Madonna delle Virtù e San Nicola dei Greci, *Arturo Martini* (cat. Roma 1989).
Milano, Accademia di Brera, *Sant'Elia e i futuristi a Milano* (cat. Milano 1989) (cit. 1989[a]).
Milano, Centro culturale Bellora, *Milano et mitologia* (cat. Milano 1989) (cit. 1989[b]).
Milano, Padiglione d'Arte Contemporanea, *Arte contemporanea per un museo. 10 anni di acquisizioni* (cat. Milano 1989) (cit. 1989[c]).
Milano, Padiglione d'Arte Contemporanea, *Per gli anni Novanta. Nove artisti a Berlino* (cat. Milano 1989) (cit. 1989[d]).
Milano Padiglione d'Arte Contemporanea, *Verso l'Arte Povera. Momenti e aspetti degli anni Sessanta in Italia* (cat. Milano 1989) (cit. 1989[e]).

Milano, Palazzo Reale, *Birolli* (cat. Milano 1989) (cit. 1989[f]).
Milano, Palazzo Reale, *Depero* (cat. Milano 1988) (cit. 1989[g]).
Milano, Palazzo Reale, *I surrealisti* (cat. Milano 1989) (cit. 1989[h]).
Milano, Palazzo Reale, *Realismo magico* (cat. Milano 1989) (cit. 1989[i]).
Milano, Palazzo Reale, *Treccani* (cat. Milano 1989) (cit. 1989[l]).
Milano, Galleria Fonte d'Abisso-Modena Galleria Fonte d'Abisso, *Balla-Depero. La ricostruzione futurista dell'universo* (cat. Milano-Modena 1989).
New York, Galleria Philippe Daverio, *Mario Sironi*.
San Pietroburgo, Museo dell'Ermitage-Mosca, Galleria centrale dei pittori, *Seconda e terza presentazione del Progetto Morandi Europa*.
Siena, Pinacoteca Nazionale, *L'immagine dell'arte. Omaggio a Cesare Brandi*.
Tokyo-Kagawa-Osaka, *Giorgio De Chirico in Giappone*.
Verona, Palazzo Forti, *Da Van Gogh a Schiele. L'Europa Espressionista* (cat. Verona 1989).
Zagabria, Galerije Grada Zagreba-San Pietroburgo, Museo Russo, *Italia Anni Trenta. Opere dalle collezioni d'arte del Comune di Milano* (cat. Milano 1989).

1989-1990

Ferrara, Palazzo dei Diamanti, *Tomea* (cat. Ferrara 1989).
Giappone, *Morandi* (cat. Kamakura 1989); sedi della mostra itinerante: Kamakura, Museum of Modern Art; Mie, Prefectural Art Museum; Fukujama, Museum of Art; Tokyo, Art Forum; Kioto, National Museum of Modern Art.
Milano, Padiglione d'Arte Contemporanea, *Il Padiglione d'Arte Contemporanea di Milano. PAC 1979-1989* (cat. Milano 1989) (cit. 1989-1990[a]).
Milano, Padiglione d'Arte Contemporanea, *Nuovi argomenti 3. Acquisizioni di giovane arte italiana* (cit. 1989-1990[b]).
Milano, Palazzo Reale, *Marino Marini* (cat. Milano 1989) (cit. 1989-1990[c]).
Napoli, Castel Sant'Elmo, *Mostra dell'aria e della sua conquista* (cat. Roma 1989).
Roma, Galleria d'Arte Moderna, *Renato Birolli* (cat. Milano 1989).
Tubinga, Kunsthalle-Düsseldorf, Kunstsammlung Nordrhein-Westfalen, *Sesta e Settima presentazione del Progetto Morandi Europa*.

1990

Bologna, Galleria Civica d'Arte Moderna, *Giorgio Morandi 1890-1990. Mostra del centenario* (cat. Milano 1990).
Grenoble, Musée de Grenoble-Bologna Galleria Comunale d'Arte Moderna, *Piero Dorazio* (cat. Milano 1990).
Kassel, Museum Fridericianum-Valencia, Centre Julio Gonzales, *Italiens Moderne – Vanguardia Italiana de entreguerras* (cat. Milano 1990).
Londra, Tate Gallery, *On Classic Ground. Picasso, Léger, De Chirico and the New Classicism 1910-1930* (cat. London 1990).
Madrid, Centro de Arte Reina Sofia, *Arte italiana 1900-1914* (cat. Madrid 1990).
Milano, Galleria Philippe Daverio, *Milano Espressionismo lirico 1929-1936* (cat. Milano 1990) (cit. 1990[a]).
Milano, Padiglione d'Arte Contemporanea, *PAC 1979-1989* (cat. Milano 1990) (cit. 1990[b]).
Milano, Padiglione d'Arte Contemporanea, *Sironi. Il mito dell'architettura* (cat. Milano 1990) (cit. 1990[c]).
Milano, Palazzo Reale, *Felice Casorati* (cat. Milano 1989) (cit. 1990[d]).
Milano, Permanente, *Scultura a Milano 1945-1990* (cat. Milano 1990) (cit. 1990[e]).
Milano, Padiglione d'Arte Contemporanea-Rovereto, Mart, *Arte e moda negli anni Venti* (cat. Milano 1990).
Salisburgo, Museum Carolino-Augusteum, *Umberto Boccioni* (cat. Milano 1990).
Venezia, Museo d'Arte Moderna di Ca' Pesaro, *Giulio Turcato* (cat. Milano 1990).

1990-1991

Grenoble, Musée de Grenoble-Bologna, Galleria d'Arte Moderna, *Piero Dorazio* (cat. Milano 1990).
Milano, Palazzo Reale, *Morandi e Milano* (cat. Milano 1990).
Rovereto, Museo d'arte moderna e contemporanea, *Umberto Boccioni. Disegni 1907-1915* (cat. Milano 1990).

1991

Bologna, Galleria Civica d'Arte Moderna, *Lucio Fontana. La scultura in ceramica* (cat. Milano 1991).

Firenze Palazzo Medici Riccardi, *Arturo Martini* (cat. Milano 1991).

Londra, Accademia italiana delle arti, *Arturo Martini. Sculptures* (cat. Milano 1991).

Macerata, Palazzo Ricci, *Edita Broglio* (cat. Roma 1991).

Milano, Fiera di Milano, *Mostra Internazionale d'Arte Contemporanea* (cit. 1991[a]).

Milano, Padiglione d'Arte Contemporanea, *Da Modigliani a Fontana. Disegno italiano nelle Civiche Raccolte d'Arte di Milano* (cat. Milano 1991) (cit. 1991[b]).

Milano, Padiglione d'Arte Contemporanea, *Gianfilippo Usellini. Favola simbolo allegoria* (cat. Milano 1991) (cit. 1991[c]).

Milano, Palazzo Reale, *De Pisis a Milano* (cat. Milano 1991) (cit. 1991[d]).

Milano, Permanente, *Realismo esistenziale* (cat. Milano 1991) (cit. 1991[e]).

Montreal, Musée des Beaux-Arts, *Les Années 20: l'âge de metropoles* (cat. Montreal 1991).

Parigi, Hôtel de Ville, *Arturo Martini 1889-1947* (cat. Milano 1991).

Sansepolcro, Museo Civico, *Piero della Francesca e il Novecento* (cat. Venezia 1991).

Stoccolma, Liljevalchs Konsthall, *Bildlyrik fran Italien. Il miraggio della liricità* (cat. Milano 1991).

1991-1992

Bergamo, Palazzo della Ragione-Venezia, Museo Correr, *Manzù e il sacro* (cat. Venezia 1991).

Milano, Palazzo Reale-Torino-Piacenza, *Il colore del lavoro* (cat. Milano 1991).

Rovereto, Mart-Milano, Padiglione d'Arte Contemporanea, *Il mondo di Carlo Belli. Italia anni Trenta: la cultura artistica* (cat. Milano 1991).

Trieste, Museo Revoltella, *Il mito sottile. Pittura e scultura nella città di Svevo e Saba* (cat. Trieste 1991).

Verona, Galleria dello Scudo, *Boccioni 1912 Materia* (cat. Milano 1991).

1992

Bruxelles, Le Botanique, *Giorgio Morandi artista d'Europa* (cat. Milano 1992).

Ferrara, Palazzo dei Diamanti, *Giacomo Manzù* (cat. Ferrara 1992).

Giappone, *Futurism 1909-44*; sedi della mostra itinerante: Tokyo, Sezon Museum of Art; Sapporo, Hokkaido Museum of Modern Art; Sendai, Miyagi Museum of Art; Otsu, Museum of Modern Art; Shiga.

Milano, Castello Sforzesco, *Sette secoli a cavallo del naso* (cit. 1992[a]).

Milano, Padiglione d'Arte Contemporanea, *Kounellis* (cat. Milano 1992) (cit. 1992[b]).

Milano, Padiglione d'Arte Contemporanea, *L'idea del classico 1916-32* (cat. Milano 1992) (cit. 1992[c]).

Milano, Palazzo Bagatti Valsecchi, *Achille Funi* (cat. Milano 1992) (cit. 1992[d]).

Rivoli, Castello di Rivoli, *Piero Manzoni* (cat. Milano 1992).

Roma, Villa Medici, *Giacomo Balla e il futurismo romano* (cat. Roma 1992).

Vienna, Hochschule für angewandte Kunst, *Lucio Fontana* (cat. Wien 1992).

1992-1993

Locarno, Pinacoteca Comunale, *Casa Rusca, Osvaldo Licini* (cat. Lugano 1992).

Milano, Palazzo Reale, *La collezione Jucker* (cat. Milano 1992).

1993

Ferrara, Palazzo dei Diamanti-Cento, Palazzo del Governatore, *Pittura e realtà* (cat. Ferrara 1993).

Milano, Palazzo Reale, *Cesare Andreoni e il Futurismo a Milano tra le due Guerre* (cat. Bergamo 1993).

Torino, Mole Antonelliana, *I sei pittori di Torino* (cat. Milano 1993).

1993-1994

Bergamo, Galleria d'Arte Moderna e Contemporana, Accademia Carrara, *Gli anni del premio Bergamo* (cat. Milano 1993).

Parigi, Grand Palais, *L'âme du corps: arts et sciences 1793-1993* (cat. Paris 1993).

Roma, Galleria Nazionale d'Arte Moderna, *Mario Sironi* (cat. Milano 1993).

1994

Firenze, Palazzo Medici Riccardi, *Osvaldo Licini. Una retrospettiva nel centenario della nascita* (cat. Firenze 1994).

Milano, Palazzo Reale, *Osvaldo Licini* (cit. 1994[a]).
Milano, Permanente, *Disegno e scultura nell'arte italiana del XX secolo* (cat. Milano 1994[b]).
Padova Palazzo della Ragione, *Campigli* (cat. Milano 1994).
Parigi, *Visions urbaines* (cat. Paris 1994).
Sondrio, Palazzo Provinciale, *Gian Filippo Usellini.*
Venezia, Museo Correr, *Preferirei di no. Cinque stanze tra arte e depressione* (cat. Milano 1994).
Vienna, *Arte e dittatura* (cat. Wien 1994).

1994-1995

Milano, Triennale, *G. Muzio.*
Roma, Galleria Nazionale d'Arte Moderna, *Carlo Carrà.*

1995

Francoforte, Schirn Kunsthalle, *Occultismo ed Avanguardia.*
Milano, Fondazione Mazzotta, *Boccioni 1912 – Materia* (cit. 1995[a]).
Milano, Permanente, *La Città di Brera: due secoli di scultura* (cit. 1995[b]).
Prato, Galleria Farsetti, *Ottone Rosai.*
Venezia, Palazzo Ducale, *Venezia e la Biennale: per una storia del gusto* (cit. 1995[a]).
Venezia, Palazzo Grassi, *Identità e alterità* (cit. 1995[b]).
Verbania-Pallanza, Museo del Paesaggio, *Mario Tozzi.*

1995-1996

Londra, Hayward Gallery, *Art and Power.*
Milano, Fiera, *Arte a Milano 1906-1927* (cit. 1995-1996[a]).
Milano, Palazzo Reale, *Ottone Rosai* (cit. 1995-1996[b]).

1996

Barcellona, Museo Picasso, *Il Futurismo Italiano* (cit. 1996[a]).
Barcellona, Centro de Cultura Contemporània de Barcelona, *Art and Power* (cit. 1996[b]).
Bergamo, Accademia Carrara Galleria d'Arte Moderna, *Carlo Carrà. La matita e il pennello.*
Berlino, Deutscheshistorisches Museum, *Art and Power.*
Francoforte, Schirn Kunsthalle, *Lucio Fontana.*
Milano, Centro San Fedele, *Filippo Usellini* (cit. 1996[a]).
Milano, Palazzo Reale, *Prove generali per un museo d'Arte Moderna* (cit. 1996[b]).
Napoli, Palazzo Reale, *Futurismo e meridione.*
Seravezza, Palazzo Mediceo, *Dottori e L'aeropittura. Aeropittori e Aeroscultori futuristi.*
Tokyo, Museum of Contemporary Art, *La ville moderne in Europe.*
Venezia, Peggy Guggenheim, *Umberto Boccioni. Dinamismo di un cavallo in corsa + case.*

1996-1997

Parigi, Museo Maillol, *Giorgio Morandi.*
Parma, Galleria d'Arte Niccoli, *Atanasio Soldati.*

1997

Berlino, Martin-Gropius-Bau, *The Age of Modernism – Art in the 20th Century.*
Milano, Permanente, *Le stanze del paesaggio lombardo da Boccioni a Morlotti dal 1909 al 1959.*
Parigi, Musée d'Art Moderne de la Ville de Paris, *Anni Trenta in Europa.*
San Paolo, Museo de Arte, *Giorgio Morandi.*

1997-1998

Torino, Palazzo Bricherasio, *Torino-Roma: le due capitali 1911-1946.*
Trento, Museo d'Arte Moderna Contemporanea di Trento e Rovereto, *Trash, l'uso di materiale di scarto nelle arti visive.*
Vienna, Palais Lichtenstein, *Lucio Fontana.*

1998

Brescia, Palazzo Martinengo, *Italiens de Paris.*
Genova, Palazzo Ducale, *I grandi temi del Futurismo 1909-1944.*
Londra, Serpentine, *Piero Manzoni.*
Losanna, Fondacion de l'Hermitage, *I grandi temi del Futurismo.*
Mantova, Casa del Mantegna, *Viaggio in Italia 1998-2000.*
Milano, Fondazione Mazzotta, *I grandi temi del Futurismo 1909-1944* (cit. 1998[a]).
Milano, Padiglione d'Arte Contemporanea, *Edoardo Persico e gli artisti (1929-1936). Il percorso di un critico*

dall'impressionismo al primitivismo (cit. 1998[b]).
Modena, Galleria Civica, *Giulio Turcato.*
Roma, Palazzo delle Esposizioni, *L'arte in Francia e in Italia 1917-1937.*

1998-1999

Verona, Galleria dello Scudo, *De Chirico, gli anni trenta.*
Milano, Palazzo Reale, *L'anima e il volto.*

1999

Milano, Museo Diocesano, *Lucio Fontana. Oltre la materia* (cit. 1999[a]).
Milano, Padiglione d'Arte Contemporanea, *Lucio Fontana. Idee e capolavori* (cit. 1999[b]).

1999-2000

Londra, Hayward Gallery, *Lucio Fontana.*

Bibliografia

1927

F.T. Marinetti, *Boccioni U. Opera completa*, Foligno Campitelli.

1930

G. Scheiwiller, *Mario Sironi*, Milano.

1932

V. Costantini, *Cronache milanesi: la mostra del Sindacato Lombardo*, in "Emporium", marzo.
E. D'Ors, *Mario Tozzi*, Paris.

1935-1939

G. Nicodemi, M. Bezzola, *La Galleria d'Arte Moderna. I dipinti*, 2 voll., Milano.

1936

G. Marchiori, *La Biennale veneziana*, in "Emporium", settembre.
E. Persico, *Lucio Fontana*, Milano.

1942

A. Beccaria, *Gianfilippo Usellini*, Milano.
U. Ojetti, *Domande: Usellini*, in "Corriere della Sera", 21 ottobre.

1943

El temperamento en el arte argentino. Lucio Fontana, in "La Nacion", Buenos Aires, 6 giugno.

1944

L. Anceschi, *Mario Sironi*, Milano.
M. Pinoli, *Usellini... con fanti e santi*, in "Humana", gennaio.

1946

A. Sartoris, *Mario Sironi*, Milano.
J. Zocchi *Lucio Fontana*, Buenos Aires.

1949

D. Morosini, *Ernesto Treccani*, Milano.

1956

G. Ballo, *Pittori italiani dal Futurismo a oggi*, Roma.
A. Pfannistiel, *Amedeo Modigliani et son œuvre*, Paris.

1958

U. Apollonio, *Marino Marini scultore*, Milano.
L. Bortolon, *La morte dell'arte e la Biennale*, in "Vita e pensiero", XLII.
L. Carluccio, *Felice Casorati*, Ivrea.
"Elle", 13 ottobre.
G. Giani, *Lucio Fontana*, Venezia.

1959

"Ark", London.
G. Marchiori, *Ricordi di Licini*, in "Sele Arte", n. 41, maggio-giugno.
A. Pica, *Usellini*, Roma.

1960

R. Birolli, *Taccuini (1936-1959)*, Torino.
A. Cavellini, *Uomo pittore. Lettere (1947-1959)*, Milano.
C. Maltese, *Birolli 1949-1959*, in "Arte oggi", n. 7, ottobre.

1961

L. Rossi, *Lucio Fontana a sessant'anni fa ancora molto scandalo*, in "Il panorama Pozzi", n. 26.
M. Tapié, *Devenir de Fontana*, Torino.
E. Trier, *Marino Marini*, Stuttgart.

1962

W. Grohmann, *Piero Dorazio o del ritorno alla qualità in pittura*, in "Metro", Milano, nn. 4-5.
G. Perocco, *Arturo Martini*, Roma.
A. Pica, *Sironi*, Milano.
M. Valsecchi, *Umberto Milani. Sculture dal 1944 al '62*, Milano.
Yoshiaki Tono, *Lucio Fontana*, in "Mizue", Tokyo, n. 682.

1963

F. Bellonzi, *Pittura italiana. Il Novecento*, vol. V, Milano.
Z. Birolli, G. Bruno, *Renato Birolli*, Milano.

1964

U. Apollonio, *Dorazio*, in "Quadrum", Bruxelles, n. 16.
L. Carluccio, *Felice Casorati*, Milano.
"Misuzu", Tokyo, n. 25.
Tundol, *Mostre romane: Piero Dorazio*, in "Letteratura", Roma, novembre-dicembre.

1965
P.C. Santini, *Atanasio Soldati*, in "Quaderni di arte e architettura moderna", n. 7.
1966
M. Fagiolo dell'Arco, *Piero Dorazio*, Roma.
G. Perocco, *Arturo Martini: catalogo delle sculture e delle ceramiche*, Treviso.
1967
A. Arcari, T. Nicolini, *Treccani*, Milano.
L'Arte Moderna, vol. VI, Milano.
1967-1968
M. Carrà, *Carlo Carrà: tutta l'opera pittorica*, 2 voll., Milano.
1968
A. Busignani, *Marino Marini*, Firenze.
G. Marchiori, *I cieli segreti di Osvaldo Licini*, Venezia.
C. Pirovano, *Scultura italiana dal Neo-classicismo alle correnti contemporanee*, Milano.
1969
A.M. Hammacher, *The evolution of modern sculpture*, New York.
1970
G. Ballo, *Fontana: idea per un ritratto*, Torino.
L'opera completa di Marini Marini, Milano.
1971
E. Crispolti, *Omaggio a Fontana*, Roma.
G. De Marchis, *Turcato*, Milano.
Milano 70/70, vol. II, Milano.
1972
C. Pirovano, *Marino Marini scultore*, Milano.
1973
L. Caramel, C. Pirovano, *Galleria d'Arte Moderna,* Milano.
1974
L. Caramel, C. Pirovano, *Galleria d'Arte Moderna. Opere del Novecento,* Milano.
E. Crispolti, *Lucio Fontana. Catalogue raisonné des peintures, sculptures et environnements spatiaux*, Bruxelles.
E. Crispolti, J. van de Marck, *Lucio Fontana*, vol. I, Bruxelles.
1975
G. Celant, *Piero Manzoni*, Milano.
L'Arte Moderna, vol. XIII, Milano.
1976
Z. Birolli, *Novelli,* Milano.
M. Valsecchi, G. Mascherpa, *Arte moderna in Italia*, Milano.
F. Tempesti, *Arte dell'Italia fascista*, Milano.
1977
L. Vitali, *Morandi: catalogo generale*, 2 voll., Milano, (2 ed. agg. 1983).
M. Volpi Orlandini, *Dorazio*, Venezia.
1978
V. Fagone, P. Fossati, A. Negri, G. Gensi, *Birolli*, Milano.
1980
L. Caramel, M.T. Fiorio, C. Pirovano, *Galleria d'Arte Moderna. Collezione Boschi*, Milano.
1981
G. Anzani, L. Caramel, *Scultura moderna in Lombardia (1900-1950)*, Milano.
M. Campitelli, *Arte*, in "Juliet", maggio.
G. Celant, *Identité italienne. L'art en Italie depuis 1959*, Firenze.
A. Del Guercio, *La pittura del '900*, Torino.
1983
M. Calvesi, E. Coen, *Boccioni: l'opera completa*, Milano.
C. Schulz-Hoffmann, *Lucio Fontana*, München.
M. Vescovo, *L'occhio del cielo*, Mantova.
1985
D. Morosini, L'*arte degli anni difficili (1928-1944)*, Roma.
1986
E. Crispolti, *Fontana. Catalogo generale*, 2 voll. Milano (cit. 1986[a]).
E. Crispolti, *Storia e critica del futuismo*, Bari (cit. 1986[b]).
G. Di Genova, *Storia dell'arte italiana del '900. Generazione primo decennio*, Bologna.
G. Di Milia, *"Forma 1" 1947-1986*, Gibellina.
1987
F. Alfano Miglietti, *Giulio Tccrcato*, in "Flash Art", Milano, n. 141, novembre.
Geografie oltre l'Informale, Milano.
1988
F. Gualdoni, *Arte a Roma 1945-1980*, Milano.
Licini, Milano.
1989
"Corriere della Sera", 22 marzo (Asta Finarte).
Direzione Civiche Raccolte d'Arte (a cura di), *Arte contemporanea per un museo. Dieci anni di acquisizioni delle Civiche Raccolte d'Arte di Milano*, Milano.

Divisionismo romano, catalogo della mostra a cura di L. Stefanelli Torossi, Roma.
M. Garberi, *Il Padiglione d'Arte Contemporanea di Milano. PAC 1979/1989*, Milano.
Italia Anni Trenta. Opere dalle Collezioni d'Arte del Comune di Milano, Milano.
1990
M. Calvesi, *Giulio Turcato*, Venezia.
G. Celant, *L'inferno dell'arte italiana. Materiali 1946-1964*, Genova.
G. Di Genova, *Storia dell'arte italiana del '900. Generazione anni Dieci*, Bologna.
Mario Sironi: il mito dell'Architettura, Milano.
1991
F. Battino, L. Palazzoli, *Piero Manzoni*, Milano.
P. De Vecchi, E. Cerchiari, *L'arte nel tempo. Dall'Illuminismo al Postmoderno*, Milano, vol. III.
C. Pirovano, *Scultura italiana del Novecento*, Milano.
1992
C. Pirovano (a cura di), *La pittura in Italia. Il. Novecento/1 1900-1945*, 2 voll., Milano.
1993
G. Celant, *Roma-New York 1948-1964*, Milano.
C. Pirovano (a cura di), *La pittura in Italia. Il Novecento/2 1945-1990*, 2 voll., Milano.
1994
G. Celant, *Melotti, catalogo generale*, 2 vol. Milano.
Civico Museo d'Arte Contemporanea, a cura di C. Pirovano, Milano.
M. Meneguzzo, *Osvaldo Licini. Ribelle ma angelo,* in "Avvenire", 23 aprile.
N. Vernizzi, *Razionalismo lirico. Ricerca sulla pittura astratta in Italia,* Milano.
1994
Art and Power. Europe under the Dictatory 1930-1945, London 1995.
1996
L. Caramel, *Atanasio Soldati: mostra antologica nel centenario della nascita*, Parma.
M. Dalai Emiliani, *Tancredi: i dipinti e gli scritti*, 2 voll., Torino.
L. Matino, *Cimac: Civico museo d'arte contemporanea*, Milano.